Wirtschaft
Ideen zur Neugestaltung

Rudolf Steiner
Themen aus dem Gesamtwerk 22

Rudolf Steiner (1861 – 1925) studierte Natur- und Ingenieurwissenschaften an der Technischen Universität Wien. Er promovierte in Philosophie an der Universität Rostock, war Herausgeber der naturwissenschaftlichen Schriften Goethes und ist Begründer der Anthroposophie und der Waldorfpädagogik, der biologisch-dynamischen Landwirtschaft und der anthroposophisch erweiterten Medizin und Heilpädagogik, des organischen Funktionalismus in der Architektur und der Bewegungskunst Eurythmie. Seine Hauptwerke sind: *Die Philosophie der Freiheit; Theosophie. Einführung in übersinnliche Welterkenntnis und Menschenbestimmung; Wie erlangt man Erkenntnisse der höheren Welten?* und *Die Geheimwissenschaft im Umriss.* Diese bilden zusammen mit den übrigen Schriften und den Aufsatzbänden das geschriebene Werk von überschaubarem Umfang, rund 40 Bände.

Daneben ist die Fülle der nachgeschriebenen Vorträge außerordentlich, in der Gesamtausgabe mehr als 250 Bände. Diese Vorträge waren alle frei gehalten und nicht zum Druck bestimmt. Ihre Herausgabe erfolgt nach von Rudolf Steiner nicht durchgesehenen Nachschriften. Sie enthalten jedoch den Ausbau und die Entfaltung der in den Schriften entwickelten Grundkonzeptionen nach den verschiedensten Richtungen und Lebensbereichen. Sie stellen in ihrer thematischen Mannigfaltigkeit auch heute noch eine nicht bewältigte Aufgabe dar.

So ist das Motiv dieser Taschenbuchreihe: unter den in unserer Zeit aktuellen Gesichtspunkten den Zugang zu verschiedenen im Vortragswerk verstreuten und nicht zusammenhängend ausgearbeiteten Themenkomplexen zu eröffnen und damit zugleich den Ansatz der anthroposophischen Erkenntnismethode an bestimmten Problemkreisen zu verdeutlichen; die jeweilige Zusammenstellung von Vorträgen beansprucht dabei inhaltlich keine Vollständigkeit.

Rudolf Steiner

Wirtschaft
Ideen zur Neugestaltung

Acht Aufsätze, vier Vorträge und eine Seminarbesprechung ausgewählt und herausgegeben von Götz E. Rehn

Verlag Freies Geistesleben

Das vorliegende Werk basiert auf der deutschen Originalausgabe, die im Rudolf Steiner Verlag, Dornach/Schweiz, innerhalb der Rudolf Steiner Gesamtausgabe (GA) erschienen ist. Als Herausgeber zeichnet die Rudolf Steiner Nachlassverwaltung, zu der das Rudolf Steiner Archiv und der Rudolf Steiner Verlag gehören. Damit die Tätigkeit des Rudolf Steiner Archivs und somit die Herausgabe von Rudolf Steiners Werk gewährleistet bleiben kann, ist das Archiv, das keine staatlichen oder anderen Beiträge erhält, ganz auf Spendengelder angewiesen. Zu diesem Zweck besteht ein Förderverein.

Weitere Informationen:
Rudolf Steiner Archiv, Postfach 135, CH-4143 Dornach
oder:
www.rudolf-steiner.com

ISBN 978-3-7725-2122-5

1. Auflage 2011

Verlag Freies Geistesleben
Landhausstr. 82, 70190 Stuttgart
Internet: www.geistesleben.com

Alle Rechte an den Texten von Rudolf Steiner,
insbesondere das Recht der Übersetzung,
bei der Rudolf Steiner Nachlassverwaltung, Dornach/Schweiz
Einbandgestaltung: Maria A. Kafitz,
unter Verwendung eines Fotos von iStockphoto, Joop Snijder
© 2011 Verlag Freies Geistesleben
& Urachhaus GmbH, Stuttgart
Gesamtherstellung: C.H. Beck, Nördlingen
Printed in Germany

Inhalt

Einleitung des Herausgebers … 7

Geisteswissenschaft und Soziale Frage … 21
Drei Aufsätze, 1905/06

Sozialer Geist und sozialistischer Aberglaube … 61
Oktober 1919

Die Kernpunkte der sozialen Frage … 67
Vorrede und Einleitung zum 41. bis 80. Tausend, 1920

Die Kardinalfrage des Wirtschaftslebens … 83
Kristiania (Oslo), 30. November 1921

Die gegenwärtige Wirtschaftskrisis und die Gesundung des Wirtschaftslebens durch die Dreigliederung des sozialen Organismus … 119
Basel, 26. April 1920

Der Mensch in der sozialen Ordnung: Individualität und Gemeinschaft … 155
Oxford, 29. August 1922

Arbeitsfähigkeit, Arbeitswille und Dreigliederung des sozialen Organismus … 181
August 1919

Wirtschaftlicher Profit und Zeitgeist 187
Dezember 1919

Dreigliederung und soziales Vertrauen (Kapital und Kredit) 193
Januar 1919

Nationalökonomischer Kurs 211
Zweiter Vortrag, Dornach, 25. Juli 1922

Nationalökonomisches Seminar 229
Erste Seminarbesprechung, Dornach, 31. Juli 1922

Anmerkungen 251

Literaturverzeichnis 261

Quellennachweis 263

Über den Herausgeber 265

Einleitung des Herausgebers

Die wirtschaftliche Situation und die Zukunft der Wirtschaft

1920 stellt Rudolf Steiner in der Vorrede zu den *Kernpunkten der sozialen Frage* fest: «Die in der Wirtschaft wirkenden Gestaltungskräfte sind uns Menschen nicht durchsichtig». 90 Jahre später trifft dies in noch weit größerem Maße zu. Mit der Zunahme der weltweiten Waren- und Informationsströme, den technischen Innovationen und ihren Anwendungen ist die Komplexität der Wirtschaft überproportional gestiegen. Nicht einmal im einzelnen Unternehmen, geschweige denn in der Weltwirtschaft durchschauen wir die Wirkungszusammenhänge.

In weniger als 50 Jahren hat sich die Versorgungssituation in Europa radikal verändert. Aus einer Mangelsituation nach dem Zweiten Weltkrieg ist in den westeuropäischen Staaten eine Überflussgesellschaft geworden. Wir können mit immer weniger Menschen Produkte und Dienstleistungen in immer größeren Mengen erzeugen. Die westliche Bevölkerung verbraucht heute ca. 80 Prozent der weltweit erzeugten Güter und Dienste, obgleich sie nur 20 Prozent der Weltbevölkerung ausmacht.

In Zukunft werden in Folge des erwarteten Bevölkerungswachstums von 6,9 Milliarden im Jahr 2010 auf 8,3 Milliarden im Jahr 2030 die Rohstoffreserven der Erde nicht mehr zur Versorgung aller Menschen ausreichen, wenn wir unseren Lebensstil nicht schnell und konsequent ändern. Das Erstarken der

Wirtschaften in China und Indien sowie die Zunahme der internationalen Tauschbeziehungen verschärfen die Situation zusätzlich.

Neben der sogenannten «Realwirtschaft» ist die gesamte Finanzwirtschaft im September 2008 durch die Spekulationen der Lehmann Bank in einen existenziellen Strudel geraten, dessen Ende nicht abzusehen ist. Fiskal- und Staatskrisen einzelner Länder, z.B. von Griechenland und Irland, sind Ausdruck der ungelösten weltweiten Finanzprobleme.

Angesichts dieser Lage der Wirtschaft stellt sich die Frage nach ihrer Neuausrichtung immer dringlicher. Um die Zukunft der Erde zu sichern, wird der Umbau der Wirtschaft in eine nachhaltige propagiert. Darunter versteht man die gleichzeitige Orientierung des Denkens und Handelns an wirtschaftlichen, ökologischen und sozialen Kriterien. Seit Jahren gibt es dabei nur zögerliche Fortschritte. Nicht zuletzt die Klimakonferenzen in Kopenhagen (2009) und Cancún (2010) zeigten, dass eine Einigung zwischen den führenden Wirtschaftsnationen nur zögerlich zustande kommt.

Immer mehr Menschen sind durch die sich zuspitzende Lage verunsichert und fragen nach der Zukunft der Wirtschaft. Eine Zukunft, die den Menschen dient und die Erde respektiert. Die zu lösenden Herausforderungen scheinen klar: Wir müssen die natürlichen Ressourcen schonen, den globalen Wohlstand neu verteilen, die Zerstörung der Erde stoppen, die Sozialstaatssysteme neu gestalten, die Finanzmärkte grundsätzlich reformieren etc. Unklar sind jedoch die Ziele und Methoden. Und allzu häufig setzt man bloß auf neue Gesetze, auf Anreizsysteme und Strafen, anstatt sich grundsätzlicher zu fragen: Was ist Wirtschaft? Was kann Wirtschaft? Was braucht Wirtschaft? Und was kann Wirtschaft nicht?

Diese Fragen waren auch meine Fragen, als ich als 21-Jähriger nach meiner Lebensaufgabe suchte. Durch den Unternehmer Herbert Witzenmann, den ich als Vorstand und Leiter der Sozialwissenschaftlichen und Jugendsektion am Goetheanum in Dornach kennenlernte, wurde ich mit dem Werk Rudolf Steiners bekannt.

Der Mensch als Wirklichkeitsschöpfer und der Sinn der Wirtschaft

Rudolf Steiner hat auf die beiden Kernfragen des modernen Menschen – die Frage nach der Wahrheit im Erkennen und die Frage nach der geistigen Freiheit im Handeln – Antworten in Form seelischer Beobachtungsresultate nach naturwissenschaftlicher Methode entwickelt. Die von ihm beschriebenen Beobachtungen können von jedem Menschen an sich selbst gemacht werden. In seinem Grundwerk *Die Philosophie der Freiheit* entwirft Steiner eine neue Erkenntniswissenschaft auf der Grundlage von Goethe nach der Methode von Schiller und entwickelt daran eine neue Ethik. Methodisch entspricht sein Ansatz dem der Naturwissenschaft: Die Ergebnisse sind beobachtbar, wiederholbar, können von verschiedenen Menschen in prinzipiell gleicher Art hervorgebracht werden und sind dadurch vergleichbar. Im Unterschied zu den modernen Naturwissenschaften, die als Erkenntnisobjekt nur Phänomene untersuchen, die sich in materiellen Spuren zeigen, ist das Forschungskonzept Rudolf Steiners voraussetzungslos und ergebnisoffen und auch im Nicht-Materiellen anwendbar. Auch seelische Erlebnisse können Gegenstand einer wissenschaftlichen Forschung sein, wenn wir z.B. unseren Erkenntnisprozess beobachten, uns also mit der Frage befassen: Was vollzieht sich, wenn wir einen Gegenstand, z.B. einen Baum, betrachten und als solchen erkennen?

Wir entdecken, dass die Welt nicht fertig ist ohne unser

Denken. Die Sinneseindrücke (Sehen, Tasten, Riechen usw.) treten ohne unsere Denkaktivitäten als unzusammenhängende Einzelheiten auf. Erst mit dem durch das Denken hervorgebrachten «Begriff» können wir die Einzelheiten der Wahrnehmungen in einen Sinn-Zusammenhang bringen. Die Vorstellung von dem Gegenstand Baum entsteht aus dem Gegenstrom von Wahrnehmung und Begriff in unserem Bewusstsein jeweils neu.

Damit wird deutlich, dass der Mensch im Erkennen die Wirklichkeit produziert. Er ist Wirklichkeitsschöpfer, nicht nur «Konsument» einer fertigen Wirklichkeit. Wir wissen nur von dem, was wir erkennen, d. h. was wir begreifen. Wir leiten (abstrahieren) nicht den Begriff, die «ideale Bestimmung», aus dem wahrgenommenen «Stoff» ab. Vielmehr gestaltet der Begriff als formender Geist die Vorstellung. In einem sich ständig wechselseitig durchdringenden Strom der Universalisierung der Wahrnehmung und der Individualisierung der Begriffe entsteht die Vorstellung neu im Bewusstsein als Repräsentant der Wirklichkeit.

Aus dieser Urerfahrung können wir die wesentliche Urerkenntnis gewinnen: Allem Sinnlichen liegt ein Geistiges zugrunde. Wenn wir z.B. ein Ziel erreichen wollen, müssen wir das in Zukunft zu Erreichende erst denken, um es dann durch die Handlung zu «ver-wirklichen». «Geist ist niemals ohne Materie, Materie niemals ohne Geist»[1], das ist der Urgedanke, der für mich den Ausgangspunkt meines Wirkens darstellt. Er ist die Uridee, die eine Umwertung aller Werte zur Folge hat.

Nicht der materielle Wohlstand ist dann das erste Ziel unserer Anstrengungen, sondern die geistige Entwicklung des Menschen zu einer selbstständigen und freien Individualität ist der Maßstab unseres Strebens. Die Wirtschaft dient dem Menschen und ermöglicht ihm seine Entwicklung und nicht umgekehrt. Das höchste «Produktionsziel» ist der freie Mensch. Er ist das Maß aller Dinge. Er ist Ausgangspunkt und Ziel aller Aktivitäten.

Die Erkenntnis, dass Materie nicht ohne Geist existiert und dass Geistiges sich in materieller Gestalt zeigt, ändert radikal unsere Weltauffassung und unser Menschenbild. Der Mensch ist dann nicht nur ein zufällig gezeugtes, nur durch seine Gene festgelegtes Wesen, das durch seine Umwelt konditioniert wird und auf Reize reagiert. Der Mensch ist eine geistige Individualität, die sich entwickeln kann, die der Freiheit im Geiste fähig ist. Die Erde ist aus dieser universellen Sicht nicht nur ein Rohstofflager, das man – mit Augenmaß – plündern kann, sondern ein lebendiger Organismus, mit dem wesensgemäß umzugehen ist.

Die Dreigliederung des sozialen Organismus und seine Gesundheit

Die Polarität von Geist und Materie findet sich auch in den Gliedern der Gesellschaft wieder. Neben dem Bereich der Wirtschaft, der die Güter und Dienste hervorbringt und damit die physische Existenz der Menschen ermöglicht, gibt es ein Geistes- bzw. Kulturleben. Ihm kommt in einer balancierten Gesellschaft die wesentliche Aufgabe der Förderung der Menschen im Hinblick auf die Verwirklichung ihrer geistigen Freiheit zu. Ein freies, von Wirtschaft und Staat unabhängiges Geistesleben, das den ganzen Menschen in den verschiedenen Altersstufen in seiner Entwicklung anregt, ist deshalb wesentlich für eine grundsätzliche Neuorientierung unserer Gesellschaft. Die Art, wie wir über Mensch und Erde denken, unser Menschen- und Weltbild, entscheidet über die Ziele, die wir als Einzelne und/oder als Gemeinschaft verfolgen. Das «Wie» am «Was», also die «geistige Methode» entscheidet über die Sinnbestimmung unserer Existenzgestaltung.

Da unsere Gesellschaft arbeitsteilig organisiert ist, bedarf es der aktiven und bewussten Gestaltung des Zusammenlebens der Menschen. Letztlich geht es dabei um die Suche nach einem gerechten Gleichgewicht zwischen Individuum und Gemeinschaft. Einerseits sind die Menschenrechte des Einzelnen, die Gleichheit vor dem Gesetz zu sichern, und andererseits gilt es, geeignete rechtliche Regelungen für das friedliche Zusammenleben der Menschen zu entwickeln und durchzusetzen.

Rudolf Steiner hat vor über 100 Jahren die «Dreigliederung» als Bilde- und Wirkprinzip des sozialen Organismus gefunden. Das Kulturleben hat das Primat der geistigen Freiheit, das moderne Rechtsleben gestaltet unter gleichberechtigter Teilhabe aller das Zusammenleben der Menschen durch Gesetze. Das Wirtschaftsleben hat die Aufgabe, im fairen Miteinander von Produktion und Handel die Versorgung der Menschen mit Gütern und Diensten so effizient wie möglich zu organisieren.

Die Gesellschaft ist dann gesund, wenn diese drei Glieder unabhängig voneinander, ihrem je unterschiedlichen Wesen gemäß im sozialen Organismus zusammen wirken. Jeder Gestaltungsschritt, jede Handlung von Menschen ist durch die drei Dimensionen geistige Bestimmung, wirtschaftliche Funktion und soziale Wirkung geformt. Wesentlich ist für die jeweilige Situation das Zusammenwirken der «drei Funktionen» in einer sinnvollen Kombination.

Wenn dagegen das ökonomische Prinzip alle Seinsbereiche, also neben der Wirtschaft auch das Politisch-Staatliche und insbesondere das Kulturleben dominiert, als dessen Aufgabe dann nur das Erziehen der Menschen zu wirtschaftlich erfolgreichen Mitgliedern der Gesellschaft gilt, wird es keine grundsätzliche Veränderung der Verhältnisse geben. Nur die Überwindung des Konzepts des Materialismus durch jenes des freien Geisteslebens ermöglicht uns die so dringend notwendige Sinnbestimmung.

Nachhaltig sinnvoll ist die Gestaltung der Umwelt in ökologischer, wirtschaftlicher oder sozialer Hinsicht nur dann, wenn wir in unseren Taten dem geistigen Wesenskern der uns umgebenden Natur und der geistigen Wesenheit des Menschen entsprechen. Einerseits geht es darum, Selbstbildung der geistigen Anlagen des Menschen zu ermöglichen, andererseits um das Zur-Erscheinung-bringen des Wesenhaften in der Natur durch den Menschen. Insofern ist der Begriff der Nachhaltigkeit um die kulturelle oder geistige Dimension zu erweitern. Nachhaltig ist eine Handlung dann, wenn sie orientiert an der geistigen Sinnbestimmung die sozialen, ökologischen und ökonomischen Verhältnisse entsprechend sinnvoll gestaltet.

Die Wirtschaft als lebendiger Organismus und der Mensch als ihr Gestalter

Die Wirtschaft ist eines der Glieder des gesellschaftlichen Organismus. Sie bedarf in ihrer Ausrichtung der ethischen Begründung durch eine Sinngebung. Dies setzt selbstständig denkende und bewusst handelnde Menschen voraus. Eine Beschäftigung mit der Welt der Wirtschaft setzt jedoch auch ein echtes Interesse an den wirtschaftlichen Zusammenhängen voraus. Oft existiert die Vorstellung: «Die Wirtschaft ist eine große Maschine, und es bleibt dem Einzelnen nichts anderes übrig, als zu funktionieren. Ich kann nichts beeinflussen, geschweige denn etwas bewirken.» Das Gegenteil ist der Fall. Jeder nimmt am wirtschaftlichen Geschehen teil. Konsumenten sind wir alle, und fast die Hälfte aller Menschen dieser Erde ist damit befasst, die Güter und Dienste zu produzieren, die wir gebrauchen und verbrauchen. Wir gestalten – ohne immer voneinander zu wissen – im Miteinander und wechselseitigen Austausch die Wirtschaft.

Sie ist mit einem lebendigen Organismus vergleichbar. Während aber der natürliche Organismus, z.B. eine Pflanze, gemäß seiner Uridee sich in ständiger Entwicklung durch Gestaltmetamorphose ausdrückt, entwickelt sich der soziale Organismus nicht nach einem vorgegebenen Urbild. Da wir Menschen mit unseren individuellen Ideen, Gefühlen und Taten gemeinsam den Organismus Wirtschaft bilden, fällt seine Gestalt immer neu und anders aus. Selbst ein Unternehmensorganismus bedarf der immerwährenden bewussten Gestaltung durch seine Mitglieder. Es gibt die Idee des lebendigen Organismus – im Gegensatz zum toten Mechanismus – als Urbild, aber es gibt keine erfolgreiche Vorlage zum Kopieren. Alles ist immer wieder der jeweiligen Situation von Mitarbeitern, Menschen, Erde etc. entsprechend neu zu entwickeln.

Deshalb ist die Wirtschaft immer auch der Spiegel unseres Denkens und Handelns. Jede Krisensituation ist letztlich die Folge mangelnden Bewusstseins. Wirtschaftskrisen sind Bewusstseinskrisen. Damit wird deutlich, wie wichtig für die Zukunft der Menschen die Beschäftigung mit der Wirtschaft ist. Nur wenn wir ihre Funktionsweise verstehen, können wir sie gestalten. Rudolf Steiner hat in zahlreichen Beiträgen Wesentliches über das Phänomen Wirtschaft unter verschiedenen Gesichtspunkten entwickelt. Er hat durch ein neues Denken über Wirtschaft eine erweiterte und neue Wissenschaft von der Wirtschaft entdeckt, die Sozialorganik, wie Herbert Witzenmann sie genannt hat.

Die sozialorganische Wissenschaftsmethode und das Gegenstromprinzip

Die modernen Wirtschaftswissenschaften stehen bezüglich ihrer Erkenntnismethode vor einem unlösbaren Dilemma. Einerseits gibt es mathematisch konzipierte Theorien zur Erklärung der wirtschaftlichen Realität, die zwar durch die zahlreichen einschränkenden Bedingungen (ceteris paribus) logisch funktionieren, jedoch die komplexe Wirklichkeit nicht wiedergeben. Andererseits stützen sie sich auf Fallstudien, wie sie im angloamerikanischen Raum entstanden sind. Sie beschreiben stets einen konkreten Einzelfall, ihre Thesen taugen aber nicht als allgemein gültiges Theoriekonzept.

Rudolf Steiner wählt einen grundsätzlich neuen Ansatz, indem seine Methode zur Erklärung der sich ständig verändernden Wirtschaft nicht an dem «Gewordenen» ansetzt. Rudolf Steiner beschreibt vielmehr die Bildekräfte, das «Werdende» des sozialen Organismus.

Rudolf Steiner setzt an die Stelle der Produktionsfaktoren Boden, Arbeit und Kapital die wertbildenden Faktoren Natur, Arbeit und Geist und nimmt zwei zentrale Wertbildeprozesse in den Blick: Das Anwenden von Arbeit auf die Naturgrundlage bezeichnet Steiner im Ergebnis als «W1» oder Wert 1. Das Anwenden von Geist auf Arbeit nennt Steiner «W2» oder Wert 2. Ein Naturprodukt, z.B. der Apfel am Baum, hat keinen wirtschaftlichen Wert, solange er am Baum hängt. Wenn der Mensch den Apfel pflückt (Arbeit auf Natur anwendet), in eine Kiste packt, transportiert etc., entsteht ein mit zunehmendem Arbeitsaufwand wachsender Wert 1. Das Produkt wird durch die darauf angewendete Arbeit in der Wertschöpfungskette von Stufe zu Stufe wertvoller.

Der Mensch ist zugleich ein denkendes Wesen. Indem der

Geist die Arbeit nach Effizienzgesichtspunkten neu organisiert, entsteht der Wert 2 (Geist auf Arbeit). Das Anwenden von Geist auf Arbeit bewirkt eine Reduktion von Wert 1. Er wirkt der Werterhöhung von mehr Arbeit auf Natur durch eine Ersparnis von Arbeit durch die Anwendung von Geist auf Arbeit entgegen. Jedes Produkt, jede Dienstleistung wird in ihrem Wert von diesem Gegenstrom bestimmt. Damit ist ein Theorieansatz gefunden, durch den jeder Wert eines Produkts durch die ihn bewirkenden Funktionen von w1 und w2 erklärt werden kann.

Der Wertbildung, die von der Natur ihren Ausgang nimmt und über viele Stufen bis zum fertigen Produkt führt, läuft die Wertschätzung der Konsumenten entgegen. Die Konsumenten kaufen dann ein Produkt, wenn ihre Wertschätzung des Produkts mindestens dem Preis entspricht. Ein Kaufakt signalisiert den an der Wertbildung Beteiligten die Bestätigung für ihre Leistung und die Aufforderung, eine vergleichbare Leistung erneut hervorzubringen.

Auch in diesem Fall handelt es sich um den Gegenstrom von Wertbildung und Wertschätzung im Wechselspiel von Produktion und Konsum. Der jeweils zustande gekommene Preis für ein Produkt bildet sich aus dem Zusammenspiel von Angebot und Nachfrage. Der Preis kann über oder unter dem Wert des Erzeugnisses liegen.

Die Preisfrage ist in der Sozialorganik von Rudolf Steiner eines der zentralen Themen. Insbesondere im *Nationalökonomischen Kurs*, der das Grundwerk der Sozialorganik Rudolf Steiners darstellt, werden die verschiedenen Prozesse beschrieben, die zur Preisbildung führen. Im Mittelpunkt des Werkes steht die Frage nach den Prozessen der Wertbildung (also von w1 und w2), die zu einem «gerechten Preis» führen. Damit zeigt sich die Dreigliederungsidee in einer weiteren Metamorphose innerhalb der Wirtschaft. Wert 1, das eigentliche Wirtschaftsleben, Wert 2, die gebundene Geisteswirksamkeit und der sich ergebende Preis als «Gerechtigkeitsindikator».

Die moderne Arbeitsteilung und ihre Konsequenzen

Für das Beurteilen des Wesens der Wirtschaft hat die arbeitsteilige Gliederung der modernen Wirtschaft vielfältige Konsequenzen. Zunächst führt die Arbeitsteilung dazu, dass niemand mehr sich selbst mit seinen Arbeitsergebnissen versorgen kann. Jemand produziert z.B. mit anderen Kollegen zusammen in einem Unternehmen für andere, die Kunden, ein Produkt. Die Trennung der Arbeitsprozesse in Teilschritte und deren effiziente Neuorganisation in anders gestalteten Abläufen führt zu einem Produktivitätsgewinn, der sich in ersparter Arbeit ausdrückt. Dieser Produktivitätsgewinn bedeutet zugleich einen Gewinn an Freiheit, weil die Menschen nicht mehr ihre gesamte Lebenszeit zur Sicherung ihrer materiellen Existenz einsetzen müssen.

Da wir uns nicht mehr mit den Ergebnissen unserer eigenen Arbeit «selbst versorgen» können, sondern für unsere Existenz auf die Leistungsbeiträge anderer angewiesen sind, ist die Arbeitsteilung ein Prinzip, das sich – faktisch und nicht moralisch verstanden – nicht mit einer egoistischen Haltung verträgt. Die Vorteile der Arbeitsteilung kommen umso besser zur Geltung, je konsequenter altruistisch die Haltung der Menschen im Arbeitsprozess ist. Je mehr ich meine Leistungen aus tiefem Interesse am Anderen und aus Liebe zur gut und sachgerecht ausgeführten Tat gestalte, umso mehr wird sie vom Kunden bemerkt und nachgefragt.

Diese Gesetzmäßigkeit hat Rudolf Steiner in seiner Schrift *Geisteswissenschaft und soziale Frage* in der Formulierung des «sozialen Hauptgesetzes» 1905/06 ausgedrückt: «Das Heil einer Gesamtheit von zusammen arbeitenden Menschen ist umso größer, je weniger der Einzelne die Erträgnisse seiner Leistungen für sich beansprucht. Das heißt, je mehr er von diesen Erträgnissen an seine Mitarbeiter abgibt, und je mehr seine eigenen Bedürfnisse nicht aus seinen Leistungen, sondern aus den Leistungen der anderen befriedigt werden.»

Die Menschen werden jedoch nur dann aus Einsicht für andere arbeiten können und wollen, wenn sie einen Grund, ein Motiv in dieser Arbeit sehen. Es ist die geistige Mission, die Idee, die eine Gruppe von Menschen haben muss, damit sich der Einzelne für diese Gesamtheit erwärmen kann und will. Nur wenn seine innersten Gefühle berührt sind, wird er aus ganzem Herzen aktiv.

Der Handlungsimpuls des sozialen Hauptgesetzes bedarf nicht nur der erlebten geistigen Mission der Gemeinschaft als Motivquelle, sondern besonders einer Begründung in einer geistigen Weltauffassung.

Damit offenbart sich uns eine Metamorphose der Dreigliederungsidee Rudolf Steiners: die Leistungsschenkung im Wirtschaftsleben gemäß dem sozialen Hauptgesetz, die geistige Auffassung von Mensch und Erde als Freiheitsimpuls des Geisteslebens und die Erlebnismotivation als Gefühlsimpuls für ein sinnstiftendes Motiv.[2]

Das Modell Alnatura und die Kraft der Idee

Die Ideen Rudolf Steiners haben mich bereits während des Studiums begleitet und tun es bis heute. Die Vision von *Alnatura*, «Sinnvoll für Mensch und Erde», charakterisiert unsere Denkmethode und unseren Handlungsimpuls. Wir wollen mit größtmöglicher Wachheit aus ganzheitlichem Denken bewusst unsere Produkte und Leistungen gestalten. Unsere Handlungsergebnisse sollen den Menschen dienen und die Erde respektieren. Dabei sind der Kunde und der Mitarbeiter von Alnatura das «Maß aller Dinge». Wir wollen in unserer Arbeitsgemeinschaft jedem Mitglied die Möglichkeit geben, in die Lebens-Schule zu gehen und seine Individualität zu entwickeln.

Entsprechend unserer Kundenorientierung entwickeln wir unsere Produkte im engen Dialog mit unseren Kunden. Über die Hälfte aller Innovationen gehen letztlich auf Kundenideen zurück. Das Kooperationsprinzip leitet unser Denken und Handeln gegenüber Biobauern, Verarbeitern und Handelspartnern. In enger Abstimmung mit unseren Partnern gestalten und koordinieren wir unsere Leistungen für unsere Kunden.

In unseren heute fast 60 Alnatura Super Natur Märkten verwenden wir Naturmaterialien im Baubereich und der Einrichtung. Der Strom für alle unsere Standorte stammt aus Wasser- und/oder Windkraft. Das Alnatura Verteilzentrum ist bei einer Grundfläche von 20.800 Quadratmetern und 14 Metern Höhe zum größten Teil aus Holz aus dem nahe gelegenen Odenwald errichtet. Das dazu gehörende Bürogebäude ist ein Holzständerbau, der mit Geothermie beheizt bzw. gekühlt wird.

Das freie Bildungswesen im Unternehmen Alnatura, das Konzept der situativen Führung, die Wertbildungsrechnung und vieles mehr sind für mich durch die Forschungsleistungen von Rudolf Steiner und Herbert Witzenmann möglich geworden.

Ich wünsche mir, dass meine Auswahl von Texten Rudolf Steiners viele Menschen erreicht und sie zu einem vertieften Verständnis der Wirtschaft anregt. Nur wenn wir die Bildeprinzipien der Wirtschaft erkennen, können wir sie sinnvoll gestalten.

Seeheim, im Februar 2011   *Götz E. Rehn*

«Wer im Leben wirken will, muss das Leben erst verstehen.»

«Wer sich aber für das Wirken im sozialen Leben schlecht vorbereitet, dessen Mängel können sich nicht so schnell erweisen. Schlecht gebaute Brücken stürzen ein; und dem Befangensten ist dann klar, dass der Brückenbauer ein Pfuscher war. Was aber im sozialen Wirken verpfuscht wird, das zeigt sich nur darinnen, dass die Mitmenschen darunter leiden.»

«Rechtes Handeln entspringt aus rechtem Denken; und unrechtes Handeln entspringt aus verkehrtem Denken oder aus der Gedankenlosigkeit.»

Geisteswissenschaft und Soziale Frage

Drei Ausätze, 1905/06

I.

Wer gegenwärtig mit offenen Augen die Welt um sich herum betrachtet, der sieht überall das sich mächtig erheben, was man die «soziale Frage» nennt. Diejenigen, welche es mit dem Leben ernst nehmen, müssen in irgendeiner Art sich Gedanken über das machen, was mit dieser Frage zusammenhängt. Und wie selbstverständlich muss es erscheinen, dass eine solche Vorstellungsart, welche zu ihren Aufgaben die höchsten Menschheitsideale gemacht hat, irgendwie ein Verhältnis gewinnen muss zu den sozialen Anforderungen. Eine solche Vorstellungsart will aber die geisteswissenschaftliche für die Gegenwart sein. Deshalb ist es nur natürlich, wenn nach diesem Verhältnis gefragt wird.

Nun kann es zunächst den Eindruck machen, als ob die Geisteswissenschaft nichts Besonderes nach dieser Richtung hin zu sagen hätte. Man wird als ihren hervorstechendsten Charakterzug zunächst die Verinnerlichung des Seelenlebens und die Erweckung des Blickes für eine geistige Welt erkennen. Selbst solche, die sich nur flüchtig mit den Ideen bekannt machen, welche durch geisteswissenschaftlich orientierte Redner und Schriftsteller Verbreitung finden, werden bei unbefangener Betrachtung dieses Streben erkennen können. Schwieriger ist es aber einzusehen, dass dieses Streben gegenwärtig eine *praktische* Bedeutung habe. Und insbesondere kann nicht leicht dessen Zusammenhang mit der sozialen Frage einleuchtend werden. Was soll, so wird mancher fragen, eine Lehre den sozialen Übelständen helfen, die sich mit «Wiederverkörperung», mit «Karma», mit der «übersinnlichen Welt», mit der «Entstehung des Menschen» und so weiter befasst? Eine solche Gedankenrichtung scheint von aller Wirklichkeit hinweg in ferne Wolkenhöhen zu fliegen, während jetzt doch ein jeder dringend nötig hätte, sein ganzes Denken zusammenzunehmen, um den Aufgaben zu genügen, welche die irdische Wirklichkeit stellt.

Von all den verschiedenen Meinungen, die gegenwärtig in Bezug auf die Geisteswissenschaft notwendig hervortreten müssen, seien hier zwei verzeichnet.

Die eine besteht darin, dass man sie als den Ausdruck einer zügellosen Phantastik ansieht. Es ist ganz natürlich, dass eine solche Ansicht besteht. Und sie sollte am wenigsten für den geisteswissenschaftlich Strebenden etwas Unbegreifliches haben. Jedes Gespräch in seiner Umgebung, alles, was um ihn herum vorgeht, was den Menschen Lust und Freude macht, alles das kann ihn darüber belehren, dass er zunächst eine für viele geradezu närrische Sprache führt. Zu diesem Verständnis seiner Umgebung muss er dann allerdings die unbedingte Sicherheit hinzubringen, dass er auf dem rechten Wege ist. Sonst könnte er kaum aufrecht stehen, wenn er sich den Widerstreit seiner Vorstellungen mit denen so vieler anderer klar macht, die zu den Unterrichteten und Denkenden gehören. Hat er die rechte Sicherheit, kennt er die Wahrheit und Tragkraft seiner Ansicht, dann sagt er sich: Ich weiß ganz gut, dass ich gegenwärtig als Phantast angesehen werden kann, und es ist mir einleuchtend, warum das so ist; aber die Wahrheit muss wirken, auch wenn sie verlacht und verhöhnt wird, und ihre Wirkung hängt nicht ab von den Meinungen, die man über sie hat, sondern von ihrer gediegenen Grundlage.

Die andere Meinung, von welcher die Geisteswissenschaft betroffen wird, ist die, dass ihre Gedanken zwar schön und befriedigend seien, dass sie aber nur für das innere Seelenleben, nicht für den praktischen Lebenskampf einen Wert haben können. Selbst solche, welche zur Stillung ihrer geistigen Bedürfnisse nach der geisteswissenschaftlichen Nahrung verlangen, können nur zu leicht versucht sein, sich zu sagen: Ja, aber wie der sozialen Not, dem materiellen Elend beizukommen ist, darüber kann diese Gedankenwelt doch keine Aufklärung geben. – Nun beruht aber gerade diese Meinung auf einem vollständigen Verkennen der wirklichen Tatsachen des Lebens, und vor allen Dingen auf einem Missverständnisse gegenüber den Früchten der geisteswissenschaftlichen Vorstellungsart.

Man frägt nämlich fast ausschließlich: Was lehrt die Geisteswissenschaft? Wie kann man beweisen, was sie behauptet? Und man sucht dann die Frucht in dem Gefühl der Befriedigung, die man aus den Lehren schöpfen kann. Das ist natürlich so selbstverständlich wie möglich. Man muss ja zunächst eine Empfindung für die Wahrheit von Behauptungen erhalten, die einem gegenübertreten. Die wahre *Frucht* der Geisteswissenschaft darf aber darinnen nicht gesucht werden. Diese Frucht zeigt sich nämlich erst dann, wenn der geisteswissenschaftlich Gesinnte an die Aufgaben des praktischen Lebens herantritt. Es kommt darauf an, ob ihm die Geisteswissenschaft etwas hilft, diese Aufgaben einsichtsvoll zu ergreifen und mit Verständnis die Mittel und Wege zur Lösung zu suchen. Wer im Leben wirken will, muss das Leben erst verstehen. Hier liegt der Kernpunkt der Sache. Solange man dabei stehen bleibt, zu fragen: Was *lehrt* die Geisteswissenschaft, kann man diese Lehren zu «hoch» für das praktische Leben finden. Wenn man aber darauf das Augenmerk richtet, welche Schulung das Denken und Fühlen durch diese Lehren erfährt, dann wird man aufhören, solchen Einwand zu machen. So absonderlich es für die oberflächliche Auffassung erscheinen mag, es ist doch richtig: Die scheinbar im Wolkenkuckucksheim schwebenden geisteswissenschaftlichen Gedanken bilden den

Blick aus für eine richtige Führung des alltäglichen Lebens. Und die Geisteswissenschaft schärft gerade dadurch das Verständnis für die sozialen Forderungen, dass sie den Geist erst in die lichten Höhen des Übersinnlichen führt. So widerspruchsvoll das erscheint, so wahr ist es.

Es soll einmal an einem Beispiele gezeigt werden, was damit gemeint ist. Ein ungemein interessantes Buch ist in der letzten Zeit erschienen: *Als Arbeiter in Amerika* (Berlin, K. Siegismund). Es hat zum Verfasser den Regierungsrat Kolb[1], der es unternommen hat, monatelang als gewöhnlicher Arbeiter in Amerika zuzubringen. Dadurch hat er sich ein Urteil über Menschen und Leben angeeignet, wie es ihm offenbar ebenso wenig der Bildungsweg hätte geben können, durch den er Regierungsrat geworden ist, noch auch die Erfahrungen, welche er auf diesem Posten und auf all den Stellen hat sammeln können, die man einnimmt, bevor man Regierungsrat wird. Er war somit jahrelang an einer verhältnismäßig verantwortungsvollen Stelle, und erst, als er aus dieser herausgetreten ist und – kurze Zeit – in fernem Lande gelebt hat, lernt er das Leben so kennen, dass er in seinem Buche den folgenden beherzigenswerten Satz schreibt: «Wie oft hatte ich früher, wenn ich einen gesunden Mann betteln sah, mit moralischer Entrüstung gefragt: Warum arbeitet der Lump nicht? Jetzt wusste ichs. *In der Theorie sieht sichs eben anders an, als in der Praxis, und selbst mit den unerfreulichsten Kategorien der Nationalökonomie hantiert sichs am Studiertisch ganz erträglich.*» Nun soll hier nicht das geringste Missverständnis hervorgerufen werden. Die vollkommenste Anerkennung muss dem Manne entgegengebracht werden, der es sich abgewonnen hat, aus behaglicher Lebenslage herauszutreten, und in einer Brauerei und Fahrradfabrik schwer zu arbeiten. Die Hochschätzung dieser Tat soll vorerst möglichst stark betont werden, damit nicht der Glaube erweckt werde, es solle der Mann abfälliger

Kritik unterworfen werden. – Aber für jeden, der sehen will, ist unbedingt klar, dass alle Schulung, alle Wissenschaft, die der Mann durchgemacht hat, ihm kein Urteil über das Leben gegeben haben. Man versuche es sich doch klar zu machen, *was* damit zugestanden ist: Man kann alles lernen, was einen gegenwärtig befähigt, verhältnismäßig leitende Stellen einzunehmen: und man kann dabei dem Leben, auf das man wirken soll, ganz ferne stehen. – Ist das nicht so, als wenn man in irgendeiner Schule für den Brückenbau ausgebildet würde, und dann, wenn man vor die Aufgabe tritt, eine Brücke zu bauen, man nichts davon verstehe? *Doch nein*: es ist *nicht* ganz so. Wer sich für den Brückenbau schlecht vorbereitet, dem wird sein Mangel bald klar werden, wenn er an die Praxis herantritt. Er wird sich als Pfuscher erweisen und überall zurückgewiesen werden. Wer sich aber für das Wirken im sozialen Leben schlecht vorbereitet, dessen Mängel können sich nicht so schnell erweisen. Schlecht gebaute Brücken stürzen ein; und dem Befangensten ist dann klar, dass der Brückenbauer ein Pfuscher war. Was aber im sozialen Wirken verpfuscht wird, das zeigt sich nur darinnen, dass die Mitmenschen darunter leiden. Und für den Zusammenhang dieses Leidens mit dem Pfuschertum hat man nicht so leicht ein Auge wie für das Verhältnis zwischen Brückeneinsturz und unfähigem Baumeister. – «Ja, aber», wird man sagen, «was hat denn das alles mit der Geisteswissenschaft zu tun? Glaubt der geisteswissenschaftlich Gesinnte etwa gar, dass seine Lehren dem Regierungsrat Kolb ein besseres Verständnis des Lebens beigebracht hätten? Was hätte es ihm genützt, wenn er etwas von «Wiederverkörperung», «Karma» und allen «übersinnlichen Welten» gewusst hätte? Niemand wird doch behaupten wollen, dass die Ideen über planetarische Systeme und höhere Welten den genannten Regierungsrat hätten davor bewahren können, eines Tages sich gestehen zu müssen, «dass es sich mit den unerfreulichsten

Kategorien der Nationalökonomie am Studiertische ganz gut hantiere.» Der geisteswissenschaftlich Gesinnte kann nun wirklich – wie Lessing in einem bestimmten Falle – antworten: «Ich bin dieser *Niemand*, ich behaupte es geradezu.»[2] Nur muss man das nicht so verstehen, als ob jemand mit der Lehre von der «Wiederverkörperung» oder dem Wissen vom «Karma» sich sozial richtig betätigen könne. Das wäre natürlich naiv. Die Sache geht selbstverständlich nicht so, dass man diejenigen, welche zu Regierungsräten bestimmt sind, statt sie zu Schmoller, Wagner oder Brentano auf die Universität zu schicken, auf die «Geheimlehre» der Blavatsky [3] verweist. – Worauf es ankommt, ist aber dieses: Wird eine nationalökonomische Theorie, welche von einem geisteswissenschaftlich Gesinnten herrührt, eine solche sein, mit der sich am Studiertische gut hantieren lässt, die aber dem wirklichen Leben gegenüber versagt? Und das eben wird sie nicht sein. *Wann* hält eine Theorie dem Leben gegenüber nicht stand? Wenn sie durch ein Denken hervorgebracht ist, das nicht für das Leben geschult ist. Nun sind aber die Lehren der Geisteswissenschaft ebenso die wirklichen Gesetze des Lebens, wie die Lehren der Elektrizität diejenigen einer Fabrik für elektrische Apparate sind. Wer eine solche Fabrik einrichten will, muss zuerst wahre Elektrizitätslehre sich aneignen. Und wer im Leben wirken will, der muss die Gesetze des Lebens kennenlernen. So fern aber scheinbar die Lehren der Geisteswissenschaft dem Leben stehen, so nahe sind sie ihm in Wahrheit. Dem oberflächlichen Blick erscheinen sie weltfremd; dem wahren Verständnis erschließen sie das Leben. Man zieht sich nicht aus bloßer Neugierde zurück in «geisteswissenschaftliche Zirkel», um da allerlei «interessante» Aufschlüsse über jenseitige Welten zu erhalten, sondern man trainiert da sein Denken, Fühlen und Wollen an den «ewigen Gesetzen des Daseins», um herauszutreten in das Leben, und mit hellem, klarem Blick dieses Leben zu verstehen.

Die geisteswissenschaftlichen Lehren sind ein Umweg zu einem *lebensvollen* Denken, Urteilen und Empfinden.

Die geisteswissenschaftliche Bewegung wird erst in ihrem rechten Geleise sein, wenn man das voll einsehen wird. Rechtes Handeln entspringt aus rechtem Denken; und unrechtes Handeln entspringt aus verkehrtem Denken oder aus der Gedankenlosigkeit. Wer überhaupt daran glauben will, dass auf sozialem Gebiete etwas Gutes gewirkt werden kann, der muss zugeben, dass es von den *menschlichen Fähigkeiten* abhängt, solches Gute zu wirken. Durch die Ideen der Geisteswissenschaft hindurch sich arbeiten, bedeutet Steigerung der Fähigkeiten zu sozialem Wirken. Es handelt sich in dieser Beziehung nicht allein darum, welche Gedanken man durch die Geisteswissenschaft aufnimmt, sondern darum, *was* man aus seinem *Denken durch sie macht*.

Gewiss muss zugegeben werden, dass innerhalb der Kreise selbst, die sich der Geisteswissenschaft widmen, noch nicht allzu viel von einer Arbeit gerade in dieser Hinsicht zu merken ist. Und ebenso wenig kann geleugnet werden, dass gerade deshalb die der Geisteswissenschaft Fernstehenden noch allen Grund haben, die obigen Behauptungen zu bezweifeln. Aber es darf auch nicht außer Acht gelassen werden, dass die geisteswissenschaftliche Bewegung in gegenwärtiger Auffassung erst im Anfange ihrer Wirksamkeit steht. Ihr weiterer Fortschritt wird darinnen bestehen, dass sie sich einführt in alle praktischen Gebiete des Lebens. Dann wird sich beispielsweise für die «soziale Frage» zeigen, dass an Stelle von Theorien, «mit denen sich am Studiertische ganz gut hantieren» lässt, solche treten werden, welche die Einsicht befähigen, unbefangen das *Leben* zu beurteilen, und dem Willen die Richtung zu solchem Handeln geben, dass Heil und Segen für die Mitmenschen entspringt. Gar mancher wird sagen, gerade am Falle Kolb zeige es sich, dass der Hinweis auf die Geisteswissenschaft überflüssig sei. Es wäre nur notwendig, dass die Leute, die sich für irgendeinen Beruf vorbereiten, ihre Theorien nicht bloß in der Studierstube lernten, sondern dass sie mit dem Leben zusammengebracht würden, dass sie neben der theoretischen auch eine praktische Anleitung erhielten. Denn sobald Kolb sich das Leben ansah, genügte doch auch das, was er gelernt hatte, um zu einer anderen Meinung zu kommen, als er früher hatte. – *Nein*, es genügt nicht, weil der Mangel tiefer liegt. Wenn einer sieht, dass er mit einer mangelhaften Vorbildung nur Brücken bauen kann, die einstürzen, so hat er sich damit noch lange nicht die Fähigkeit erworben, solche zu bauen, die nicht einstürzen. Er muss sich zu Letzterem erst eine wirklich fruchtbare Vorbildung aneignen. Sicherlich braucht man nichts weiter, als sich die sozialen Verhältnisse nur anzusehen, auch wenn man eine noch so unzulängliche Theorie hat über die Grundgesetze des Lebens, und man wird nicht mehr jedem gegenüber, der nicht arbeitet, sagen: «Warum arbeitet der Lump nicht?» Man kann dann aus den Verhältnissen heraus verstehen, warum ein solcher nicht arbeitet. Aber hat man damit schon gelernt, wie die Verhältnisse zum Gedeihen der Menschen zu gestalten sind? Zweifellos haben alle die gutwilligen Menschen, welche ihre Pläne aufgetischt haben über Verbesserung des Menschenloses, nicht geurteilt wie der Regierungsrat Kolb *vor* seiner Amerikafahrt. Sie waren alle doch wohl auch vor solcher Expedition der Überzeugung, dass nicht jeder, dem es schlecht geht, abzufertigen sei mit der Phrase «warum arbeitet der Lump nicht?» Sind deshalb alle ihre sozialen Reformvorschläge fruchtbar? Nein, das können sie schon deshalb nicht sein, weil sie so vielfach einander widersprechen. Und man wird deshalb ein Recht haben, zu sagen, dass wohl auch des Regierungsrates Kolb positive Reformpläne nach seiner Bekehrung nicht sonderlich viel Wirkung haben können. Das eben ist der Irrtum unserer Zeit in dieser Beziehung, dass sich ein jeder für befähigt hält, das Leben zu verstehen, auch wenn er sich nichts mit den Grundgesetzen des Lebens zu schaffen gemacht hat, wenn er sein Denken nicht erst geschult hat, um die wahren Kräfte des Lebens zu sehen. Und Geisteswissenschaft ist Schulung für eine gesunde Beurteilung des Lebens, weil sie dem Leben auf den Grund geht. Es hilft gar nichts, zu sehen, dass die Verhältnisse den Menschen in ungünstige Lebenslagen bringen, in denen er verkommt: Man muss die *Kräfte* kennen lernen, durch welche günstige Verhältnisse geschaffen werden. Und das können unsere nationalökonomisch Gebildeten aus einem ähnlichen Grunde nicht, aus dem keiner rechnen kann, der nichts vom Einmaleins weiß. Stellet einen solchen vor noch so viele Zahlenreihen hin: Das Anschauen wird ihm nichts nützen. Stellt den, dessen Denken nichts versteht von den Grundkräften des sozialen Lebens, vor die Wirklichkeit: Er mag noch so eindringlich beschreiben, was er sieht; wie sich die sozialen Kräfte verschlingen zum Wohl oder zum Unheil der Menschen, darüber kann er doch nichts ausmachen.

In unserer Zeit ist eine Lebensauffassung notwendig, welche zu den wahren Quellen des Lebens hinführt. Und eine solche Lebensauffassung kann die Geisteswissenschaft sein. Wenn alle diejenigen, welche sich eine Meinung bilden wollen über das, was «sozial nottut», zuerst durch die Lebenslehre der Geisteswissenschaft gehen wollten, dann kämen wir weiter. – Der Einwand, dass diejenigen, die sich der Geisteswissenschaft widmen, heute bloß «reden» und nicht «handeln», kann ebenso wenig gelten, wie derjenige, dass sich ja auch die geisteswissenschaftlichen Meinungen noch nicht erprobt haben, sich also vielleicht ebenso als graue Theorie entpuppen könnten, wie die Nationalökonomie des Herrn Kolb. Der erste Einwand bedeutet aus dem Grunde nichts, weil man «handeln» selbstverständlich so lange nicht kann, als einem die Wege zum Handeln versperrt sind. Lasset einen Seelenkenner noch so gut wissen, was ein Vater tun müsse in der Erziehung seiner Kinder; er kann nicht «handeln», wenn ihn der Vater nicht zum Erzieher bestellt. In dieser Beziehung muss in Geduld gewartet werden, bis das «Reden» der geisteswissenschaftlich Arbeitenden denen, welche die Macht zum «Handeln» haben, die Einsicht gebracht hat. Und das wird geschehen. Der andere Einwand ist nicht minder belanglos. Und er kann überhaupt nur von solchen erhoben werden, die unbekannt sind mit dem Grundwesen der geisteswissenschaftlichen Wahrheiten. Wer sie kennt, der weiß, dass sie gar nicht so zustande kommen, wie etwas, das man «ausprobiert». Die Gesetze des Menschenheiles sind nämlich ebenso sicher in die Urgrundlage der Menschenseele gelegt, wie das Einmaleins da hineingelegt ist. Man muss nur tief genug hinuntersteigen in diese Urgrundlage der menschlichen Seele. Gewiss, man kann *anschaulich* machen, was so eingezeichnet ist in die Seele, wie man anschaulich machen kann, dass zweimal zwei vier ist, wenn man vier Bohnen in zwei Gruppen nebeneinander legt. Aber wer wollte behaupten, dass sich die Wahrheit «zweimal zwei ist vier» erst an den Bohnen «erproben» muss. Es verhält sich nämlich durchaus so: Wer die geisteswissenschaftliche Wahrheit bezweifelt, der hat sie noch nicht erkannt, wie nur ein solcher bezweifeln könnte, dass «zweimal zwei vier ist», der es noch nicht erkannt hat. So sehr sich auch beides unterscheidet, weil das letztere so einfach, das erstere so kompliziert ist: Die Ähnlichkeit in anderer Beziehung ist doch vorhanden. – Allerdings kann das nicht eingesehen werden, solange man nicht in die Geisteswissenschaft selbst eindringt. Deshalb kann auch für den Nichtkenner der Geisteswissenschaft kein «Beweis» für diese Tatsache erbracht werden. Man kann nur sagen: Lernet die Geisteswissenschaft erst kennen, und ihr werdet auch über all das klar sein.

Der wichtige Beruf der Geisteswissenschaft in unserer Zeit wird sich zeigen, wenn sie ein Sauerteig in allem Leben geworden sein wird. Solange dieser Weg ins Leben noch nicht im vollen Sinne des Wortes betreten werden kann, sind die geisteswissenschaftlich Gesinnten erst im Anfang ihres Wirkens. Und solange werden sie wohl auch den Vorwurf hören müssen, dass ihre Lehren lebensfeindlich seien. Ja, sie sind, wie die Eisenbahn feindlich war einem Leben, das nur die Postkutsche als das «Lebenswahre» anzusehen vermochte. Sie sind so feindlich, wie die Zukunft feindlich der Vergangenheit ist.

«Die Verhältnisse, in denen man lebt, sind von den Mitmenschen geschaffen; und man wird niemals selbst bessere schaffen, wenn man nicht von anderen Gedanken, Gesinnungen und Empfindungen ausgeht, als jene Schöpfer hatten.»

«Alle Interessen und damit alle Lebensverhältnisse ändern sich, wenn man bei der Erwerbung einer Sache nicht mehr *sich*, sondern die *Andern* im Auge hat.»

Geisteswissenschaft und Soziale Frage

II.

Im Folgenden soll auf einiges Besondere in dem Verhältnis von «Geisteswissenschaft und soziale Frage» eingegangen werden.

Zwei Ansichten stehen einander gegenüber in Bezug auf die «soziale Frage». Die eine sieht die Ursachen des Guten und Schlimmen im sozialen Leben mehr in den Menschen, die andere hauptsächlich in den Verhältnissen, innerhalb welcher die Menschen leben. Die Vertreter der ersteren Meinung werden dadurch den Fortschritt fördern wollen, dass sie die geistige und physische Tüchtigkeit der Menschen und ihr moralisches Fühlen zu heben trachten; diejenigen, welche zur zweiten Anschauung neigen, werden dagegen vor allem darauf bedacht sein, die Lebenslage zu heben, denn sie sagen sich, wenn die Menschen auskömmlich leben können, dann wird ihre Tüchtigkeit und ihr sittliches Empfinden von selbst auf einen höheren Stand sich bringen. Man kann wohl kaum leugnen, dass die zweite Ansicht heute stetig an Boden gewinnt. In vielen Kreisen gilt es als der Ausdruck eines ganz rückständigen Denkens, wenn man die erstere Anschauung noch besonders betont. Es wird da gesagt: Wer vom frühen Morgen bis zum späten Abend mit der bittersten Not zu kämpfen hat, der kann zu einer Entwickelung seiner geistigen und moralischen Kräfte nicht kommen. Gebet einem solchen erst Brot, bevor ihr ihm von geistigen Angelegenheiten redet.

Insbesondere einem solchen Streben wie dem geisteswissenschaftlichen gegenüber spitzt sich die letztere Behauptung leicht zu einem Vorwurfe zu. Und es sind nicht die Schlechtesten in unserer Zeit, welche dergleichen Vorwürfe erheben. Solche sagen wohl: «Der waschechte Theosoph steigt sehr ungern von den devachanischen und kamischen Ebenen auf diese Erde herab. Man kaut lieber zehn Sanskritworte, ehe man sich darüber unterrichtet, was die Grundrente ist.» So ist zu lesen in einem vor kurzem erschienenen interessanten Buche *Die kulturelle Lage Europas beim Wiedererwachen des modernen Okkultismus* von G. L. Dankmar (Leipzig, Oswald Mutze, 1905).

Naheliegend ist es, den Vorwurf in der folgenden Form zu erheben. Man weist darauf hin, dass in unserer Zeit oftmals Familien von acht Köpfen in einer einzigen Stube zusammengepfercht sind, dass solchen Luft und Licht selbst fehlen, dass sie ihre Kinder zur Schule in einem Zustande schicken müssen, so dass Schwäche und Hunger sie zusammenbrechen lassen. Dann sagt man: Müssen diejenigen, welche auf den Massenfortschritt bedacht sind, nicht vor allem ihr ganzes Streben darauf verwenden, in solchen Verhältnissen Abhilfe zu schaffen? Statt ihr Denken auf die Lehren der höheren Geisteswelten sollten sie es auf die Frage lenken: Wie sind die sozialen Notstände zu heben? «Steige die Theosophie aus ihrer eisigen Einsamkeit hinab unter Menschen, unter das Volk; stelle sie im Ernste und in Wahrheit die ethische Forderung der allgemeinen Brüderlichkeit an die Spitze ihres Programms, und handle sie, unbekümmert um alle Konsequenzen, danach; mache sie das Wort Christi von der Nächstenliebe zur *sozialen Tat,* und sie wird köstlich unverlierbares Menschheitseigentum werden und bleiben.» So heißt es in obengenanntem Buche weiter.

Diejenigen, welche einen solchen Einwand gegen die Geisteswissenschaft erheben, meinen es gut. Ja, es soll ihnen sogar zugestanden werden, dass sie gegenüber vielen recht haben, die sich mit den geisteswissenschaftlichen Lehren beschäftigen. Zweifellos sind unter den Letzteren solche, die nur für ihre eigenen geistigen Bedürfnisse sorgen wollen, die nur etwas wissen wollen über das «höhere Leben», über das Schicksal der Seele nach dem Tode usw. – Und man hat gewiss auch nicht unrecht, wenn man sagt, in der gegenwärtigen Zeit erscheint es nötiger, in gemeinnützigem Wirken, in den Tugenden der Nächstenliebe und Menschenwohlfahrt sich zu entfalten, als in weltfremder Einsamkeit irgendwelche in der Seele schlummernden höheren Fähigkeiten zu pflegen. Die Letzteres vor allem wollen, könnten als Menschen von einer verfeinerten Selbstsucht gelten, denen das eigene Seelenwohl über den allgemeinen menschlichen Tugenden steht. – Nicht minder kann man hören, wie darauf hingewiesen wird, dass für ein geistiges Streben, wie es das geisteswissenschaftliche ist, doch nur Menschen Interesse haben können, denen es «gut geht», und welche daher ihre «müßige Zeit» solchen Dingen widmen können. Wer aber vom Morgen bis zum Abend für elenden Lohn seine Hände rühren muss, den soll man nicht abspeisen wollen mit Redensarten von allgemeiner Menscheneinheit, von «höherem Leben» und ähnlichen Dingen.

Gewiss ist, dass in der angedeuteten Richtung auch von geisteswissenschaftlich Strebenden mancherlei gesündigt wird. Aber nicht minder richtig ist, dass gut verstandenes geisteswissenschaftliches Leben den Menschen auch als Einzelnen zu den Tugenden der opferwilligen Arbeit und des gemeinnützigen Wirkens führen muss. Jedenfalls wird die Geisteswissenschaft niemand *hindern* können, ein ebenso guter Mensch zu sein wie andere es sind, die nichts von Geisteswissenschaft wissen oder wissen wollen. – Aber das alles berührt ja in Bezug auf die «soziale Frage» gar nicht die Hauptsache. Um zu dieser Hauptsache vorzudringen, ist eben durchaus mehr notwendig, als die Gegner des geisteswissenschaftlichen Strebens zugeben wollen. Ohne Weiteres soll diesen Gegnern ja zugestanden werden, dass mit den Mitteln, welche von mancher Seite zur Verbesserung der sozialen Menschenlage vorgeschlagen werden, *viel* zu erreichen ist. Die eine Partei will das, die andere jenes. Mancherlei von solchen Parteiforderungen erweist sich dem klar Denkenden bald als Hirngespinst; manches aber enthält gewiss auch den allerbesten Kern.

Owen, der 1771 bis 1858 lebte, gewiss einer der edelsten Sozialreformatoren, hat immer wieder und wieder betont, dass der Mensch durch die Umgebung bestimmt werde, in welcher er aufwächst, dass des Menschen Charakter nicht durch ihn selbst gebildet werde, sondern durch die Lebensverhältnisse, in denen er gedeiht. [4] Durchaus soll nicht das blendend Richtige bestritten werden, das solche Sätze haben. Und noch weniger sollen sie mit geringschätzigem Achselzucken behandelt werden, obgleich sie mehr oder weniger selbstverständlich sind. Vielmehr soll ohne Weiteres zugestanden werden, dass vieles besser werden kann, wenn man im öffentlichen Leben sich nach solchen Erkenntnissen richtet. Deshalb wird aber auch die Geisteswissenschaft niemand hindern, sich an denjenigen Werken des Menschenfortschrittes zu beteiligen, die im Sinne solcher Erkenntnisse ein besseres Los der gedrückten und Not leidenden Menschheitsklassen herbeiführen wollen.

Nur *muss* die Geisteswissenschaft tiefer gehen. Ein *durchgreifender* Fortschritt kann nämlich durch alle solche Mittel nimmermehr bewirkt werden. Wer das nicht zugibt, der hat sich niemals klar gemacht, woher die Lebensverhältnisse kommen, innerhalb welcher die Menschen sich befinden. So weit nämlich des Menschen Leben von diesen Verhältnissen abhängig ist, sind diese selbst von Menschen bewirkt. Oder wer hat denn die Einrichtungen getroffen, durch die der eine arm, der andere reich ist? Doch andere Menschen. Das ändert doch wahrlich nichts an dieser Sachlage, dass diese «anderen Menschen» zumeist *vor* denen gelebt haben, die unter den Verhältnissen gedeihen oder nicht gedeihen. Die Leiden, die dem Menschen die *Natur* selbst auferlegt, kommen für die *soziale* Lage doch nur mittelbar in Betracht. *Diese* Leiden müssen eben durch das menschliche Handeln gelindert oder ganz beseitigt werden. Geschieht das nicht, was in dieser Richtung notwendig ist, so fehlt es also doch nur an den menschlichen Einrichtungen. – Ein gründliches Erkennen der Dinge lehrt, dass alle Übel, von denen mit Recht als von sozialen gesprochen werden kann, auch von den menschlichen Taten herrühren. Gewiss ist in dieser Beziehung nicht der einzelne Mensch, sicher aber die ganze Menschheit der «Schmied des eigenen Glückes».

So gewiss aber *dieses* ist, so wahr ist auch, dass in größerem Umfange kein beträchtlicher Teil der Menschheit, keine Kaste oder Klasse das Leid eines anderen Teiles in böswilliger Absicht bewirkt. Alles, was in dieser Richtung behauptet wird, beruht auf bloßem Mangel an Einsicht. Trotzdem auch dies eigentlich eine selbstverständliche Wahrheit ist, muss sie doch ausgesprochen werden. Denn wenn auch solche Dinge mit dem Verstande leicht durchschaut werden, so verhält man sich doch im praktischen Leben nicht in ihrem Sinne. Jedem Ausbeuter seiner Mitmenschen wäre natürlich das liebste, wenn die Opfer seiner Ausbeutung *nicht* zu leiden hätten. Man käme weit, wenn man das nicht bloß selbstverständlich fände, sondern auch seine Empfindungen und Gefühle darnach einrichtete.

Ja, aber was soll man mit solchen Behauptungen anfangen? So wird zweifellos mancher «sozial Denkende» einwenden. Soll etwa gar der Ausgebeutete dem Ausbeuter mit wohlwollenden Gefühlen gegenüberstehen? Ist es nicht zu begreiflich, wenn der erstere den letzteren hasst und aus dem Hasse heraus zu seiner Parteistellung geführt wird? Es wäre doch wahrlich ein schlechtes Rezept – so wird man weiter einwenden –, wenn der

Bedrückte dem Bedrücker gegenüber an die Menschenliebe gemahnt würde, etwa im Sinne des Satzes vom großen Buddha: «Hass wird nicht durch Hass, sondern allein durch Liebe überwunden.»[5]

Dennoch führt die Erkenntnis, die an diesen Punkt anknüpft, allein in der gegenwärtigen Zeit zu einem wirklichen «sozialen Denken». Und hier ist es eben, wo geisteswissenschaftliche Gesinnung einsetzt. Diese kann nämlich nicht an der Oberfläche des Verständnisses haften, sondern muss in die Tiefe dringen. Deshalb kann sie nicht dabei stehen bleiben, zu zeigen, dass durch diese oder jene Verhältnisse Elend geschaffen wird, sondern sie muss zu der allein fruchtbaren Erkenntnis vordringen, wodurch diese Verhältnisse geschaffen worden sind und noch fortwährend geschaffen werden. Und gegenüber diesen tieferen Fragen erweisen sich die meisten sozialen Theorien eben nur als «graue Theorien», wenn nicht gar als bloße Redensarten.

Solange man mit seinem Denken an der Oberfläche bleibt, solange schreibt man den Verhältnissen, überhaupt dem Äußerlichen eine ganz falsche Macht zu. Diese Verhältnisse sind nämlich nur der *Ausdruck* eines *inneren Lebens*. Und so wie nur derjenige den menschlichen Körper versteht, der weiß, dass dieser der Ausdruck der Seele ist, so kann auch nur derjenige die äußeren Einrichtungen im Leben richtig beurteilen, der sich klar macht, dass diese nichts anderes sind als das Geschöpf der Menschenseelen, die ihre Empfindungen, Gesinnungen und Gedanken darin verkörpern. Die Verhältnisse, in denen man lebt, sind von den Mitmenschen geschaffen; und man wird niemals selbst bessere schaffen, wenn man nicht von anderen Gedanken, Gesinnungen und Empfindungen ausgeht, als jene Schöpfer hatten.

Man betrachte solche Dinge im Einzelnen. Äußerlich wird leicht derjenige als Bedrücker erscheinen, der einen prunkvollen Haushalt führen, in der Eisenbahn die erste Klasse benützen kann usw. Und als der Bedrückte wird erscheinen, wer einen schlechten Rock tragen und vierter Klasse fahren muss. Man braucht aber kein mitleidloses Individuum, auch kein Reaktionär oder dergleichen zu sein, um mit klarem Denken doch das Folgende zu verstehen. Niemand wird dadurch bedrückt und ausgebeutet, dass ich diesen oder jenen Rock trage, sondern allein dadurch, dass ich den Arbeiter, der für mich den Rock anfertigt, zu wenig entlohne. Der arme Arbeiter, der sich seinen schlechten Rock für weniges Geld erwirbt, ist nun gegenüber seinem Mitmenschen *in dieser Beziehung* in genau der gleichen Lage wie der Reiche, der sich den besseren Rock machen lässt. Ob ich arm bin oder reich: Ich beute aus, wenn ich Dinge erwerbe, die nicht genügend bezahlt werden. Eigentlich dürfte heute keiner irgendeinen andern einen Bedrücker nennen, denn er sehe sich nur einmal selbst an. Tut er das Letztere genau, so wird er in sich bald auch den «Bedrücker» entdecken. Wird denn die Arbeit, die du an den Wohlhabenden liefern musst, *nur* an diesen zu dem schlechten Lohn geliefert? Nein, derjenige, der neben dir sitzt und mit dir über Bedrückung klagt, verschafft sich deiner Hände Arbeit zu genau den gleichen Bedingungen wie der Wohlhabende, gegen den ihr euch beide wendet. Man denke das einmal durch, und man wird andere Anhaltspunkte zu «sozialem Denken» finden, als die gebräuchlichen sind.

Man wird vor allem durch ein in dieser Richtung gehendes Nachdenken darüber klar werden, dass man die Begriffe «Reich» und «Ausbeuter» vollkommen trennen muss. Ob man heute reich oder arm ist, das hängt von der persönlichen Tüchtigkeit oder von derjenigen seiner Vorfahren ab oder von ganz anderen Dingen. Dass man Ausbeuter der Arbeitskraft anderer ist, das aber hat gar nichts mit *diesen* Dingen zu tun. Wenigstens nicht unmittelbar. Aber mit anderem hat es sehr viel zu tun. Nämlich damit, dass unsere Einrichtungen oder die uns umgebenden Verhältnisse auf den *persönlichen Eigennutz* aufgebaut sind. Man muss darüber ganz klar denken, sonst wird man zu der verkehrtesten Auffassung dessen kommen, was gesagt wird. Wenn ich heute einen Rock erwerbe, so erscheint es, nach den bestehenden Verhältnissen, ganz natürlich, dass ich ihn so billig wie nur möglich erwerbe. Das heißt: ich habe dabei nur *mich* im Auge. Damit ist aber der Gesichtspunkt angedeutet, welcher unser ganzes Leben beherrscht. Nun wird man leicht mit einem Einwande zur Stelle sein können. Man kann sagen: Bestreben sich denn nicht eben die sozial denkenden Parteien und Persönlichkeiten, diesem Übel abzuhelfen? Bemüht man sich nicht, die «Arbeit» zu schützen? Fordern nicht die arbeitenden Klassen und ihre Vertreter Lohnverbesserungen und Arbeitszeiteinschränkungen? Schon oben ist gesagt worden, dass von dem Standpunkte der Gegenwart auch nicht das Geringste gegen solche Forderungen und Maßnahmen eingewendet werden soll. Natürlich soll damit auch nicht irgendeiner der bestehenden Parteiforderungen das Wort geredet werden. Im Einzelnen kommt von dem Gesichtspunkte aus, um den es sich hier handelt, keine Parteinahme, weder «für» noch «gegen» in Betracht. Solches liegt zunächst ganz außerhalb der geisteswissenschaftlichen Betrachtungsweise.

Man mag noch so viele Verbesserungen zum Schutze irgendeiner Arbeitsklasse einführen und damit gewiss viel zur Hebung der Lebenslage dieser oder jener Menschengruppe beitragen: Das *Wesen* der Ausbeutung wird dadurch nicht gemildert. Denn dieses hängt davon ab, dass ein Mensch unter dem Gesichtspunkt des *Eigennutzes* sich die Arbeitsprodukte des anderen erwirbt. Ob ich viel oder wenig habe: Bediene ich mich dessen, was ich habe zur Befriedigung meines Eigennutzes, so *muss* dadurch der andere ausgebeutet werden. Selbst wenn ich bei Aufrechterhaltung dieses Gesichtspunktes seine Arbeit schütze, so ist damit nur scheinbar etwas getan. Bezahle ich die Arbeit des anderen teurer, so muss er dafür auch die meine teurer bezahlen, wenn nicht durch die Besserstellung des einen die Schlechterstellung des anderen bewirkt werden soll.

Ein anderes Beispiel soll zur Erläuterung hier angeführt werden. Wenn ich eine Fabrik kaufe, um durch dieselbe möglichst viel für mich zu erwerben, so werde ich sehen, die Arbeitskräfte so billig wie nur möglich zu erhalten usw. Alles, was geschieht, wird unter dem Gesichtspunkt des persönlichen Eigennutzes stehen. – Kaufe ich dagegen die Fabrik mit dem Gesichtspunkte, zweihundert Menschen möglichst gut zu versorgen, so werden alle meine Maßnahmen eine andere Färbung annehmen. – Praktisch wird sich *heute* gewiss der zweite Fall von dem ersten nicht gerade viel unterscheiden können. Das hängt aber lediglich daran, dass der *einzelne* Selbstlose nicht allzu viel vermag innerhalb einer Gemeinschaft, die im Übrigen auf den Eigennutz aufgebaut ist. Ganz anders aber würde sich die Sache stellen, wenn die uneigennützige Arbeit eine *allgemeine* wäre.

Ein «praktisch» Denkender wird natürlich meinen, dass durch die bloße «gute Gesinnung» sich doch niemand die Möglichkeit verschaffen könne, seinen Arbeitern zu besseren Lohnverhältnissen zu verhelfen. Denn man steigere doch durch Wohlwollen nicht das Erträgnis für seine Waren, und ohne das könne man auch für den Arbeiter keine besseren Bedingungen schaffen. – Und gerade darauf kommt es an, einzusehen, dass dieser Einwand ein vollkommener Irrtum ist. Alle Interessen und damit alle Lebensverhältnisse ändern sich, wenn man bei der Erwerbung einer Sache nicht mehr *sich*, sondern die *Anderen* im Auge hat. Auf was muss jemand sehen, der nur seinem Eigenwohle dienen kann? Doch darauf, dass er möglichst viel erwerbe. *Wie* die anderen arbeiten müssen, um *seine* Bedürfnisse zu befriedigen, darauf kann er keine Rücksicht nehmen. Er muss also dadurch seine Kräfte im *Kampfe* ums Dasein entfalten. Begründe ich eine Unternehmung, die mir möglichst viel einbringen soll, so frage ich nicht, auf welche Art die Arbeitskräfte in Bewegung gesetzt werden, die für mich arbeiten. Komme Ich aber gar nicht in Frage, sondern nur der Gesichtspunkt: Wie dient meine Arbeit den anderen? So ändert sich alles. Nichts nötigt mich dann, irgend etwas zu unternehmen, was einem anderen abträglich sein kann. Ich stelle dann meine Kräfte nicht in meinen Dienst, sondern in den der anderen. Und das hat eine ganz andere Entfaltung der Kräfte und Fähigkeiten der Menschen zur Folge. Wie das die Lebensverhältnisse praktisch ändert, davon im Schluss des Aufsatzes. –

Das soziale Hauptgesetz: «‹Das Heil einer Gesamtheit von zusammenarbeitenden Menschen ist um so größer, je weniger der Einzelne die Erträgnisse seiner Leistungen für sich beansprucht, das heißt, je mehr er von diesen Erträgnissen an seine Mitarbeiter abgibt, und je mehr seine eigenen Bedürfnisse nicht aus seinen Leistungen, sondern aus den Leistungen der anderen befriedigt werden.› Alle Einrichtungen innerhalb einer Gesamtheit von Menschen, welche diesem Gesetze widersprechen, müssen bei längerer Dauer irgendwo Elend und Not erzeugen.»

«Das, was allein helfen kann, ist eine geistige Weltanschauung, welche durch sich selbst, durch das, was sie zu bieten vermag, sich in die Gedanken, in die Gefühle, in den Willen, kurz in die ganze Seele des Menschen einlebt.»

«Nur wenn die Menschen wollen, schreitet die Welt vorwärts. Dass sie aber wollen, dazu ist bei jedem die innere Seelenarbeit notwendig.»

Geisteswissenschaft und Soziale Frage

III.

Robert Owen darf in einem gewissen Sinne als ein Genie der praktischen sozialen Wirksamkeit bezeichnet werden. Zwei Eigenschaften waren bei ihm vorhanden, welche diese Bezeichnung wohl rechtfertigen mögen: ein umsichtiger Blick für sozialnützliche Einrichtungen und eine edle Menschenliebe. Man braucht nur zu betrachten, was er durch diese beiden Fähigkeiten zustande gebracht hat, um deren ganze Bedeutung richtig zu würdigen. Er schuf in New Lanark mustervolle industrielle Einrichtungen und beschäftigte die Arbeiter dabei in einer Weise, dass sie nicht nur ein menschenwürdiges Dasein in materieller Beziehung hatten, sondern dass sie auch innerhalb moralisch befriedigender Verhältnisse lebten. Die Personen, welche da zusammengebracht wurden, waren zum Teil herabgekommen, dem Trunk ergeben. Er stellte bessere Elemente zwischen solche ein, die durch ihr Beispiel auf die andern wirkten. Und so wurden die denkbar günstigsten Ergebnisse zustande gebracht. Was Owen da gelang, macht es unmöglich, ihn mit anderen mehr oder weniger phantastischen «Weltverbesserern» – sogenannten Utopisten – auf eine Stufe zu stellen. Er hielt sich eben im Rahmen praktisch ausführbarer Einrichtungen, von denen auch jeder aller Träumerei abgeneigte Mensch voraussetzen kann, dass sie zunächst auf einem gewissen beschränkten Gebiete das menschliche Elend aus der Welt schaffen würden. Auch ist es nicht unpraktisch gedacht, wenn man den Glauben hegt, dass solch ein kleines Gebiet als Muster wirken und von ihm allmählich eine gesunde Entwickelung des Menschenloses in sozialer Richtung angeregt werden könnte.

Owen selbst dachte wohl so. Deshalb wagte er sich auf der betretenen Bahn noch einen weiteren Schritt vorwärts. Im Jahre 1824 ging er daran, im Gebiete Indiana in Nordamerika eine Art kleinen Musterstaates zu schaffen. Er erwarb ein Landgebiet, auf dem er eine auf Freiheit und Gleichheit gebaute menschliche Gemeinschaft begründen wollte. Alle Einrichtungen wurden so getroffen, dass Ausbeutung und Knechtung Unmöglichkeit waren. Wer an eine solche Aufgabe herantritt, muss die schönsten sozialen Tugenden mitbringen: Die Sehnsucht, seine Mitmenschen glücklich zu machen, und den Glauben an die Güte der Menschennatur. Er muss der Ansicht sein, dass sich ganz von selbst innerhalb dieser Menschennatur die Lust zu arbeiten entwickeln werde, wenn der Segen dieser Arbeit durch entsprechende Einrichtungen gesichert erscheint.

In Owen war dieser Glaube so stark vorhanden, dass es schon recht schlimme Erfahrungen sein mussten, die ihn in demselben wankend werden ließen.

Und – diese schlimmen Erfahrungen traten wirklich ein. Owen musste nach langen edlen Bemühungen zu dem Bekenntnis kommen, dass «man mit der Verwirklichung solcher Kolonien stets scheitern müsse, wenn man nicht vorher die allgemeine Sitte umgewandelt; und dass es mehr wert wäre, auf die Menschheit auf dem theoretischen Wege einzuwirken, als auf dem der Praxis».[6] – Zu solcher Meinung ist dieser Sozialreformer durch die Tatsache gedrängt worden, dass sich Arbeitsunlustige genug fanden, welche die Arbeit auf ihre Mitmenschen abladen wollten, wodurch Streit, Kampf und zuletzt der Bankerott der Kolonie folgen mussten.

Owens Erfahrung kann lehrreich sein für alle, die wirklich lernen wollen. Sie kann hinüberleiten von allen künstlich geschaffenen und künstlich ausgedachten Einrichtungen zum

Heile der Menschheit zu fruchtbarer, mit der wahren Wirklichkeit rechnenden sozialen Arbeit.

Gründlich geheilt konnte Owen sein durch seine Erfahrung von dem Glauben, dass alles Menschenelend nur bewirkt werde durch die «schlechten Einrichtungen», in denen die Menschen leben, und dass die Güte der Menschennatur schon von selbst zutage treten werde, wenn man diese Einrichtungen verbessert. Er musste sich davon überzeugen, dass gute Einrichtungen überhaupt nur aufrecht zu erhalten sind, wenn die daran beteiligten Menschen ihrer inneren Natur nach dazu geneigt sind, sie zu erhalten, wenn diese mit warmem Anteile an ihnen hängen.

Man könnte nun zunächst daran denken, es sei notwendig, die Menschen, denen man solche Einrichtungen verschaffen will, theoretisch darauf vorzubereiten. Etwa dadurch, dass man ihnen das Richtige und Zweckentsprechende der Maßnahmen klar machte. Es liegt für einen Unbefangenen gar nicht so ferne, aus Owens Bekenntnis so etwas herauszulesen. Und dennoch kann man zu einem wirklich praktischen Ergebnis nur dadurch gelangen, dass man tiefer in die Sache eindringt. Man muss von dem bloßen Glauben an die Güte der Menschennatur, der Owen getäuscht hat, zu wirklicher *Menschenkenntnis* vorschreiten. – Alle Klarheit, welche die Menschen jemals darüber sich aneignen könnten, dass irgendwelche Einrichtungen zweckmäßig sind und der Menschheit zum Segen gereichen können – alle solche Klarheit kann auf die *Dauer* nicht zum gewünschten Ziele führen. Denn durch solch eine klare Einsicht wird der Mensch nicht die inneren Antriebe zur Arbeit gewinnen können, wenn auf der anderen Seite sich bei ihm die im Egoismus begründeten Triebe geltend machen. Dieser Egoismus ist einmal zunächst ein Teil der Menschennatur. Und das führt dazu, dass er sich im Gefühl des Menschen regt, wenn dieser innerhalb der Gesellschaft mit anderen zusammen leben und arbeiten soll. Mit einer gewissen

Notwendigkeit führt dies dazu, dass in der Praxis die meisten eine solche gesellschaftliche Einrichtung für die beste halten werden, durch welche der Einzelne seine Bedürfnisse am besten befriedigen kann. So bildet sich unter dem Einfluss der egoistischen Gefühle ganz naturgemäß die soziale Frage in der Form heraus: Welche gesellschaftlichen Einrichtungen müssen getroffen werden, damit ein jeder *für sich* das Erträgnis seiner Arbeit haben kann? Und besonders in unserer materialistisch denkenden Zeit rechnen nur wenige mit einer anderen Voraussetzung. Wie oft kann man es wie eine selbstverständliche Wahrheit aussprechen hören, dass eine soziale Ordnung ein Unding sei, welche auf Wohlwollen und Menschenmitgefühl sich aufbauen will. Man rechnet vielmehr damit, dass das Ganze einer menschlichen Gemeinschaft am besten gedeihen könne, wenn der Einzelne den «vollen» oder den größtmöglichen Ertrag seiner Arbeit auch einheimsen kann.

Genau das Gegenteil davon lehrt nun der Okkultismus, der auf eine tiefere Erkenntnis des Menschen und der Welt begründet ist. Er zeigt gerade, dass alles menschliche Elend lediglich eine Folge des Egoismus ist, und dass in einer Menschengemeinschaft ganz notwendig zu irgendeiner Zeit Elend, Armut und Not sich einstellen müssen, wenn diese Gemeinschaft in irgendeiner Art auf dem Egoismus beruht. Um das einzusehen, dazu gehören allerdings tiefere Erkenntnisse, als es diejenigen sind, welche da und dort unter der Flagge der sozialen Wissenschaft segeln. Diese «soziale Wissenschaft» rechnet eben nur mit der Außenseite des Menschenlebens, nicht aber mit den tiefer liegenden Kräften desselben. Ja, es ist sogar sehr schwierig, bei der Mehrzahl der gegenwärtigen Menschen in ihnen auch nur ein Gefühl davon zu erwecken, dass von solchen tiefer liegenden Kräften die Rede sein könne. Sie betrachten denjenigen als einen unpraktischen Phantasten, der ihnen mit solchen Dingen irgendwie kommt.

Nun kann aber auch hier gar nicht einmal der Versuch gemacht werden, eine auf tiefer liegende Kräfte gebaute soziale Theorie zu entwickeln. Denn dazu wäre ein ausführliches Werk nötig. Nur eines kann geleistet werden: Auf die wahren Gesetze des menschlichen Zusammenarbeitens kann hingewiesen und gezeigt werden, welche vernünftigen sozialen Erwägungen sich für den Kenner dieser Gesetze ergeben. Das volle Verständnis der Sache kann nur derjenige gewinnen, welcher sich eine auf den Okkultismus begründete Weltauffassung erwirbt. Und auf die Vermittelung einer solchen Weltauffassung arbeitet ja diese ganze Zeitschrift hin. Man kann sie nicht von einem einzelnen Aufsatz über die «soziale Frage» erwarten. Alles, was dieser sich zur Aufgabe machen kann, ist, vom okkulten Standpunkte aus ein Schlaglicht zu werfen auf diese Frage. Es wird ja immerhin Personen geben, welche das gefühlsmäßig in seiner Richtigkeit erkennen, was in aller Kürze vorgebracht werden soll, und welches unmöglich in aller Ausführlichkeit dargelegt werden kann.

Nun, das soziale Hauptgesetz, welches durch den Okkultismus aufgewiesen wird, ist das folgende: *Das Heil einer Gesamtheit von zusammenarbeitenden Menschen ist um so größer, je weniger der Einzelne die Erträgnisse seiner Leistungen für sich beansprucht, das heißt, je mehr er von diesen Erträgnissen an seine Mitarbeiter abgibt, und je mehr seine eigenen Bedürfnisse nicht aus seinen Leistungen, sondern aus den Leistungen der anderen befriedigt werden.* Alle Einrichtungen innerhalb einer Gesamtheit von Menschen, welche diesem Gesetz widersprechen, müssen bei längerer Dauer irgendwo Elend und Not erzeugen. – Dieses Hauptgesetz gilt für das soziale Leben mit einer solchen Ausschließlichkeit und Notwendigkeit, wie nur irgendein Naturgesetz in Bezug auf irgendein gewisses Gebiet von Naturwirkungen gilt. Man darf aber nicht denken, dass es genüge, wenn man dieses Gesetz als ein allgemeines moralisches gelten lässt oder es etwa in die Gesinnung umsetzen wollte, dass ein jeder im Dienste seiner Mitmenschen arbeite. Nein, in der Wirklichkeit lebt das Gesetz nur so, wie es leben soll, wenn es einer Gesamtheit von Menschen gelingt, solche *Einrichtungen* zu schaffen, *dass niemals jemand die Früchte seiner eigenen Arbeit für sich selber in Anspruch nehmen kann*, sondern doch diese möglichst ohne Rest der Gesamtheit zugute kommen. Er selbst muss dafür wiederum durch die Arbeit seiner Mitmenschen erhalten werden. Worauf es also ankommt, das ist, dass für die Mitmenschen arbeiten und ein gewisses Einkommen erzielen zwei voneinander ganz getrennte Dinge seien.

Diejenigen, welche sich einbilden, «praktische Menschen» zu sein, werden – darüber gibt sich der Okkultist keiner Täuschung hin – über diesen «haarsträubenden Idealismus» nur ein Lächeln haben. Und dennoch ist das obige Gesetz praktischer als nur irgendein anderes, das jemals von «Praktikern» ausgedacht oder in die Wirklichkeit eingeführt worden ist. Wer nämlich das Leben wirklich untersucht, der kann finden, dass eine jede Menschengemeinschaft, die irgendwo existiert, oder die nur jemals existiert hat, zweierlei Einrichtungen hat. Der eine dieser beiden Teile entspricht diesem Gesetze, der andere widerspricht ihm. So muss es nämlich überall kommen, ganz gleichgültig, ob die Menschen wollen oder nicht. Jede Gesamtheit zerfiele nämlich sofort, wenn nicht die Arbeit der Einzelnen dem Ganzen zuflösse würde. Aber der menschliche Egoismus hat auch von jeher dieses Gesetz durchkreuzt. Er hat für den Einzelnen möglichst viel aus seiner Arbeit herauszuschlagen gesucht. Und nur dasjenige, was auf diese Art aus dem Egoismus hervorgegangen ist, hat von jeher Not, Armut und Elend zur Folge gehabt. Das heißt aber doch nichts anderes, als dass immer derjenige Teil der menschlichen Einrichtungen sich als unpraktisch erweisen muss, der von den «Praktikern» auf die Art zustande gebracht wird, dass dabei entweder mit dem eigenen oder dem fremden Egoismus gerechnet wird.

Nun kann es sich aber natürlich nicht bloß darum handeln, dass man ein solches Gesetz einsieht, sondern die wirkliche Praxis beginnt mit der Frage: Wie kann man es in die Wirklichkeit umsetzen? Es ist klar, dass dieses Gesetz nichts Geringeres besagt als dieses: Die Menschenwohlfahrt ist um so größer, je geringer der Egoismus ist. Man ist also bei der Umsetzung in die Wirklichkeit darauf angewiesen, dass man es mit Menschen zu tun habe, die den Weg aus dem Egoismus herausfinden. Das ist aber praktisch ganz unmöglich, wenn das Maß von Wohl und Wehe des Einzelnen sich nach seiner Arbeit bestimmt. Wer *für sich* arbeitet, *muss* allmählich dem Egoismus verfallen. Nur wer ganz für die anderen arbeitet, kann nach und nach ein unegoistischer Arbeiter werden.

Dazu ist aber eine Voraussetzung notwendig. Wenn ein Mensch für einen anderen arbeitet, dann muss er in diesem anderen den Grund zu seiner Arbeit finden; und wenn jemand für die Gesamtheit arbeiten soll, dann muss er den Wert, die Wesenheit und Bedeutung dieser Gesamtheit empfinden und fühlen. Das kann er nur dann, wenn die Gesamtheit noch etwas ganz anderes ist als eine mehr oder weniger unbestimmte Summe von einzelnen Menschen. Sie muss von einem wirklichen Geiste erfüllt sein, an dem ein jeder Anteil nimmt. Sie muss so sein, dass ein jeder sich sagt: Sie ist richtig, und ich *will*, dass sie so ist. Die Gesamtheit muss eine geistige Mission haben; und jeder Einzelne muss beitragen wollen, dass diese Mission erfüllt werde. All die unbestimmten, abstrakten Fortschritts-Ideen, von denen man gewöhnlich redet, können eine solche Mission nicht darstellen. Wenn nur sie herrschen, so wird ein Einzelner da, oder eine Gruppe dort arbeiten, ohne dass diese übersehen, wozu sonst ihre Arbeit etwas nütze ist, als dass sie und die Ihrigen, oder etwa noch die Interessen, an denen gerade sie hängen, dabei ihre Rechnung finden. – Bis in den Einzelsten herunter muss dieser Geist der Gesamtheit lebendig sein.

Gutes ist von jeher nur dort gediehen, wo in irgendeiner Art ein solches Leben des Gesamtgeistes erfüllt war. Der einzelne Bürger einer griechischen Stadt des Altertums, ja auch derjenige einer freien Stadt im Mittelalter hatte so etwas wie wenigstens ein dunkles Gefühl von einem solchen Gesamtgeist. Es ist kein Einwand dagegen, dass zum Beispiel die entsprechenden Einrichtungen im alten Griechenland nur möglich waren, weil man ein Heer von Sklaven hatte, welche für die «freien Bürger» die Arbeit verrichteten und die dazu nicht von dem Gesamtgeist, sondern durch den Zwang ihrer Herren getrieben worden sind. – An diesem Beispiele kann man nur das Eine lernen, dass das Menschenleben der Entwickelung unterliegt. Gegenwärtig ist die Menschheit eben auf einer Stufe angelangt, wo eine solche Lösung der Gesellschaftsfrage, wie sie im alten Griechenland herrschte, unmöglich ist. Selbst den edelsten Griechen galt die Sklaverei nicht als ein Unrecht, sondern als eine menschliche Notwendigkeit. Deshalb konnte zum Beispiel der große Plato ein Staatsideal[7] aufstellen, in dem der Gesamtgeist dadurch in Erfüllung geht, dass die Mehrzahl der Arbeitsmenschen von den wenigen Einsichtsvollen zur Arbeit gezwungen werde. Die Aufgabe der Gegenwart aber ist, die Menschen in eine solche Lage zu bringen, dass ein jeder aus seinem innersten Antriebe heraus die Arbeit für die Gesamtheit leistet.

Deshalb soll niemand daran denken, eine für alle Zeiten gültige Lösung der sozialen Frage zu suchen, sondern lediglich daran, wie sich sein soziales Denken und Wirken mit Rücksicht auf die unmittelbaren Bedürfnisse der Gegenwart gestalten muss, in welcher er lebt. – Es kann überhaupt kein Einzelner heute irgend etwas theoretisch ausdenken oder in die Wirklichkeit umsetzen, was als solches die soziale Frage lösen könnte. Dazu müsste er die Macht haben, eine Anzahl von Menschen in die von ihm geschaffenen Verhältnisse hineinzuzwingen. Es kann ja gar kein Zweifel darüber bestehen: Hätte Owen die Macht oder den Willen gehabt, all die Menschen seiner Kolonie zu der ihnen zukommenden Arbeit zu zwingen, dann hätte die Sache gehen müssen. Aber um solchen Zwang kann es sich gerade in der Gegenwart nicht handeln. Es muss die Möglichkeit herbeigeführt werden, dass ein jeder freiwillig tut, wozu er berufen ist nach dem Maß seiner Fähigkeiten und Kräfte. Aber gerade deshalb kann es sich nie und nimmer darum handeln, dass im Sinne des oben angeführten Owenschen Bekenntnisses so auf die Menschen «im theoretischen Sinne» einzuwirken sei, dass ihnen eine bloße Ansicht darüber vermittelt werde, wie sich die ökonomischen Verhältnisse am besten einrichten lassen. Eine nüchterne ökonomische Theorie kann niemals ein Antrieb gegen die egoistischen Mächte sein. Eine Zeitlang vermag eine solche ökonomische Theorie den Massen einen gewissen Schwung zu verleihen, der *dem Scheine nach* einem Idealismus ähnlich ist. Auf die Dauer aber kann eine solche Theorie niemandem nützen. Wer einer Menschenmasse eine solche Theorie einimpft, ohne ihr etwas anderes wirklich Geistiges zu geben, der versündigt sich an dem wahren Sinn der menschlichen Entwickelung.

Das, was allein helfen kann, ist eine geistige Weltanschauung, welche durch sich selbst, durch das, was sie zu bieten vermag, sich in die Gedanken, in die Gefühle, in den Willen, kurz in die ganze Seele des Menschen einlebt. Der Glaube, den Owen gehabt hat an die Güte der Menschennatur, ist nur teilweise richtig, zum anderen Teile ist er aber eine der ärgsten Illusionen. Er ist insofern richtig, als in jedem Menschen ein «höheres Selbst» schlummert, das erweckt werden kann. Aber es kann aus seinem Schlummer nur erlöst werden durch eine Weltauffassung, welche die oben genannten Eigenschaften hat. Bringt man Menschen in Einrichtungen, wie sie von Owen erdacht waren, dann wird die Gemeinschaft im schönsten Sinne gedeihen. Führt man aber Menschen zusammen, die eine solche Weltauffassung nicht haben, dann wird das Gute der Einrichtungen sich ganz notwendig nach einer kürzeren oder längeren Zeit zum Schlechten verkehren müssen. Bei Menschen ohne eine auf den Geist sich richtende Weltauffassung müssen nämlich notwendig gerade diejenigen Einrichtungen, welche den materiellen Wohlstand befördern, auch eine Steigerung des Egoismus bewirken, und damit nach und nach Not, Elend und Armut erzeugen. – Es ist eben in des Wortes ureigenster Bedeutung richtig: Nur dem Einzelnen kann man helfen, wenn man ihm bloß Brot verschafft; einer Gesamtheit kann man nur dadurch Brot verschaffen, dass man ihr zu einer Weltauffassung verhilft. Es würde nämlich auch das gar nichts nützen, wenn man von einer Gesamtheit *jedem* Einzelnen Brot verschaffen wollte. Nach einiger Zeit müsste sich dann doch die Sache so gestalten, dass viele wieder kein Brot haben.

Die Erkenntnis dieser Grundsätze nimmt allerdings gewissen Leuten, die sich zu Volksbeglückern aufwerfen möchten, manche Illusion. Denn sie macht das Arbeiten am sozialen Wohle zu einer recht schwierigen Sache. Und noch dazu zu einer solchen, in der sich die Erfolge unter gewissen Verhältnissen nur aus ganz kleinen Teilerfolgen zusammensetzen lassen. Das meiste von dem, was heute ganze Parteien als Heilmittel im sozialen Leben ausgeben, verliert seinen Wert, erweist sich als eitel Täuschung und Reden, ohne genügende Kenntnis des Menschenlebens. Kein Parlament, keine Demokratie, keine Massenagitation, nichts von alledem kann für den tiefer Blickenden eine Bedeutung haben, wenn es das oben ausgesprochene Gesetz verletzt. Und alles Derartige kann dann günstig wirken, wenn es sich im Sinne dieses Gesetzes verhält. Es ist eine schlimme Illusion, zu glauben, dass irgendwelche Abgeordnete eines Volkes in irgendeinem Parlamente etwas beitragen können zum Heile der Menschheit, wenn ihr Wirken nicht im Sinne des sozialen Hauptgesetzes eingerichtet ist.

Wo immer dieses Gesetz in die Erscheinung tritt, wo immer jemand in seinem Sinne wirkt, soweit es ihm möglich ist auf dem Platze, auf den er in der Menschengemeinschaft gestellt ist: Da wird Gutes erzielt, und wenn es im einzelnen Falle auch in einem noch so geringen Maße der Fall ist. Und nur aus Einzelwirkungen, welche auf solche Art zustande kommen, setzt sich ein heilsamer sozialer Gesamtfortschritt zusammen. – Allerdings kommt es auch vor, dass in einzelnen Fällen größere Menschengemeinschaften eine besondere Anlage dazu besitzen, mit ihrer Hilfe in der angedeuteten Richtung einen größeren Erfolg auf einmal zu erzielen. Es gibt auch jetzt schon bestimmte Menschengemeinschaften, in deren Anlagen sich dergleichen vorbereitet. Sie werden es möglich machen, dass mit ihrer Hilfe die Menschheit gleichsam einen Ruck, einen Sprung in sozialer Entwickelung vollbringt. Dem Okkultismus sind solche Menschengemeinschaften bekannt; es kann aber nicht seine Aufgabe sein, über derlei Dinge öffentlich zu sprechen. – Und es gibt ja auch Mittel, größere Menschenmassen zu einem solchen Sprung, der wohl gar in absehbarer Zeit gemacht werden kann, vorzubereiten. Was aber jeder tun kann, das ist, im Sinne des obigen Gesetzes in seinem Bereiche zu wirken. Es gibt keine Stellung eines Menschen in der Welt, innerhalb welcher man das nicht kann: sie möge anscheinend noch so unbedeutend oder noch so einflussreich sein.

Das Wichtigste ist ja allerdings, dass ein jeglicher die Wege sucht zu einer Weltauffassung, die sich auf wahre Erkenntnis des

Geistes richtet. Die anthroposophische Geistesrichtung kann sich zu einer solchen Auffassung für alle Menschen herausbilden, wenn sie sich immer mehr in der Art ausgestaltet, wie es ihrem Inhalte und den in ihr vorhandenen Anlagen entspricht. Durch sie kann der Mensch erfahren, dass er nicht zufällig an irgendeinem Orte und zu irgendeiner Zeit geboren ist, sondern dass er durch das geistige Ursachengesetz, das Karma, mit Notwendigkeit an den Ort hingestellt ist, an dem er sich befindet. Er kann einsehen, dass ihn sein wohlbegründetes Schicksal in die Menschengemeinschaft hineingestellt hat, innerhalb welcher er ist. Auch von seinen Fähigkeiten kann er gewahr werden, dass sie ihm nicht durch ein blindes Ohngefähr zugefallen sind, sondern dass sie einen Sinn haben innerhalb des Ursachengesetzes.

Und er kann das alles so einsehen, dass diese Einsicht nicht eine bloße nüchterne Vernunftsache bleibt, sondern dass sie allmählich seine ganze Seele mit innerem Leben erfüllt.

Es wird ihm das Gefühl davon aufgehen, dass er einen höheren Sinn erfüllt, wenn er im Sinne seines Platzes in der Welt und im Sinne seiner Fähigkeiten arbeitet. Kein schattenhafter Idealismus wird aus dieser Einsicht folgen, sondern ein mächtiger Impuls aller seiner Kräfte, und er wird dieses Handeln in solcher Richtung als etwas so Selbstverständliches ansehen, wie in einer anderen Beziehung Essen und Trinken. Und ferner wird er den Sinn erkennen, welcher mit der Menschengemeinschaft verbunden ist, welcher er angehört. Er wird die Verhältnisse begreifen, in denen seine Menschengemeinschaft sich zu anderen stellt; und so werden sich die Einzelgeister dieser Gemeinschaften zusammenfügen zu einem geistig-zielvollen Bilde von der einheitlichen Mission des ganzen Menschengeschlechtes. Und von dem Menschengeschlecht wird seine Erkenntnis hinüberschweifen können zu dem Sinne des ganzen Erdendaseins. Nur wer sich nicht auf die in dieser Richtung angedeutete Weltauffassung einlässt, kann Zweifel daran hegen, dass sie so wirken muss, wie hier angegeben wird. In heutiger Zeit ist freilich bei den meisten Menschen wenig Neigung vorhanden, sich auf so etwas einzulassen. Aber es kann nicht ausbleiben, dass die richtige geisteswissenschaftliche Vorstellungsart immer weitere Kreise zieht. Und in dem Maße, als sie das tut, werden die Menschen das Richtige treffen, um den sozialen Fortschritt zu bewirken. Man kann nicht aus dem Grunde daran Zweifel hegen, weil angeblich bis jetzt keine Weltanschauung das Glück der Menschheit herbeigeführt hat. Nach den Gesetzen der Menschheitsentwickelung konnte in keinem früheren Zeitpunkte das eintreten, was von jetzt an allmählich möglich wird: eine Weltauffassung mit der Aussicht auf den angedeuteten praktischen Erfolg allen Menschen zu übermitteln.

Die bisherigen Weltauffassungen waren nur einzelnen Gruppen von Menschen zugänglich. Aber was bisher im Menschengeschlecht an Gutem geschehen ist, rührt doch von den Weltauffassungen her. Zu einem allgemeinen Heil kann nur eine solche Weltauffassung führen, die alle Seelen ergreifen und das innere Leben in ihnen entzünden kann. Das aber wird die geisteswissenschaftliche Vorstellungsart überall da imstande sein, wo sie ihren Anlagen wirklich entspricht. – Natürlich darf nicht einfach der Blick auf die Gestalt gerichtet werden, welche diese Vorstellungsart bereits angenommen hat; um das Gesagte als richtig anzuerkennen, ist notwendig, einzusehen, dass sich die Geisteswissenschaft zu ihrer hohen Kulturmission erst hinaufentwickeln muss.

Bis heute kann sie das Antlitz, das sie einstmals zeigen wird, aus mehreren Gründen noch nicht aufweisen. Einer dieser Gründe ist der, dass sie erst irgendwo Fuß fassen muss. Sie muss sich deshalb an eine bestimmte Menschengruppe wenden. Das kann naturgemäß keine andere sein, als diejenige, welche durch die Eigenart ihrer Entwickelung nach einer neuen Lösung der Welträtsel Sehnsucht hat und welche durch die Vorbildung der in ihr vereinigten Personen einer solchen Lösung Verständnis und Anteil entgegenbringen kann. Selbstverständlich muss die Geisteswissenschaft ihre Verkündigungen vorläufig in eine solche Sprache kleiden, dass diese der gekennzeichneten Menschengruppe angepasst ist. In dem Maße, als sich weiterhin die Bedingungen ergeben, wird die Geisteswissenschaft auch die Ausdrucksformen finden, um noch zu anderen Kreisen zu sprechen. Nur jemand, der durchaus fertige starre Dogmen haben will, kann glauben, dass die gegenwärtige Form der geisteswissenschaftlichen Verkündigung eine bleibende oder etwa gar die einzig mögliche sei. – Gerade weil es sich der Geisteswissenschaft nicht darum handeln kann, bloß Theorie zu bleiben, oder bloß die Wissbegierde zu befriedigen, muss sie in dieser Art langsam arbeiten. Zu ihren Zielen gehört eben das charakterisierte Praktische des Menschheitsfortschrittes. Sie kann aber diesen Menschheitsfortschritt nur bewirken, wenn sie die wirklichen Bedingungen dazu schafft. Und diese Bedingungen können nicht anders herbeigeführt werden, als wenn Mensch nach Mensch erobert wird. Nur wenn die Menschen wollen, schreitet die Welt vorwärts. Dass sie aber wollen, dazu ist bei jedem die innere Seelenarbeit notwendig. Und diese kann nur Schritt für Schritt geleistet werden. Wäre das nicht der Fall, so würde auch die Theosophie auf sozialem Gebiete Hirngespinste aufführen und keine praktische Arbeit tun. Auf noch weiteres Einzelne soll demnächst eingegangen werden.[8]

«Man wird sich damit abfinden müssen, dass für einen großen Teil der menschlichen Arbeit die Art des Interesses, die früher vorhanden war, dahin ist. Man sollte aber auch darüber sich klar sein, dass der Mensch nicht ohne Interesse arbeiten kann.»

«In einer auf Arbeitsteilung beruhenden Gesellschaftsordnung kann die Arbeit auch dann, wenn sie um ihrer selbst willen nicht befriedigt, dies dadurch, dass man sie verrichtet um des Interesses willen, das man an denen hat, für welche man sie leistet. Dieses Interesse aber muss in lebendiger Gemeinschaft entwickelt werden.»

«Das Wirtschaften erhält seinen Sinn nur, wenn es sich dienstbar zeigt einem Inhalt des Menschenlebens, der über das Wirtschaften hinaus liegt, und welcher von dem Wirtschaften ganz unabhängig sich offenbart»

«Die Kompliziertheit des modernen Wirtschaftens mit seiner Mechanisierung der menschlichen Arbeit macht als Gegenpol das freie selbstständige Geistesleben notwendig.»

Sozialer Geist und sozialistischer Aberglaube

Oktober 1919

Wenn die Ursachen der modernen sozialen Bewegung besprochen werden, so weist man unter anderem darauf hin, dass weder der Besitzer der Produktionsmittel noch der Arbeiter an denselben in der Lage ist, dem Erzeugnis etwas mitzuteilen, was aus einem unmittelbaren persönlichen Interesse an demselben stammt. Der Besitzer der Produktionsmittel lässt die Erzeugnisse herstellen, weil sie ihm Gewinn bringen; der Arbeiter, weil er seinen Lebensunterhalt verdienen muss. Eine Befriedigung an dem hergestellten Produkte als solchem hat weder der eine noch der andere. Man trifft in der Tat einen wesentlichen Teil der sozialen Frage, indem man in dieser Art auf den Mangel eines persönlichen Verhältnisses der Erzeuger zu ihren Erzeugnissen in der modernen Wirtschaftsordnung hindeutet. Aber man wird sich auch bewusst werden müssen, dass dieser Mangel die notwendige Folge der neueren Technik und der damit verbundenen Mechanisierung der Arbeitsweise ist. Er kann innerhalb des Wirtschaftslebens selbst nicht beseitigt werden. Was im Großbetrieb bei weitgehender Arbeitsteilung hergestellt wird, kann dem Hersteller nicht so nahe liegen wie dem mittelalterlichen Handwerker sein Produkt. Man wird sich damit abfinden müssen, dass für einen großen Teil der menschlichen Arbeit die Art des Interesses, die früher vorhanden war, dahin ist. Man sollte aber auch darüber sich klar sein, dass der Mensch nicht ohne Interesse arbeiten kann. Zwingt ihn das Leben dazu, so fühlt er sein Dasein als öde und unbefriedigend.

Wer es ehrlich mit der sozialen Bewegung meinen will, der muss daran denken, für das hingeschwundene Interesse ein anderes zu finden. Man wird dazu aber nicht imstande sein, wenn man den Wirtschaftsprozess zum alleinigen Inhalt des sozialen Organismus und die rechtliche Ordnung und das geistige Leben zu einer Art Anhang desselben machen will. In einer marxistisch geregelten wirtschaftlichen Großgenossenschaft mit Rechtsordnung und Geistesleben als «ideologischen Überbau» müsste die völlige Interesselosigkeit an aller Arbeit das Menschenleben zur Qual machen. Die eine solche Großgenossenschaft herbeiführen wollen, bedenken nicht, dass zwar einige Begeisterung erweckt werden kann, durch den Reiz des Strebens nach einem solchen Ziele, dass aber, sobald es verwirklicht ist, dieser Reiz aufhört und das Eingespanntsein in einen unpersönlichen Gesellschaftsmechanismus alles aus den Menschen auspumpen müsste, das im Lebenswillen sich offenbart. Dass ein derartiges Ziel breite Volksmassen begeistern kann, ist nur ein Ergebnis davon, dass mit dem Schwinden des Interesses an den Arbeitsprodukten nicht das Wachstum eines anderen Interesses Platz gegriffen hat.

Die Erweckung eines solchen Interesses müssten sich diejenigen zur Aufgabe machen, die gegenwärtig durch ihren vererbten Anteil an der Geistesbildung noch in der Lage sind, über die bloß wirtschaftlichen Bedürfnisse des Menschen hinaus an gesellschaftliche Güter denken zu können. Diese müssten zur Einsicht sich bequemen, dass zwei Interessenkreise an die Stelle des alten an der Arbeit treten müssen. In einer auf Arbeitsteilung beruhenden Gesellschaftsordnung kann die Arbeit auch dann, wenn sie um ihrer selbst willen nicht befriedigt, dies dadurch, dass man sie verrichtet um des Interesses willen, das man an denen hat, für welche man sie leistet. Dieses Interesse aber muss in lebendiger Gemeinschaft entwickelt werden. Eine Rechtsordnung, in welcher der einzelne Mensch als gleicher unter gleichen darinnen steht, erweckt das Interesse für die Mitmenschen. Man arbeitet in einer solchen Ordnung für die andern, weil man das Verhältnis seiner selbst zu ihnen lebendig begründet. Aus der Wirtschaftsordnung heraus wird man nur gewahr, was die andern von einem verlangen; in der lebendigen Rechtsordnung wird der eine dem andern wertvoll aus Quellen der Menschennatur heraus, die sich damit nicht erschöpfen, dass die Menschen einander brauchen, um für die Bedürfnisse die entsprechenden Güter zu schaffen.

Zu diesem Interessenkreis, der aus einer gegenüber dem Wirtschaftsleben selbstständigen Rechtsordnung sich ergibt, muss noch ein anderer treten. Ein Menschendasein, dessen geistiger Inhalt aus der Wirtschaftsordnung sich ergeben soll, kann bei mangelndem Interesse an den Arbeitsprodukten auch dann noch nicht befriedigen, wenn das Interesse des einen Menschen an dem andern durch die Rechtsordnung gepflegt wird. Denn es müsste zuletzt doch die Erkenntnis aufdämmern, dass man gegenseitig für einander bloß um des Wirtschaftens wirtschafte. Das Wirtschaften erhält seinen Sinn nur, wenn es sich dienstbar zeigt einem Inhalt des Menschenlebens, der über das Wirtschaften hinaus liegt, und welcher von dem Wirtschaften ganz unabhängig sich offenbart. Die Arbeit, die um ihrer selbst willen nicht befriedigt, wird wertvoll, wenn sie in einem Leben verrichtet wird, das von einem höheren geistigen Gesichtspunkte aus so aufgefasst werden kann, dass der Mensch Zielen zustrebt, zu denen das Wirtschaftsleben nur das Mittel ist. Ein solcher geistiger Gesichtspunkt ist nur aus einem selbstständigen Geistesgliede des sozialen Organismus heraus zu gewinnen. Ein Geistesleben, das der «Überbau» der Wirtschaftsordnung ist, erscheint nur als das Mittel des Wirtschaftslebens.

Die Kompliziertheit des modernen Wirtschaftens mit seiner Mechanisierung der menschlichen Arbeit macht als Gegenpol das freie selbstständige Geistesleben notwendig. Frühere

Lebensepochen der Menschheit vertrugen die Verschmelzung von Wirtschaftsinteressen mit geistigen Antrieben, weil die Wirtschaft der Mechanisierung noch nicht verfallen war. Soll der Mensch in dieser Mechanisierung nicht untergehen, so muss seine Seele sich jederzeit, während er in der mechanischen Arbeitsordnung drinnen steht, *frei* erheben können zu den Zusammenhängen, in die er aus einem *freien* Geistesleben heraus sich versetzt fühlt.

Kurzsichtig ist, wer dem Hinweis auf das freie Geistesleben und die von der Menschengleichheit geforderte selbstständige Rechtsordnung die Meinung entgegenstellt: Diese beiden können doch die vor allem bedrückende wirtschaftliche Ungleichheit nicht überwinden. Denn die Wirtschaftsordnung der neueren Zeit hat zu dieser Ungleichheit dadurch geführt, dass sie die Rechtsordnung und die Geistespflege, auf die sie angewiesen ist, noch nicht zur Seite gehabt hat. Das marxistische Denken glaubt, dass jede wirtschaftliche Produktionsform durch sich selbst die folgende als die höhere vorbereitet, und dass, wenn dieser Vorbereitungsprozess abgeschlossen ist, durch die «Entwickelung» diese höhere an die Stelle der niederen treten müsse. In Wahrheit hat die neuere Produktionsform sich nicht aus dem alten Wirtschaften heraus entwickelt, sondern aus den Rechtsformen und den geistigen Vorstellungsarten einer alten Zeit. Diese selbst aber sind, während sie die Wirtschaftsform erneuert haben, veraltet und bedürfen der Verjüngung. Von allen Arten des Aberglaubens ist derjenige der schlimmste, der behauptet, man könne Recht und Geist aus der wirtschaftlichen Produktionsform hervorzaubern. Denn er verdunkelt nicht bloß das menschliche Vorstellen, sondern das Leben selbst. Er verhindert, dass der Geist sich zu seinem Quell wende, weil er ihm einen Scheinquell in dem Ungeistigen entdecken will. Der Mensch aber lässt sich nur allzu leicht täuschen, wenn man ihm davon spricht, dass der Geist aus dem Ungeist von selbst entstehe; denn durch diese Täuschung glaubt er sich von der Anstrengung befreit, die er als notwendig anerkennen muss, wenn er einsieht, dass der Geist nur durch den Geist erarbeitet werden kann.

«Die ‹soziale Frage› ist nicht etwas, was in dieser Zeit in das Menschenleben heraufgestiegen ist, was jetzt durch ein paar Menschen, oder durch Parlamente gelöst werden kann und dann gelöst sein wird. Sie ist ein Bestandteil des ganzen neueren Zivilisationslebens, und wird es, da sie einmal entstanden ist, bleiben. Sie wird für jeden Augenblick der weltgeschichtlichen Entwickelung neu gelöst werden müssen. Denn das Menschenleben ist mit der neuesten Zeit in einen Zustand eingetreten, der aus dem sozial Eingerichteten immer wieder das Antisoziale hervorgehen lässt. Dieses muss stets neu bewältigt werden.»

«Es ist ein Ungedanke, die Wirtschaftskräfte in einer abstrakten Weltgemeinschaft organisieren zu wollen.»

«Die wirtschaftenden Menschen stehen in der Lebensroutine drinnen; die in der Wirtschaft wirkenden Gestaltungskräfte sind ihnen nicht durchsichtig. Sie arbeiten ohne Einsicht in das Ganze des Menschenlebens.»

Die Kernpunkte der sozialen Frage

Vorrede und Einleitung zum 41. bis 80. Tausend dieser Schrift, 1920

Die Aufgaben, welche das soziale Leben der Gegenwart stellt, muss derjenige verkennen, der an sie mit dem Gedanken an irgendeine Utopie herantritt. Man kann aus gewissen Anschauungen und Empfindungen den Glauben haben, diese oder jene Einrichtungen, die man sich in seinen Ideen zurechtgelegt hat, müsse die Menschen beglücken; dieser Glaube kann überwältigende Überzeugungskraft annehmen; an dem, was gegenwärtig die «soziale Frage» bedeutet, kann man doch völlig vorbeireden, wenn man einen solchen Glauben geltend machen will.

Man kann heute diese Behauptung in der folgenden Art bis in das scheinbar Unsinnige treiben, und man wird doch das Richtige treffen. Man kann annehmen, irgend jemand wäre im Besitze einer vollkommenen theoretischen «Lösung» der sozialen Frage, und er könnte dennoch etwas ganz Unpraktisches glauben, wenn er der Menschheit diese von ihm ausgedachte «Lösung» anbieten wollte. Denn wir leben nicht mehr in der Zeit, in welcher man glauben soll, auf diese Art im öffentlichen Leben wirken zu können. Die Seelenverfassung der Menschen ist nicht so, dass sie für das öffentliche Leben etwa einmal sagen könnten: Da seht einen, der versteht, welche sozialen Einrichtungen nötig sind; wie er es meint, so wollen wir es machen.

In dieser Art wollen die Menschen Ideen über das soziale Leben gar nicht an sich herankommen lassen. Diese Schrift, die nun doch schon eine ziemlich weite Verbreitung gefunden hat, rechnet mit dieser Tatsache. Diejenigen haben die ihr zugrunde liegenden Absichten ganz verkannt, die ihr einen utopistischen Charakter beigelegt haben. Am stärksten haben dies diejenigen getan, die selbst nur utopistisch denken wollen. Sie sehen bei dem Andern, was der wesentlichste Zug ihrer eigenen Denkgewohnheiten ist.

Für den praktisch Denkenden gehört es heute schon zu den Erfahrungen des öffentlichen Lebens, dass man mit einer noch so überzeugend erscheinenden utopistischen Idee nichts anfangen kann. Dennoch haben viele die Empfindung, dass sie zum Beispiele auf wirtschaftlichem Gebiete mit einer solchen an ihre Mitmenschen herantreten sollen. Sie müssen sich davon überzeugen, dass sie nur unnötig reden. Ihre Mitmenschen können nichts anfangen mit dem, was sie vorbringen.

Man sollte dies als Erfahrung behandeln. Denn es weist auf eine wichtige Tatsache des gegenwärtigen öffentlichen Lebens hin. Es ist die Tatsache der Lebensfremdheit dessen, was man denkt gegenüber dem, was zum Beispiel die wirtschaftliche Wirklichkeit fordert. Kann man denn hoffen, die verworrenen Zustände des öffentlichen Lebens zu bewältigen, wenn man an sie mit einem lebensfremden Denken herantritt?

Diese Frage kann nicht gerade beliebt sein. Denn sie veranlasst das Geständnis, dass man lebensfremd denkt. Und doch wird man ohne dieses Geständnis der «sozialen Frage» auch fern bleiben. Denn nur, wenn man diese Frage als eine ernste Angelegenheit der ganzen gegenwärtigen Zivilisation behandelt, wird man Klarheit darüber erlangen, was dem sozialen Leben nötig ist.

Auf die Gestaltung des gegenwärtigen Geisteslebens weist diese Frage hin. Die neuere Menschheit hat ein Geistesleben entwickelt, das von staatlichen Einrichtungen und von wirtschaftlichen Kräften in einem hohen Grade abhängig ist. Der Mensch wird noch als Kind in die Erziehung und den Unterricht des Staates aufgenommen. Er kann nur so erzogen werden, wie die wirtschaftlichen Zustände der Umgebung es gestatten, aus denen er herauswächst.

Man kann nun leicht glauben, dadurch müsse der Mensch gut an die Lebensverhältnisse der Gegenwart angepasst sein. Denn der Staat habe die Möglichkeit, die Einrichtungen des Erziehungs- und Unterrichtswesens und damit des wesentlichen Teiles des öffentlichen Geisteslebens so zu gestalten, dass dadurch der Menschengemeinschaft am besten gedient werde. Und auch das kann man leicht glauben, dass der Mensch dadurch das bestmögliche Mitglied der menschlichen Gemeinschaft werde, wenn er im Sinne der wirtschaftlichen Möglichkeiten erzogen wird, aus denen er herauswächst, und wenn er durch diese Erziehung an denjenigen Platz gestellt wird, den ihm diese wirtschaftlichen Möglichkeiten anweisen.

Diese Schrift muss die heute wenig beliebte Aufgabe übernehmen, zu zeigen, dass die Verworrenheit unseres öffentlichen Lebens von der Abhängigkeit des Geisteslebens vom Staate und der Wirtschaft herrührt. Und sie muss zeigen, dass die Befreiung des Geisteslebens aus dieser Abhängigkeit den einen Teil der so brennenden sozialen Frage bildet.

Damit wendet sich diese Schrift gegen weitverbreitete Irrtümer. In der Übernahme des Erziehungswesens durch den Staat sieht man seit langem etwas dem Fortschritt der Menschheit heilsames. Und sozialistisch Denkende können sich kaum etwas anderes vorstellen, als dass die Gesellschaft den Einzelnen zu ihrem Dienste nach ihren Maßnahmen erziehe.

Man will sich nicht leicht zu einer Einsicht bequemen, die auf diesem Gebiete heute unbedingt notwendig ist. Es ist die, dass in der geschichtlichen Entwickelung der Menschheit in einer späteren Zeit zum Irrtum werden kann, was in einer früheren richtig ist. Es war für das Heraufkommen der neuzeitlichen Menschheitsverhältnisse notwendig, dass das Erziehungswesen und damit das öffentliche Geistesleben den Kreisen, die es im Mittelalter innehatten, abgenommen und dem Staate überantwortet wurde. Die weitere Beibehaltung dieses Zustandes ist aber ein schwerer sozialer Irrtum.

Das will diese Schrift in ihrem ersten Teile zeigen. Innerhalb des Staatsgefüges ist das Geistesleben zur Freiheit herangewachsen; es kann in dieser Freiheit nicht richtig leben, wenn ihm nicht die volle Selbstverwaltung gegeben wird. Das Geistesleben fordert durch das Wesen, das es angenommen hat, dass es ein völlig selbstständiges Glied des sozialen Organismus bilde. Das Erziehungs- und Unterrichtswesen, aus dem ja doch alles geistige Leben herauswächst, muss in die Verwaltung derer gestellt werden, die erziehen und unterrichten. In diese Verwaltung soll nichts hineinreden oder hineinregieren, was im Staate oder in der Wirtschaft tätig ist. Jeder Unterrichtende hat für das Unterrichten nur so viel Zeit aufzuwenden, dass er auch noch ein Verwaltender auf seinem Gebiete sein kann. Er wird dadurch die Verwaltung so besorgen, wie er die Erziehung und den Unterricht selbst besorgt. Niemand gibt Vorschriften, der nicht gleichzeitig selbst im lebendigen Unterrichten und Erziehen drinnen steht. Kein Parlament, keine Persönlichkeit, die vielleicht einmal unterrichtet hat, aber dies nicht mehr selbst tut, sprechen mit. Was im Unterricht ganz unmittelbar erfahren wird, das fließt auch in die Verwaltung ein. Es ist naturgemäß, dass innerhalb einer solchen Einrichtung Sachlichkeit und Fachtüchtigkeit in dem höchstmöglichen Maße wirken.

Man kann natürlich einwenden, dass auch in einer solchen Selbstverwaltung des Geisteslebens nicht alles vollkommen sein werde. Doch das wird im wirklichen Leben auch gar nicht zu fordern sein. Dass das Bestmögliche zustande komme, das allein kann angestrebt werden. Die Fähigkeiten, die in dem Menschenkinde heranwachsen, werden der Gemeinschaft wirklich übermittelt werden, wenn über ihre Ausbildung nur zu sorgen hat, wer aus geistigen Bestimmungsgründen heraus sein maßgebendes

Urteil fällen kann. Wie weit ein Kind nach der einen oder der andern Richtung zu bringen ist, darüber wird ein Urteil nur in einer freien Geistgemeinschaft entstehen können. Und was zu tun ist, um einem solchen Urteil zu seinem Recht zu verhelfen, das kann nur aus einer solchen Gemeinschaft heraus bestimmt werden. Aus ihr können das Staats- und das Wirtschaftsleben die Kräfte empfangen, die sie sich nicht geben können, wenn sie von ihren Gesichtspunkten aus das Geistesleben gestalten.

Es liegt in der Richtung des in dieser Schrift Dargestellten, dass auch die Einrichtungen und der Unterrichtsinhalt derjenigen Anstalten, die dem Staate oder dem Wirtschaftsleben dienen, von den Verwaltern des freien Geisteslebens besorgt werden. Juristenschulen, Handelsschulen, landwirtschaftliche und industrielle Unterrichtsanstalten werden ihre Gestaltung aus dem freien Geistesleben heraus erhalten. Diese Schrift muss notwendig viele Vorurteile gegen sich erwecken, wenn man diese – richtige – Folgerung aus ihren Darlegungen zieht. Allein woraus fließen diese Vorurteile? Man wird ihren antisozialen Geist erkennen, wenn man durchschaut, dass sie im Grunde aus dem unbewussten Glauben hervorgehen, die Erziehenden müssen lebensfremde, unpraktische Menschen sein. Man könne ihnen gar nicht zumuten, dass sie Einrichtungen von sich aus treffen, welche den praktischen Gebieten des Lebens richtig dienen. Solche Einrichtungen müssen von denjenigen gestaltet werden, die im praktischen Leben drinnen stehen, und die Erziehenden müssen gemäß den Richtlinien wirken, die ihnen gegeben werden.

Wer so denkt, der sieht nicht, dass Erziehende, die sich nicht bis ins Kleinste hinein und bis zum Größten hinauf die Richtlinien selber geben können, erst dadurch lebensfremd und unpraktisch werden. Ihnen können dann Grundsätze gegeben werden, die von scheinbar noch so praktischen Menschen herrühren; sie werden keine rechten Praktiker in das Leben hineinerziehen.

Die antisozialen Zustände sind dadurch herbeigeführt, dass in das soziale Leben nicht Menschen hineingestellt werden, die von ihrer Erziehung her sozial empfinden. Sozial empfindende Menschen können nur aus einer Erziehungsart hervorgehen, die von sozial Empfindenden geleitet und verwaltet wird. Man wird der sozialen Frage niemals beikommen, wenn man nicht die Erziehungs- und Geistesfrage als einen ihrer wesentlichen Teile behandelt. Man schafft Antisoziales nicht bloß durch wirtschaftliche Einrichtungen, sondern auch dadurch, dass sich die Menschen in diesen Einrichtungen antisozial verhalten. Und es ist antisozial, wenn man die Jugend von Menschen erziehen und unterrichten lässt, die man dadurch lebensfremd werden lässt, dass man ihnen von außen her Richtung und Inhalt ihres Tuns vorschreibt.

Der Staat richtet juristische Lehranstalten ein. Er verlangt von ihnen, dass derjenige Inhalt einer Jurisprudenz gelehrt werde, den er, nach seinen Gesichtspunkten, in seiner Verfassung und Verwaltung niedergelegt hat. Anstalten, die ganz aus einem freien Geistesleben hervorgegangen sind, werden den Inhalt der Jurisprudenz aus diesem Geistesleben selbst schöpfen. Der Staat wird zu warten haben auf dasjenige, was ihm von diesem freien Geistesleben aus überantwortet wird. Er wird befruchtet werden von den lebendigen Ideen, die nur aus einem solchen Geistesleben erstehen können.

Innerhalb dieses Geisteslebens selbst aber werden diejenigen Menschen sein, die von ihren Gesichtspunkten aus in die Lebenspraxis hineinwachsen. Nicht das kann Lebenspraxis werden, was aus Erziehungseinrichtungen stammt, die von bloßen «Praktikern» gestaltet und in denen von lebensfremden Menschen gelehrt wird, sondern allein das, was von Erziehern kommt, die von ihren Gesichtspunkten aus das Leben und die Praxis verstehen. Wie im Einzelnen die Verwaltung eines freien Geisteslebens sich gestalten muss, das wird in dieser Schrift wenigstens andeutungsweise dargestellt.

Utopistisch Gesinnte werden an die Schrift mit allerlei Fragen heranrücken. Besorgte Künstler und andere Geistesarbeiter werden sagen: Ja, wird denn die Begabung in einem freien Geistesleben besser gedeihen als in dem gegenwärtigen vom Staat und den Wirtschaftsmächten besorgten? Solche Frager sollten bedenken, dass diese Schrift eben in keiner Beziehung utopistisch gemeint wird. In ihr wird deshalb durchaus nicht theoretisch festgesetzt: Dies soll so oder so sein. Sondern es wird zu Menschengemeinschaften angeregt, die aus ihrem Zusammenleben das sozial Wünschenswerte herbeiführen können. Wer das Leben nicht nach theoretischen Vorurteilen, sondern nach Erfahrungen beurteilt, der wird sich sagen: Der aus seiner freien Begabung heraus Schaffende wird Aussicht auf eine rechte Beurteilung seiner Leistungen haben, wenn es eine freie Geistesgemeinschaft gibt, die ganz aus ihren Gesichtspunkten heraus in das Leben eingreifen kann.

Die «soziale Frage» ist nicht etwas, was in dieser Zeit in das Menschenleben heraufgestiegen ist, was jetzt durch ein paar Menschen oder durch Parlamente gelöst werden kann und dann gelöst sein wird. Sie ist ein Bestandteil des ganzen neueren Zivilisationslebens, und wird es, da sie einmal entstanden ist, bleiben. Sie wird für jeden Augenblick der weltgeschichtlichen Entwickelung neu gelöst werden müssen. Denn das Menschenleben ist mit der neuesten Zeit in einen Zustand eingetreten, der aus dem sozial Eingerichteten immer wieder das Antisoziale hervorgehen lässt. Dieses muss stets neu bewältigt werden. Wie ein Organismus einige Zeit nach der Sättigung immer wieder in den Zustand des Hungers eintritt, so der soziale Organismus aus einer Ordnung der Verhältnisse in die Unordnung. Eine Universalarznei zur Ordnung der sozialen Verhältnisse gibt es so wenig wie ein Nahrungsmittel, das für alle Zeiten sättigt. Aber die Menschen können in solche Gemeinschaften eintreten, dass durch ihr lebendiges Zusammenwirken dem Dasein immer wieder die Richtung zum Sozialen gegeben wird. Eine solche Gemeinschaft ist das sich selbst verwaltende geistige Glied des sozialen Organismus.

Wie sich für das Geistesleben aus den Erfahrungen der Gegenwart die freie Selbstverwaltung als soziale Forderung ergibt, so für das Wirtschaftsleben die assoziative Arbeit. Die Wirtschaft setzt sich im neueren Menschenleben zusammen aus Warenproduktion, Warenzirkulation und Warenkonsum. Durch sie werden die menschlichen Bedürfnisse befriedigt; innerhalb ihrer stehen die Menschen mit ihrer Tätigkeit. Jeder hat innerhalb ihrer seine Teilinteressen; jeder muss mit dem ihm möglichen Anteil von Tätigkeit in sie eingreifen. Was einer wirklich braucht, kann nur er wissen und empfinden; was er leisten soll, will er aus seiner Einsicht in die Lebensverhältnisse des Ganzen beurteilen. Es ist nicht immer so gewesen, und ist heute noch nicht überall so auf der Erde; innerhalb des gegenwärtig zivilisierten Teiles der Erdbevölkerung ist es im Wesentlichen so.

Die Wirtschaftskreise haben sich im Laufe der Menschheitsentwickelung erweitert. Aus der geschlossenen Hauswirtschaft hat sich die Stadtwirtschaft, aus dieser die Staatswirtschaft entwickelt. Heute steht man vor der Weltwirtschaft. Es bleibt zwar von dem alten noch ein erheblicher Teil im Neuen bestehen; es lebte in dem Alten andeutungsweise schon vieles von dem Neuen. Aber die Schicksale der Menschheit sind davon abhängig, dass die obige Entwickelungsreihe innerhalb gewisser Lebensverhältnisse vorherrschend wirksam geworden ist.

Es ist ein Ungedanke, die Wirtschaftskräfte in einer abstrakten Weltgemeinschaft organisieren zu wollen. Die Einzelwirtschaften sind im Laufe der Entwickelung in die Staatswirtschaften in weitem Umfange eingelaufen. Doch die Staatsgemeinschaften sind aus anderen als bloß wirtschaftlichen Kräften entsprungen. Dass man sie zu Wirtschaftsgemeinschaften umwandeln wollte, bewirkte das soziale Chaos der neuesten Zeit. Das Wirtschaftsleben strebt darnach, sich aus seinen eigenen Kräften heraus unabhängig von Staatseinrichtungen, aber auch von staatlicher Denkweise zu gestalten. Es wird dies nur können, wenn sich, nach rein wirtschaftlichen Gesichtspunkten, Assoziationen bilden, die aus Kreisen von Konsumenten, von Handeltreibenden und Produzenten sich zusammenschließen. Durch die Verhältnisse des Lebens wird der Umfang solcher Assoziationen sich von selbst regeln. Zu kleine Assoziationen würden zu kostspielig, zu große wirtschaftlich zu unübersichtlich arbeiten. Jede Assoziation wird zu der andern aus den Lebensbedürfnissen heraus den Weg zum geregelten Verkehr finden. Man braucht nicht besorgt zu sein, dass derjenige, der sein Leben in reger Ortsveränderung zuzubringen hat, durch solche Assoziationen eingeengt sein werde. Er wird den Übergang von der einen in die andere leicht finden, wenn nicht staatliche Organisation, sondern wirtschaftliche Interessen den Übergang bewirken werden. Es sind Einrichtungen innerhalb eines solchen assoziativen Wesens denkbar, die mit der Leichtigkeit des Geldverkehrs wirken.

Innerhalb einer Assoziation kann aus Fachkenntnis und Sachlichkeit eine weitgehende Harmonie der Interessen herrschen. Nicht Gesetze regeln die Erzeugung, die Zirkulation und den Verbrauch der Güter, sondern die Menschen aus ihrer unmittelbaren Einsicht und ihrem Interesse heraus. Durch ihr Drinnenstehen im assoziativen Leben können die Menschen diese notwendige Einsicht haben; dadurch, dass Interesse mit Interesse sich vertragsmäßig ausgleichen muss, werden die Güter in ihren entsprechenden Werten zirkulieren. Ein solches Zusammenschließen nach wirtschaftlichen Gesichtspunkten ist etwas anderes als zum Beispiele das in den modernen Gewerkschaften. Diese wirken sich im wirtschaftlichen Leben aus; aber sie kommen nicht nach wirtschaftlichen Gesichtspunkten zustande. Sie sind den Grundsätzen nachgebildet, die sich in der neueren Zeit aus der Handhabung der staatlichen, der politischen Gesichtspunkte heraus gestaltet haben. Man parlamentarisiert in ihnen; man kommt nicht nach wirtschaftlichen Gesichtspunkten überein, was der eine dem andern zu leisten hat. In den Assoziationen werden nicht «Lohnarbeiter» sitzen, die durch ihre Macht von einem Arbeit-Unternehmer möglichst hohen Lohn fordern, sondern es werden Handarbeiter mit den geistigen Leitern der Produktion und mit den konsumierenden Interessenten des Produzierten zusammenwirken, um durch Preisregulierungen Leistungen entsprechend den Gegenleistungen zu gestalten. Das kann nicht durch Parlamentieren in Versammlungen geschehen. Vor solchen müsste man besorgt sein. Denn, wer sollte arbeiten, wenn unzählige Menschen ihre Zeit mit Verhandlungen über die Arbeit verbringen müssten? In Abmachungen von Mensch zu Mensch, von Assoziation zu Assoziation vollzieht sich alles neben der Arbeit. Dazu ist nur notwendig, dass der Zusammenschluss den Einsichten der Arbeitenden und den Interessen der Konsumierenden entspricht.

Damit wird nicht eine Utopie gezeichnet. Denn es wird gar nicht gesagt: Dies soll so oder so eingerichtet werden. Es wird nur darauf hingedeutet, wie die Menschen sich selbst die Dinge einrichten werden, wenn sie in Gemeinschaften wirken wollen, die ihren Einsichten und ihren Interessen entsprechen.

Dass sie sich zu solchen Gemeinschaften zusammenschließen, dafür sorgt einerseits die menschliche Natur, wenn sie durch staatliche Dazwischenkunft nicht gehindert wird; denn die Natur erzeugt die Bedürfnisse. Andrerseits kann dafür das freie Geistesleben sorgen, denn dieses bringt die Einsichten zustande, die in der Gemeinschaft wirken sollen. Wer aus der Erfahrung heraus denkt, muss zugeben, das solche assoziative Gemeinschaften in jedem Augenblick entstehen können, dass sie nichts von Utopie in sich schließen. Ihrer Entstehung steht nichts anderes im Wege, als dass der Mensch der Gegenwart das wirtschaftliche Leben von außen «organisieren» will in dem Sinne, wie für ihn der Gedanke der «Organisation» zu einer Suggestion geworden ist. Diesem Organisieren, das die Menschen zur Produktion von außen zusammenschließen will, steht diejenige wirtschaftliche Organisation, die auf dem freien Assoziieren beruht, als sein Gegenbild gegenüber. Durch das Assoziieren verbindet sich der Mensch mit einem andern; und das Planmäßige des Ganzen entsteht durch die Vernunft des Einzelnen. – Man kann ja sagen: Was nützt es, wenn der Besitzlose mit dem Besitzenden sich assoziiert? Man kann es besser finden, wenn alle Produktion und Konsumtion von außen her «gerecht» geregelt wird. Aber diese organisatorische Regelung unterbindet die freie Schaffenskraft des Einzelnen, und sie bringt das Wirtschaftsleben um die Zufuhr dessen, was nur aus dieser freien Schaffenskraft entspringen kann. Und man versuche es nur einmal, trotz aller Vorurteile, sogar mit der Assoziation des heute Besitzlosen mit dem Besitzenden. Greifen nicht andere als wirtschaftliche Kräfte ein, dann wird der Besitzende dem Besitzlosen die Leistung notwendig mit der Gegenleistung ausgleichen müssen. Heute spricht man über solche Dinge nicht aus den Lebensinstinkten heraus, die aus der Erfahrung stammen; sondern aus den Stimmungen, die sich nicht aus wirtschaftlichen, sondern aus Klassen- und anderen Interessen heraus entwickelt haben. Sie konnten sich entwickeln, weil man in der neueren Zeit, in welcher gerade das wirtschaftliche Leben immer komplizierter geworden ist, diesem nicht mit rein wirtschaftlichen Ideen nachkommen konnte. Das unfreie Geistesleben hat dies verhindert.

Die wirtschaftenden Menschen stehen in der Lebensroutine drinnen; die in der Wirtschaft wirkenden Gestaltungskräfte sind ihnen nicht durchsichtig. Sie arbeiten ohne Einsicht in das Ganze des Menschenlebens. In den Assoziationen wird der eine durch den andern erfahren, was er notwendig wissen muss. Es wird eine wirtschaftliche Erfahrung über das Mögliche sich bilden, weil die Menschen, von denen jeder auf seinem Teilgebiete Einsicht und Erfahrung hat, zusammen urteilen werden.

Wie in dem freien Geistesleben nur die Kräfte wirksam sind, die in ihm selbst liegen, so im assoziativ gestalteten Wirtschaftssystem nur die wirtschaftlichen Werte, die sich durch die Assoziationen herausbilden. Was in dem Wirtschaftsleben der Einzelne zu tun hat, das ergibt sich ihm aus dem Zusammenleben mit denen, mit denen er wirtschaftlich assoziiert ist. Dadurch wird er genau so viel Einfluss auf die allgemeine Wirtschaft haben, als seiner Leistung entspricht. Wie Nicht-Leistungsfähige sich dem Wirtschaftsleben eingliedern, das wird in dieser Schrift auseinandergesetzt. Den Schwachen gegenüber dem Starken schützen, kann ein Wirtschaftsleben, das nur aus seinen eigenen Kräften heraus gestaltet ist.

So kann der soziale Organismus in zwei selbstständige Glieder zerfallen, die sich gerade dadurch gegenseitig tragen, dass jeder seine eigenartige Verwaltung hat, die aus seinen besonderen Kräften hervorgeht. Zwischen beiden aber muss sich ein Drittes ausleben. Es ist das eigentliche staatliche Glied des sozialen Organismus. In ihm macht sich alles das geltend, was von dem Urteil und der Empfindung eines jeden mündig gewordenen Menschen abhängig sein muss. In dem freien Geistesleben betätigt sich jeder nach seinen besonderen Fähigkeiten; im Wirtschaftsleben füllt jeder seinen Platz so aus, wie sich das aus seinem assoziativen Zusammenhang ergibt. Im politisch-rechtlichen Staatsleben kommt er zu seiner rein menschlichen Geltung, insoferne diese unabhängig ist von den Fähigkeiten, durch die er im freien Geistesleben wirken kann, und unabhängig davon, welchen Wert die von ihm erzeugten Güter durch das assoziative Wirtschaftsleben erhalten.

In diesem Buche wird gezeigt, wie Arbeit nach Zeit und Art eine Angelegenheit ist dieses politisch-rechtlichen Staatslebens. In diesem steht jeder dem andern als ein Gleicher gegenüber, weil in ihm nur verhandelt und verwaltet wird auf den Gebieten, auf denen jeder Mensch gleich urteilsfähig ist. Rechte und Pflichten der Menschen finden in diesem Gliede des sozialen Organismus ihre Regelung.

Die Einheit des ganzen sozialen Organismus wird entstehen aus der selbstständigen Entfaltung seiner drei Glieder. Das Buch wird zeigen, wie die Wirksamkeit des beweglichen Kapitales, der Produktionsmittel, die Nutzung des Grundes und Bodens sich durch das Zusammenwirken der drei Glieder gestalten kann. Wer die soziale Frage «lösen» will durch eine ausgedachte oder sonstwie entstandene Wirtschaftsweise, der wird diese Schrift nicht praktisch finden; wer aus den Erfahrungen des Lebens heraus die Menschen zu solchen Arten des Zusammenschlusses anregen will, in denen sie die sozialen Aufgaben am besten erkennen und sich ihnen widmen können, der wird dem Verfasser des Buches das Streben nach wahrer Lebenspraxis vielleicht doch nicht absprechen.

Das Buch ist im April 1919 zuerst veröffentlicht worden. Ergänzungen zu dem damals Ausgesprochenen habe ich in den Beiträgen gegeben, die in der Zeitschrift *Dreigliederung des sozialen Organismus* enthalten waren und die soeben gesammelt als die Schrift *In Ausführung der Dreigliederung des sozialen Organismus* erschienen sind.

Man wird finden können, dass in den beiden Schriften weniger von den «Zielen» der sozialen Bewegung als vielmehr von den

Wegen gesprochen wird, die im sozialen Leben beschritten werden sollten. Wer aus der Lebenspraxis heraus denkt, der weiß, dass namentlich einzelne Ziele in verschiedener Gestalt auftreten können. Nur wer in abstrakten Gedanken lebt, dem erscheint alles in eindeutigen Umrissen. Ein solcher tadelt das Lebenspraktische oft, weil er es nicht bestimmt, nicht «klar» genug dargestellt findet. Viele, die sich Praktiker dünken, sind gerade solche Abstraktlinge. Sie bedenken nicht, dass das Leben die mannigfaltigsten Gestaltungen annehmen kann. Es ist ein fließendes Element. Und wer mit ihm gehen will, der muss sich auch in seinen Gedanken und Empfindungen diesem fließenden Grundzug anpassen. Die sozialen Aufgaben werden nur mit einem solchen Denken ergriffen werden können.

Aus der Beobachtung des Lebens heraus sind die Ideen dieser Schrift erkämpft; aus dieser heraus möchten sie auch verstanden sein.

«Man möchte sagen: Das Kompliziertwerden unseres Wirtschaftslebens hat eine Art von Betäubung hervorgerufen, so dass man nicht mehr mit dem, was man ethisch als das Gute ansieht, mit dem, was man als das Rechtliche ansieht, in die einzelnen kompliziert gewordenen Gebiete des Wirtschaftslebens untertauchen kann.»

«Ich bin überzeugt davon, dass außerordentlich viel Geistvolles über diese Arbeitsteilung geschrieben und gesagt worden ist, glaube aber nicht, dass sie in ihrer vollen Bedeutung für das praktische wirtschaftliche Leben bis in ihre letzten Konsequenzen schon durchdacht worden ist. Ich glaube das aus dem Grunde nicht, weil man sonst einsehen müsste, dass im Grunde genommen überhaupt aus dem Prinzip der Arbeitsteilung mit Konsequenz folgt, dass niemand eigentlich in einem sozialen Organismus, in dem volle Arbeitsteilung herrscht, für sich selber noch etwas produzieren – ich sage sogar – kann.»

«Ein solcher Preis für irgendein Erzeugnis im sozialen Leben, also für eine Ware, ist der, der dem Menschen die Möglichkeit gibt, für sich und seine Familie den Lebensunterhalt und alle seine Bedürfnisse zu besorgen, bis er wiederum ein gleiches Produkt hervorgebracht hat.»

Die Kardinalfrage des Wirtschaftslebens

Kristiania (Oslo), 30. November 1921

Ich danke zunächst dem verehrten Vorsitzenden für seine herzlichen Worte und bitte Sie vor allen Dingen zu berücksichtigen, was ich ebenso herzlich versichere, dass es mir eine tiefe Befriedigung gewährt, einige Richtlinien aus den sozialen Bestrebungen, denen ich einen großen Teil meiner Zeit gewidmet habe, auch hier vortragen zu dürfen. Doch muss ich natürlich sogleich um Entschuldigung bitten deswegen, weil über die soziale Frage heute zu sprechen, eine außerordentlich schwierige Sache ist. Man kann in einem kurzen Vortrage ja eigentlich nur einige Richtlinien und vielleicht Anregungen geben, und das bitte ich Sie durchaus zu berücksichtigen. Vielleicht könnte die Meinung bestehen, dass jemand, der im Wesentlichen sich der Popularisierung und Verbreitung anthroposophischer Geisteswissenschaft widmet, wenn er auf soziale Gebiete sich begibt, nur Weltvergessenes, vielleicht Phantasiemäßiges oder gar Utopistisches vorbringen könne. Was sich mir aber gerade aus anthroposophischer Denkweise heraus ergeben hat für die soziale Frage, es unterscheidet sich von vielem, das in der Gegenwart nach dieser Richtung gesprochen wird, vielleicht doch dadurch, dass es durchaus auf die Praxis des Lebens eingehen will und es eigentlich ablehnt, mehr oder weniger soziale Theorien zu besprechen.

Ich selbst habe im Laufe von Jahrzehnten aus den verschiedensten Untergründen heraus diejenige Anschauung über die soziale Frage gewonnen, über die ich einige Richtlinien heute verzeichnen möchte, und zwar durch unmittelbare Beobachtung des sozialen Lebens. Ich habe daraus die Anschauung gewonnen, dass unsere soziale Frage, namentlich auch die wirtschaftliche Frage, heute im Grunde genommen eine ganz allgemein menschliche ist. Sie kündigt sich, wenn man sie lebensgemäß, nicht theoretisch studiert, als eine Frage an, die durch und durch eigentlich gar nicht aus wirtschaftlichen Gesichtspunkten besteht, sondern aus rein menschlichen Gründen in der Gegenwart sich in so vulkanischer Weise aufwirft. Und es wird auch nur möglich sein, an diese Frage in einem praktischen Sinn heranzutreten, wenn man an die Lösung – natürlich kann die Rede nur sein von dem Versuch einer partiellen Lösung – vom rein menschlichen Gesichtspunkte aus herangeht. Und da werde ich zunächst etwas ganz anderes als die wirtschaftliche Kardinalfrage bezeichnen müssen, als man gewöhnlich erwartet. Ja, ich werde nicht einmal – da das Leben reicher ist als Theorien und Ideen – irgendwie in einem kurzen Satze diese wirtschaftliche Kardinalfrage beantworten können, sondern ich werde sie mehr als etwas durch meine heutigen Betrachtungen Durchgehendes erst erscheinen lassen können.

Wenn ich aber doch zunächst einen ganz abstrakten Gesichtspunkt von vornherein angeben möchte, so ist es der, dass wir in einer Zeit leben, in der im hohen Grade der Mensch mit dem, was er denkt, was er sich als Prinzipien ausgestaltet, dem Leben überhaupt und besonders dem wirtschaftlichen Leben sich entfremdet. Diese Anschauung hat sich mir insbesondere dadurch erhärtet, dass ich durch Jahre hindurch unter der proletarischen Arbeiterschaft als Lehrer[1] gewirkt habe, auf den verschiedensten Gebieten der Erkenntnis und des Unterrichtes, sowohl auf historischem Gebiete wie auf dem Gebiete der wirtschaftlichen Fragen. Und vor allen Dingen konnte ich das moderne Proletariat in seinem Leben dadurch kennenlernen, dass es mir vergönnt war, durch Jahre hindurch mit den Arbeitern Unterricht und Übungen in freier Rede abzuhalten. Da lernt man kennen, wie die

Leute denken, wie die Leute empfinden. Und wenn man weiß, dass vor allen Dingen die wirtschaftliche Frage heutzutage daran hängt, dass man in einer den wirtschaftlichen Bedürfnissen der Menschheit entsprechenden Weise das Proletariat wiederum an die Arbeit heranbringt, dann wird man zunächst genötigt sein, von dieser menschlichen Seite aus die wirtschaftlichen Fragen zu betrachten. Und da hat sich mir denn ergeben, dass wenn man heute innerhalb des Proletariates versucht, Interesse zu erregen für dies oder jenes, dann die eigentlichen konkreten wirtschaftlichen Fragen, das Verständnis für wirklich praktisches Wirtschaftsleben unter dem Proletariat im Grunde genommen gar kein Interesse findet. Die Leute stehen einem Interesse für konkrete einzelne wirtschaftliche Fragen ganz fern. Es lebt im Proletariat heute – und es gehören zu diesem Proletariate, von dem ich spreche, im internationalen Leben heute ja Millionen von Menschen – durchaus nur eine wirtschaftliche, abstrakte Theorie, aber allerdings eine abstrakte Theorie, welche in diesem Proletariate selbst den Lebensinhalt bildet. Seiner Arbeit, das heißt dem eigentlichen Inhalte seiner Arbeit, steht der proletarische Arbeiter im Grunde genommen mit seinem Herzen sehr fremd gegenüber. Ihm ist es gleichgültig, was er arbeitet. Ihn interessiert nur, wie er in seiner Unternehmung behandelt wird, und er spricht, wenn er über diese Behandlung redet, doch von ganz allgemeinen abstrakten Gesichtspunkten aus. Ihn interessiert das Verhältnis seines Lohnes zu dem, was das Erträgnis der Produkte ausmacht, an deren Fabrikation er beteiligt ist, während die Qualität seiner Produkte durchaus außerhalb des Gesichtskreises seiner Interessen liegt. Ich habe versucht, gerade im proletarischen Unterricht durch Zuhilfenahme des Geschichtlichen,[2] durch Zuhilfenahme des Naturwissenschaftlichen, Interesse zu erwecken für konkrete Fabrikations- und Betriebszweige. Das alles ist aber etwas, was den Proletarier als solchen nicht interessiert.

Ihn interessiert die Stellung der Klassen, der Klassenkampf, ihn interessiert das – was ich Ihnen ja hier nicht zu charakterisieren brauche –, was er den Mehrwert nennt. Ihn interessiert die Entwickelung des wirtschaftlichen Lebens, insofern als er ihr die Ursachen für alles menschliche geschichtliche Leben zuschreibt, und er redet eigentlich von einer theoretischen Region, die sich ganz oberhalb dessen befindet, in dem er vom Morgen bis zum Abend drinnen steckt und möchte nach dieser die Wirklichkeit formen. Und man darf sagen: Was er als seine Theorie anerkennt über das wirtschaftliche Leben, das stammt auch wiederum von einer theoretischen Betrachtungsweise. Die meisten Proletarier sind ja heute mehr oder weniger modifizierte oder ursprüngliche Marxisten, das heißt Anhänger einer Theorie, die sich eigentlich durchaus nicht mit den Bedingungen des wirtschaftlichen Lebens als solchem befasst, sondern eben nach jener Richtung hin wirkt, die ich eben charakterisiert habe.

Das erfährt man heute innerhalb weiter Kreise des Proletariats durch den praktischen Verkehr mit diesem Proletariat, durch die Wirksamkeit unter dem Proletariat. Aber das ist doch in gewisser Beziehung nur der Abglanz einer in den letzten Jahrhunderten immer mehr und mehr auftretenden Entfremdung der rein menschlichen Interessen von den Interessen des praktischen Lebens. Man möchte sagen: Das Kompliziertwerden unseres Wirtschaftslebens hat eine Art von Betäubung hervorgerufen, so dass man nicht mehr mit dem, was man ethisch als das Gute ansieht, mit dem, was man als das Rechtliche ansieht, in die einzelnen kompliziert gewordenen Gebiete des Wirtschaftslebens untertauchen kann. Wenn man aber nicht aus der Praxis heraus redet, sondern von allgemein-abstrakten Gesichtspunkten ausgeht, berührt man mit dem, was man immer als Forderungen, als Prinzipien aufstellt, fast gar nicht dasjenige, was dann die Arbeit des Tages, was die Aufgaben des Tages ausmacht.

Wie ich Ihnen aus meiner eigenen Lebenspraxis dieses veranschaulichen konnte, so kann es aber auch durch allerlei Beispiele aus dem geschichtlichen Leben erhärtet werden. Ich möchte ein groteskes Beispiel anführen für das, was ich sagen will. Es war 1884, da sagte Bismarck im Deutschen Reichstag,[3] indem er die Grundlage legen wollte für seine weitere Behandlung der wirtschaftlichen Kardinalfrage, er erkenne an das Recht eines jeden Menschen auf Arbeit. Und er apostrophierte dann die Reichstagsabgeordneten so, dass er sagte: Verschaffen Sie jedem gesunden Menschen von gemeinschaftswegen die Arbeit, die ihn ernährt, sorgen Sie dafür, dass diejenigen, die krank oder schwach sind, von gemeinschaftswegen versorgt werden, sorgen Sie dafür, dass die Alten versorgt werden, und Sie können überzeugt sein, dass das Proletariat seinen proletarischen Führern entläuft, dass die sozialdemokratischen Theorien, die verbreitet werden, keine Anhänger mehr finden. – Nun, das sprach Bismarck, der allerdings in seinen Memoiren gestand, dass er in seiner Jugend republikanische Neigungen[4] gehabt habe, aber den Sie doch ganz gewiss als einen echten Monarchisten anerkennen werden, dem Sie ganz gewiss nicht zuschreiben werden, dass er etwa eingestimmt hätte, wenn in einer proletarischen Versammlung zum Schlusse das Hoch ausgesprochen worden wäre auf die internationale Sozialdemokratie.

Ich möchte auf eine andere Persönlichkeit hinweisen, die dasselbe fast mit denselben Worten ausgesprochen hat, und die allerdings mit ihrer ganzen Gesinnung, mit ihrer ganzen menschlichen Empfindung auf einem anderen allgemein menschlichen Boden stand. Das ist Robespierre. Robespierre hat, indem er seine «Menschenrechte» verfasst hat,[5] 1793 ungefähr dasselbe gesagt, nein, ich möchte sagen, ganz genau dasselbe gesagt, was Bismarck 1884 im Deutschen Reichstag gesagt hat: Es ist die Pflicht der Gemeinschaft, jedem gesunden Menschen Arbeit zu verschaffen, für die Kranken und Schwachen von gemeinschaftswegen zu sorgen, den Alten eine Versorgung zu geben, wenn sie nicht mehr arbeiten können.

Dieselben Sätze von Robespierre, von Bismarck, ganz gewiss auf ganz verschiedenem menschlichen Boden! Und dazu kommt das Dritte, das auch nicht uninteressant ist hinzuzufügen: Bismarck berief sich, indem er seine «Robespierre-Worte» aussprach – die er ganz gewiss nicht von Robespierre gelernt hat – darauf, dass ja diese Forderungen bereits im Preußischen Landrecht[6] seit 1794 stehen. Nun, man wird daraus ganz gewiss nicht schließen dürfen, dass das Preußische Landrecht ein Jahr, nachdem Robespierre die «Menschenrechte» verfasst hat, diese Menschenrechte in seinen Gesetzeskodex aufgenommen hat, und man wird ganz gewiss in der Welt nicht so urteilen, dass der preußische Staat die Ideen Robespierres durch fast ein Jahrhundert hat verwirklichen wollen gemäß seinem Landrechte, als Bismarck 1884 neuerdings diese Forderung ausgesprochen hatte. Da entsteht schon auch gegenüber den historischen Tatsachen die Frage: Wie kommt es denn eigentlich, dass zwei so verschiedene Menschen wie Robespierre und Bismarck wörtlich dasselbe sagen können, und dass doch beide sich ganz gewiss vorstellen, dass das soziale Milieu, das sie danach bilden wollen, ein ganz anderes ist?

Ich kann die Sache nicht anders ansehen als so, dass eben wir heute, wenn wir über die konkreten Fragen des durch die neueren Jahrhunderte kompliziert gewordenen Lebens sprechen, in so starken Abstraktionen sprechen, dass wir eigentlich alle, der Bismarck von rechts, von der äußersten Rechten, der Robespierre von der äußersten Linken, in Bezug auf die allgemeinen Prinzipien miteinander harmonisieren. Wir finden uns in den allgemeinen Prinzipien alle zusammen. Im Leben aber fangen wir sogleich an, in die äußersten Disharmonien zu zerfallen, weil eben unsere allgemeinen Prinzipien ganz weit abliegen von dem, was wir den ganzen Tag im Einzelnen treiben müssen. Wir haben heute gerade dann, wenn es auf die Lebenspraxis ankommt, keine Möglichkeit, das, was wir im Allgemeinen denken, auch im Einzelnen wirklich durchzuführen. Und am meisten abstrakt ist das, was in der proletarischen Theorie heute als wirtschaftliche Forderung auftritt, aus den Gründen, die ich versuchte zu charakterisieren.

Dieser Sachlage steht man ja heute gegenüber. Und man muss sagen: Durch die ganze Entwickelung der neueren Zeit ist diese Sachlage heraufgekommen. Wir sehen, wie derjenige Teil des wirtschaftlichen Lebens, den wir als den Produktionsprozess überschauen, durch die Kompliziertheit des technischen Lebens immer mannigfaltiger geworden ist. Und wenn ich es mit einem Worte, das ja schon ein Schlagwort geworden ist, allein man muss solche Worte gebrauchen, bezeichnen will: Wir sehen, dass das Produktionsleben immer kollektivistischer geworden ist.

Was kann denn im Grunde genommen heute der Einzelne innerhalb unseres sozialen Organismus im Produktionsleben leisten? Er ist überall eingespannt in das, was mit anderen in Gemeinschaft getan werden muss. Unsere Art des Produzierens ist so kompliziert geworden, dass der Einzelne wie in einem großen Produktionsmechanismus eingespannt ist. Es ist das Produktionsleben kollektivistisch geworden. Darauf sieht gerade der Proletarier hin, und er verspricht sich in seiner wirtschaftlich fatalistischen Anschauungsweise, dass der Kollektivismus noch immer stärker und stärker werden wird, dass immer mehr und mehr die Produktionszweige sich zusammenschließen werden, und dass dann die Zeit kommen werde, wo das internationale Proletariat selbst diese Produktion übernehmen kann. Auf das wartet der Proletarier. Er gibt sich also dem großen Irrtum hin, dass der Kollektivismus der Produktion das Naturnotwendige ist – denn er empfindet das wirtschaftlich Notwendige fast wie eine Naturnotwendigkeit –, und dass dieser Kollektivismus weiter ausgebaut werden soll, dass vor allen Dingen das Proletariat dazu berufen sei, sich dann auf die Stühle zu setzen, auf denen die heutigen Produzenten sitzen, und dass das kollektivistisch Gewordene nunmehr kollektivistisch verwaltet werde. Wie stark das Proletariat aus seinem wirtschaftlichen Interesse heraus an einer solchen Idee hängt, sehen wir in den traurigen Ergebnissen des wirtschaftlichen Experimentes im Osten, denn dort wurde sozusagen – allerdings nicht so, wie es sich die Proletarier-Theoretiker geträumt haben, sondern aus den kriegerischen Verhältnissen heraus – der Versuch gemacht, in diesem Sinne das Wirtschaftsleben zu gestalten. Man kann heute schon sehen, und man wird es immer mehr und mehr sehen: Der Versuch wird – ganz abgesehen von seinen ethischen oder sonstigen Werten oder von den Sympathien oder Antipathien, die man ihm entgegenbringen kann – durch seine eigenen inneren zerstörenden Kräfte kläglich scheitern und unsägliches Unglück in die Menschheit bringen.

Dem Produktionsleben steht gegenüber das Leben der Konsumtion. Aber das Leben der Konsumtion kann niemals von selbst kollektivistisch werden. In der Konsumtion steht der Einzelne im Grunde genommen durch Naturnotwendigkeit als Individualität darinnen. Aus der Persönlichkeit des Menschen, aus dem menschlichen Individuum heraus kommen die Bedürfnisse der Gesamtkonsumtion. Es blieb daher, neben dem Kollektivistischen der Produktion, das Individualistische der Konsumtion bestehen. Und immer schroffer und schroffer wurde der Abgrund, tiefer und tiefer wurde dieser Abgrund zwischen der nach Kollektivismus strebenden Produktion und den doch sich immer heftiger geltend machenden, gerade durch den Kontrast immer heftiger geltend machenden Interessen der Konsumtion. Für den, der das heutige Leben durchschauen kann mit unbefangenem Blicke, ist es nun keine Abstraktion, sondern für den beruhen die furchtbaren Disharmonien, in die wir hineingestellt sind, gerade auf dem Missverhältnis, das sich durch das Angedeutete heute herausgebildet hat zwischen den Impulsen der Produktion und den Bedürfnissen der Konsumtion.

Man kann allerdings das ganze Elend, das in dieser Beziehung heute bis in die tiefsten Gemüter der Menschen hinein herrscht, nur überschauen, wenn man sich eben nicht durch Studium, sondern durch Lebenspraxis Jahrzehnte hindurch in das vertieft hat, aus dem sich auf den einzelnen Gebieten des Lebens diese Disharmonie ergeben hat. Und nun wirklich nicht aus irgendwelchen Prinzipien, nicht aus theoretischen Erwägungen, sondern aus diesen Lebenserfahrungen heraus ist entstanden, was ich niedergelegt habe in meinem Buche *Die Kernpunkte der sozialen Frage*. Ganz fern lag es mir, aus dieser Lebenspraxis heraus irgendwie eine utopistische Lösung der sozialen Frage zu versuchen. Ich musste allerdings erfahren, dass das heutige Denken der Menschen ganz unwillkürlich nach der utopistischen Seite hinneigt. Ich musste selbstverständlich zusammenfassen, was sich mir aus der großen Mannigfaltigkeit des Lebens ergeben hat, was ich lieber in einzelnen konkreten Beispielen erörtert hätte, ich musste es zusammenfassen in allgemeine Sätze, die dann wiederum ihrerseits zusammengestellt sind in den Schlagworten «Dreigliederung des sozialen Organismus». Aber was da drinnen ist, das musste doch durch einige Richtlinien wenigstens exemplifiziert werden. Man musste sagen, wie man sich denkt, dass die Dinge in die Hand genommen werden sollen. Deshalb habe ich einige Beispiele gegeben, wie die Entwickelung des Kapitalismus weiter fortschreiten soll, wie etwa die Arbeiterfrage zu regeln ist und so weiter. Da habe ich versucht, konkrete, einzelne Andeutungen zu geben. Nun, ich habe viele Diskussionen mitgemacht über diese *Die Kernpunkte der sozialen Frage*, und ich habe stets gefunden, dass die Menschen in ihrer utopistischen Meinung von heute immer fragen: Ja, wie wird denn in der Zukunft das oder jenes sein? – Sie haben sich dabei gestützt auf die Andeutungen, die ich über das Einzelne gegeben habe, was ich aber niemals anders gemeint habe, denn als Beispiel. Im ganzen konkreten Leben ist es ja so, dass man irgend etwas, was man tut, was man nach seinem besten Wissen einrichtet, dass man das in irgendeiner Gestalt in die Wirklichkeit hineinstellen kann, dass man es aber selbstverständlich auch anders machen könnte. Die Wirklichkeit ist nicht so, dass nur ein einzelnes Theoretisches auf sie passt. Man könnte selbstverständlich auch alles anders machen. Der Utopist aber, der möchte bis ins Einzelne hinein schlagwortartig alles charakterisiert haben. Und so sind denn diese *Die Kernpunkte der sozialen Frage* vielfach gerade durch die anderen im utopistischen Sinne ausgedeutet worden. Sie sind in Utopien vielfach umgewandelt worden, während sie nicht im Entferntesten als Utopie gemeint sind, sondern hervorgegangen sind aus einem Betrachten dessen, was sich im Produktionsprozess als der Kollektivismus ergeben hat, aus der Anschauung, wie nun wirklich von Seiten der Produktion eine gewisse Notwendigkeit vorliegt, in diesen Kollektivismus hineinzusegeln, wie aber auf der anderen Seite alle Kraft der Produktion doch wiederum abhängt von den Fähigkeiten des menschlichen Individuums.

So trat einem gerade aus der Betrachtung der modernen Produktion mit furchtbarer Intensität vor das seelische Auge, dass eigentlich der Grundimpuls, der aller Produktion zugrunde liegen muss, das persönliche Können, gewissermaßen absorbiert wird durch den Kollektivismus, der sich aus den wirtschaftlichen Kräften selbst heraus ergeben hat und immer weiter ergibt. Es trat einem auf der einen Seite entgegen dasjenige, wozu das wirtschaftliche Leben neigt, und auf der anderen Seite die auch selbstverständliche Forderung, die individuellen Kräfte der einzelnen menschlichen Persönlichkeit gerade innerhalb des Wirtschaftslebens zur Geltung zu bringen. Und es obliegt einem, über den sozialen Organismus so nachzudenken, wie diese Grundforderung des wirtschaftlichen Fortschrittes, die Pflege der individuellen Fähigkeiten, bestehen kann im rein durch die technischen Verhältnisse immer Komplizierterwerden der Produktionsprozesse. Das ist es auf der einen Seite, was einem so ganz lebendig vor die Seele tritt: Der wirkliche wirtschaftliche Fortgang, und die notwendigen Anforderungen, die man stellen muss an das wirtschaftliche Leben, damit es gedeihen könne.

Auf der anderen Seite geht ja alles das, was wir die heutige soziale Frage nennen, im Grunde genommen praktisch gar nicht aus den Produktionsinteressen hervor. Wenn im Produktionsgebiete nach Kollektivismus gesucht wird, so ergibt sich das eigentlich aus den technischen Möglichkeiten des Wirtschaftslebens, aus den technischen Notwendigkeiten auch. Was man gewöhnlich die soziale Frage nennt, wird eigentlich ganz und gar aus Konsumtionsinteressen vorgebracht, die wiederum nur auf der menschlichen Individualität beruhen können. Und die merkwürdige Tatsache stellt sich heraus, dass – wenn auch scheinbar etwas anderes stattfindet – aus reinen Konsumtionsinteressen heraus der Ruf nach Sozialisierung durch die Welt geht. Man sieht das auch, wenn man die Diskussionen und das Leben praktisch verfolgt. Ich habe das ja gesehen bei meinen Vorträgen, die ich im April 1919 zu halten begonnen habe,[7] und die immer wieder gehalten wurden, und in den darauffolgenden Diskussionen, wie eigentlich unsympathisch berührt sind diejenigen, die als Produzenten oder Unternehmer im praktischen Wirtschaftsleben drinnen stehen, von der Diskussion dessen, was man soziale Frage nennt, in dem Sinne, wie es aus den Konsumtionsinteressen heraus gepredigt wird.

Dagegen sieht man, wie im Grunde genommen überall, wo der Ruf nach Sozialismus aufkommt, nur das Konsumtionsinteresse ins Auge gefasst wird. So dass man hier gerade in den Idealen des Sozialismus wirksam hat als Willensimpuls den Individualismus. Im Grunde genommen streben alle diejenigen, die sozialistisch sind, nach dem Sozialismus hin aus ganz individuellen Emotionen heraus. Und das Streben nach dem Sozialismus ist im Grunde genommen nur eine Theorie, die über dem, was die individuellen Emotionen sind, dahinschwimmt. Aber auf der anderen Seite ergibt sich durch eine ganz ernstliche Betrachtung dessen, was sich in unserem Wirtschaftsleben, auch wiederum seit Jahrhunderten, immer mehr und mehr entwickelt hat, die ganze volle Bedeutung desjenigen, was man ja landläufig in der Nationalökonomie, in der Volkswirtschaftslehre zusammenfasst mit dem Namen Arbeitsteilung.

Ich bin überzeugt davon, dass außerordentlich viel Geistvolles über diese Arbeitsteilung geschrieben und gesagt worden ist, glaube aber nicht, dass sie in ihrer vollen Bedeutung für das praktische wirtschaftliche Leben bis in ihre letzten Konsequenzen schon durchdacht worden ist. Ich glaube das aus dem Grunde nicht, weil man sonst einsehen müsste, dass im Grunde genommen überhaupt aus dem Prinzip der Arbeitsteilung mit Konsequenz folgt, dass niemand eigentlich in einem sozialen Organismus, in dem volle Arbeitsteilung herrscht, für sich selber noch etwas produzieren – ich sage sogar – kann. Wir sehen ja heute noch die letzten Reste der Selbstproduktion, namentlich wenn wir die kleinen Landgüter ins Auge fassen. Da sehen wir, dass eigentlich derjenige, der produziert, das zurückbehält, was für seinen und seiner Familie Bedarf notwendig ist. Und was bewirkt dieses, dass er sozusagen ein Versorger des eigenen Bedarfs noch sein kann? Das bewirkt, dass er eigentlich in einer ganz unrichtigen Weise innerhalb eines sozialen Organismus produziert, der im Übrigen auf Arbeitsteilung aufgebaut ist. Jeder, der heute sich selbst einen Rock macht, oder der sich selbst mit seinen eigenen, auf seinem eigenen Grund und Boden gebauten Nahrungsmitteln versorgt, versorgt sich eigentlich zu kostspielig, denn dadurch, dass Arbeitsteilung herrscht, kommt jedes Erzeugnis billiger zustande, als es zustande kommen kann, wenn man es für sich selbst fabriziert. Man braucht nur über diese Tatsache nachzudenken und man wird als ihre letzte Konsequenz das ansehen müssen, dass im Grunde genommen niemand heute so produzieren kann, dass irgendwie seine Arbeit in das Produktionserzeugnis, in das Erzeugnis hineinfließt. Und doch liegt die Merkwürdigkeit ja vor, dass zum Beispiel Karl Marx das Erzeugnis wie eine kristallisierte Arbeit behandelt.[8] So ist es aber am allerwenigsten heute. Das Erzeugnis ist heute in Bezug auf seinen Wert – und allein der kommt im wirtschaftlichen Leben in Betracht – von der Arbeit zunächst am allerwenigsten bestimmt. Es ist bestimmt von der Brauchbarkeit, das heißt von Konsumtionsinteressen, von der Brauchbarkeit, mit der es drinnen steht in dem auf Arbeitsteilung beruhenden sozialen Organismus.

Das alles gibt einem auf wirtschaftlichem Gebiete die großen Fragen der Gegenwart auf. Und aus diesen Fragen heraus hat sich mir ergeben, dass wir eben einfach in dem heutigen Zeitpunkte der Menschheitsentwickelung vor der Notwendigkeit stehen, den sozialen Organismus so zu gestalten, dass er immer mehr und mehr seine naturgemäßen drei Glieder zeigt. Und als eines dieser drei Glieder muss ich zunächst erkennen das Geistesleben, das im Wesentlichen beruht auf den menschlichen Fähigkeiten. Ich rechne, indem ich von der Dreigliederung des sozialen Organismus spreche, nicht nur das mehr oder weniger abstrakte Geistesleben oder das spirituelle Leben in das geistige

Gebiet hinein, sondern ich rechne alles das in das geistige Gebiet hinein, was auf menschlichen, geistigen oder physischen Fähigkeiten beruht. Das muss ich ausdrücklich betonen, sonst könnte man die Begrenzung des Geistgebietes im dreigliedrigen sozialen Organismus völlig missverstehen. Auch derjenige, der nur Handarbeit verrichtet, braucht eine gewisse Geschicklichkeit zu dieser Handarbeit, er braucht verschiedenes andere noch, was den Einzelnen in dieser Beziehung nicht erscheinen lässt als einen Angehörigen des reinen Wirtschaftens, sondern als einen Angehörigen des Geistgebietes.

Das andere Gebiet des sozialen Organismus ist das des reinen Wirtschaftens. Im reinen Wirtschaften hat man es nur zu tun mit Produktion, Konsumtion und mit der Zirkulation zwischen Produktion und Konsumtion. Das heißt aber nichts anderes als: Man hat es im reinen Wirtschaftsleben bloß mit der Zirkulation der erzeugten Güter, die, indem sie zirkulieren, zur Ware werden, man hat es mit der Zirkulation von Waren zu tun. Ein Gut, das innerhalb des sozialen Organismus dadurch, dass es gebraucht wird, einen bestimmten Wert erhält, der dann auf seinen Preis wirkt, ein solches Gut ist eben in dem Sinne, wie ich es auffassen muss, seine Ware.

Nun ergibt sich aber das Weitere. Ich kann selbstverständlich die Dinge, die ich den Richtlinien nach andeuten will, nur aphoristisch andeuten, sonst würde die Auseinandersetzung viel zu lang werden. Es ergibt sich nun, dass all dasjenige, was Ware ist, einen wirklichen objektiven Wert im Zusammenhange nicht nur des Wirtschaftslebens, sondern des gesamten sozialen Lebens haben kann. Einfach durch das, was ein Produkt bedeutet innerhalb des Konsumtionslebens, bekommt es einen bestimmten Wert, der durchaus eine objektive Bedeutung hat. Ich muss nun erörtern, was ich jetzt mit dem Worte «objektive Bedeutung» meine.

Mit «objektive Bedeutung» meine ich nicht, dass man diesen

Wert einer Ware, von dem ich jetzt spreche, etwa durch Statistik oder dergleichen unmittelbar angeben könne. Dazu sind die Verhältnisse, aus denen heraus eine Ware ihren Wert erhält, viel zu kompliziert, viel zu mannigfaltig. Aber abgesehen von dem, was man zunächst darüber wissen kann, hat außerhalb unserer Erkenntnis jede Ware einen ganz bestimmten Wert. Wenn eine Ware einen bestimmten Preis auf dem Markt hat, so kann dieser Preis für den wirklichen objektiven Wert entweder zu hoch oder zu niedrig sein, oder er kann mit ihm übereinstimmen. Aber so wenig maßgebend der Preis ist, der äußerlich uns entgegentritt – weil er durch irgendwelche andere Verhältnisse gefälscht sein kann –, so wahr ist es auf der anderen Seite, wenn man in der Lage wäre, alle die tausend und abertausend einzelnen Bedingungen anzugeben, aus denen heraus produziert und konsumiert wird, so würde man den objektiven Wert einer Ware angeben können. Daraus geht hervor, dass das, was Ware ist, in einer ganz besonderen Art im wirtschaftlichen Leben drinnen steht. Was ich nämlich nun den objektiven wirtschaftlichen Wert nenne, das kann man nur auf die Ware anwenden, das kann man nicht anwenden auf anderes, das heute in einem ähnlichen Sinne in unserem wirtschaftlichen Leben drinnen steht wie die Ware. Man kann es nämlich nicht anwenden auf Grund und Boden, und man kann es nicht anwenden auf das Kapital.

Ich möchte nicht missverstanden werden, Sie werden von mir niemals zum Beispiel Charakteristiken des Kapitalismus hören, wie man sie heute so oft erhält, und die aus allerlei Schlagworten heraus kommen. Es ist ja so selbstverständlich, dass man es gar nicht weiter auszuführen braucht, dass im heutigen Wirtschaftsleben ohne Kapitalien gar nichts auszurichten ist, und dass das Wettern gegen den Kapitalismus eben ein wirtschaftlicher Dilettantismus ist. Also nicht dasjenige, was man heute so oftmals hören kann, liegt in dem, was ich jetzt über das Kapital und über

Grund und Boden zu sagen habe, sondern doch etwas anderes. Wenn man bei jeder Ware angeben kann, dass ihr Preis über oder unter einer allerdings nicht ohne weiteres angebbaren Mitte liegt, die aber objektiv vorhanden ist, und die das allein Heilsame ist, obwohl sie zunächst nicht erkannt werden kann, so kann man das nicht angeben für etwas, was heute gleich einer Ware behandelt wird: für Grund und Boden. Der Preis für Grund und Boden, der Wert von Grund und Boden unterliegt heute durchaus dem, was man nennen kann menschliche Spekulation, was man nennen kann alles andere als soziale Impulse. Und es liegt keine Objektivität vor für eine Preisansetzung oder Wertansetzung im wirtschaftlichen Sinne für Grund und Boden. Das ist aus dem Grunde so, weil eine Ware, nachdem sie vorhanden ist – gleichgültig, ob sie gut oder schlecht ist, ist sie gut, ist sie eben gut brauchbar, ist sie schlecht, ist sie eben schlecht brauchbar –, ihren objektiven Wert selber festsetzen kann durch die Art und Weise und die Intensität, in der nach ihr Bedarf ist.

Das kann nicht gesagt werden von Grund und Boden, kann auch nicht gesagt werden von Kapital. Bei Grund und Boden und bei dem Kapital hängt die Art und Weise, wie er trägt, wie er sich hineinstellt in den ganzen sozialen und wirtschaftlichen Zusammenhang, durchaus von den menschlichen Fähigkeiten ab. Sie sind niemals etwas Fertiges. Habe ich irgendeinen Grund und Boden zu verwalten, so kann ich ihn nur verwalten nach meinen Fähigkeiten, und sein Wert ist dadurch etwas durchaus Variables. Ebenso ist es in Bezug auf das Kapital, das ich zu verwalten habe. Derjenige, der diese Tatsache in ihrer vollen Bedeutung praktisch studiert, der wird eben sagen müssen: Dieser radikale Unterschied zwischen einer Ware einerseits, Grund und Boden und Kapital andrerseits, ist durchaus vorhanden. – Und daraus ergibt sich, dass gewisse Symptome, die in unserem Wirtschaftsleben auftreten und die uns deutlich als Krankheitssymptome des sozialen Organismus erscheinen, dass sie in irgendeinem Zusammenhange gedacht werden müssen mit dem, was sich im wirtschaftlichen Leben dadurch ergibt, dass man praktisch mit demselben Gelde, das heißt mit derselben Wertschätzung behandelt das, was eigentlich gar nicht kommensurabel ist, dass man also zusammenwirft und gegeneinander auf dem Umwege durch das Geld zum Austausche bringt, zur wirtschaftlichen Wechselwirkung bringt, was seiner inneren Wesenheit nach ganz verschieden ist, also auch verschieden im wirtschaftlichen Leben behandelt werden müsste.

Und wenn man nun weiter praktisch studiert, wie eigentlich in unseren sozialen Organismus hineingekommen ist die Gleichbehandlung, sozusagen das Zahlen mit demselben Gelde sowohl für Waren, also für Gebrauchsgüter, wie auch für Grund und Boden und für Kapital, das ja im Grunde genommen auch ein Gegenstand des Handels geworden ist, wie jeder weiß, der das Wirtschaftsleben kennt, wenn man sich also fragte, wie das eigentlich gekommen ist, und das geschichtliche Werden der Menschheit verfolgt, so sieht man, dass unorganisch heute zusammenwirken in unserem sozialen Organismus drei Gebiete des Lebens, die im Grunde genommen aus ganz verschiedenen Wurzeln stammen und die einen Zusammenhang im sozialen Leben nur durch den individuellen Menschen haben. Das ist eben erstens das Geistesgebiet, dasjenige Gebiet, in dem die menschlichen Fähigkeiten sich betätigen, die eigentlich der Mensch von anderen Welten her auf die Erde bringt, die in seinen Anlagen liegen, die in dem liegen, was er aus diesen Anlagen heraus erlernen kann, die durchaus ein Individuelles darstellen, die um so intensiver entfaltet werden, je mehr die einzelne Individualität des Menschen im sozialen Leben zur Geltung kommen kann. Man mag Materialist oder was immer sein, man wird sagen müssen: Was auf diesem Gebiete sich betätigt, das bringt der

Mensch durch die Geburt in diese Welt mit hinein, das ist etwas, von der physischen Geschicklichkeit des Handarbeiters bis zu den höchsten Äußerungen und Offenbarungen der Erfinderkraft, was durchaus auf die einzelne Individualität des Menschen angewiesen ist, wenn es gedeihen soll.

Etwas anderes liegt vor auf dem Gebiete des Wirtschaftslebens. Was ich darüber sagen will, möchte ich durch eine Tatsache erörtern. Sie wissen ja alle, dass zu einer gewissen Zeit im 19. Jahrhundert da und dort das Ideal entstanden ist der einheitlichen Goldwährung. Wer verfolgt, was von praktischen Wirtschaftern, von wirtschaftlichen Theoretikern, von Parlamentariern gesagt worden ist in der Zeit, in der man da oder dort nach der Goldwährung gestrebt hat – ich sage es ganz gewiss ohne Ironie –, das ist außerordentlich geistvoll. Man ist oftmals tief durchdrungen von dem Geistvollen, das in Parlamenten, in Handelskammern, in sonstigen Gemeinschaften gesprochen worden ist, was geschrieben worden ist über die Goldwährung und ihren Segen für das Wirtschaftsleben. Das eine, was gesagt worden ist und was gerade von den bedeutendsten Menschen betont worden ist, von vielen wenigstens der bedeutendsten Menschen betont worden ist, das ist, dass die Goldwährung es dahin bringen werde, dass überall der wirtschaftlich segensreiche Freihandel blühen werde, dass die wirtschaftlich schädigenden politischen Grenzen ihre wirtschaftliche Bedeutung verlieren werden. Und die Gründe, die Beweise, die vorgebracht worden sind für solche Behauptungen, die sind außerordentlich geistreich. Und was ist in der Wirklichkeit eingetreten? In der Wirklichkeit ist nämlich das eingetreten, dass gerade auf den Gebieten, wo man erwartet hat, dass durch die Goldwährung die wirtschaftlichen Grenzen fallen, diese doch als notwendig sich herausgestellt haben oder wenigstens von vielen als notwendig betont worden sind. Aus dem wirklichen Wirtschaftsleben heraus hat sich ergeben das

Gegenteil von dem, was aus theoretischen Erwägungen heraus gerade von den gescheitesten Leuten vorausgesagt worden ist.

Es ist dies eine sehr wichtige historische Tatsache, die nicht allzu weit hinter uns liegt, aus der man nur die nötigen Konsequenzen ziehen sollte. Und welches sind diese nötigen Konsequenzen? Es sind diese, die sich einem immer ergeben, wenn man in die wirkliche Wirtschaftspraxis hineinschaut: Dass auf dem Gebiete des eigentlichen Wirtschaftslebens, das aus Warenproduktion, Warenzirkulation, Warenkonsum besteht – lassen Sie mich das Paradoxon aussprechen, ich halte es für eine Wahrheit, die sich wirklich dem unbefangenen Betrachten ergibt –, dem Einzelnen seine Gescheitheit gar nichts nützt. Man kann noch so gescheit sein, kann über das wirtschaftliche Leben noch so gescheit nachdenken, die Beweise können restlos stimmen, aber sie werden sich im wirtschaftlichen Leben nicht bewahrheiten. Warum das? Weil das wirtschaftliche Leben überhaupt nicht durch die Erwägung des Einzelnen umfasst werden kann, sondern weil das wirtschaftliche Erfahren, das wirtschaftliche Erkennen nur durch die Verständigung von in verschiedener Weise am Wirtschaftsleben Interessierten zu gültigen Urteilen kommen kann. Niemals kann der Einzelne ein bündiges Urteil, auch nicht durch Statistik darüber gewinnen, wie die Wirtschaft laufen soll, sondern nur durch Verständigung, sagen wir, von Konsumenten und Produzenten, die sich in Gesellschaften vereinigen, wodurch der eine dem anderen sagt, was für Bedürfnisse vorliegen, der andere dem einen das sagt, was die Produktion als Möglichkeit hat. Nur wenn ein Kollektivurteil aus der Verständigung innerhalb von Gemeinschaften des wirtschaftlichen Lebens entsteht, kann ein gültiges Urteil für das Wirtschaftsleben sich ergeben.

Hier berühren wir allerdings etwas, wo die äußere Wirtschaftserkenntnis an, ich möchte sagen, Wirtschaftspsychologie stößt. Aber das Leben ist ja ein Einheitliches, und man kann eben die

Seelen der Menschen nicht umgehen, wenn man vom praktischen Leben wirklich sprechen will. Um was es sich handelt ist also, dass ein wirkliches wirtschaftliches Urteil nur folgen kann aus der Verständigung der im Wirtschaftsleben Drinnenstehenden, aus den Erkenntnissen heraus, die sich die Einzelnen als Partialerkenntnisse erwerben, und die erst zu adäquaten Urteilen werden dadurch, dass sich die einzelne Erkenntnis des einen an der Erkenntnis des anderen abschleift. Nur die Auseinandersetzung kann im wirtschaftlichen Leben zu gültigen Urteilen führen. Damit aber haben wir zwei radikal verschiedene Gebiete des menschlichen Lebens. Und je praktischer man das Leben anschaut, desto mehr ergibt sich, dass die beiden Gebiete verschieden sind voneinander, und dass zum Beispiel die Produktion, die ja erfordert, dass man die Kenntnisse hat, wie produziert werden soll, wie man aus den menschlichen Fähigkeiten heraus arbeitet, durchaus das menschliche Individuum auf den Plan ruft, dass aber alles dasjenige, was mit der Ware, mit dem Gute geschieht, wenn es produziert ist, dem Kollektivurteil unterliegt. Zwischen beiden Gebieten drinnen steht ein drittes, wo nun nicht der Einzelne dasteht, um seine Fähigkeiten, die er sich durch die Geburt ins Leben gebracht hat, zu entfalten, wo er auch nicht mit irgendwelchen anderen sich verbinden kann, um an ihnen sein wirtschaftliches Urteil abzuschleifen und ein Kollektivurteil zustande zu bringen, das für die Bewertung des wirtschaftlichen Lebens in der Praxis gelten kann, sondern wo er so gegenübersteht dem Menschen, dass dieses Gegenüberstehen ein rein Menschliches, ein Verhältnis von Mensch zu Mensch ist.

Und dieses Gebiet umfasst alle Verhältnisse, in denen eben der einzelne Mensch dem einzelnen Menschen unmittelbar gegenübersteht, nicht als Wirtschaftender, sondern als Mensch, wo er es auch nicht zu tun hat mit den Fähigkeiten, die einem angeboren oder anerzogen sind, sondern wo er es zu tun hat mit dem, was er in dem sozialen Organismus tun darf oder wozu er verpflichtet sein kann, wozu er sein Recht hat, mit dem, was er im sozialen Organismus eben bedeutet, indem der Mensch als Mensch dem anderen Menschen rein menschlich gegenübersteht, abgesehen von seinen Fähigkeiten, abgesehen von seiner wirtschaftlichen Position. Das ist das dritte Gebiet des sozialen Organismus.

Es könnte scheinen, als ob diese drei Gebiete ausgeklügelt wären. Das sind sie nicht. Es scheint, als ob sie nicht der Praxis entnommen wären. Das sind sie aber gerade. Denn was ihr Spezifisches ausmacht, das ist unmittelbar in der Lebenspraxis das Wirksame. Und wenn diese drei Gebiete des sozialen Organismus in einer falschen Art zusammenwirken, so entstehen die Schädigungen des sozialen Organismus. Ich habe in meinen *Kernpunkten der sozialen Frage* – nicht, um etwas zu beweisen, ich weiß sehr gut, dass man durch Analogien niemals etwas beweisen kann, aber um etwas, was ich zu sagen hatte, zu erläutern – die Analogie gebraucht von dem menschlichen Organismus, der ganz gewiss eine Einheit ist, der aber, wenn man ihn mit wirklicher Physiologie analysiert, dennoch auch auf einer Dreigliederung beruht. Wir haben deutlich voneinander unterschieden im menschlichen Organismus den Nerven-Sinnes-Organismus, der zwar den ganzen Menschen durchzieht, aber hauptsächlich im Haupte lokalisiert ist. Wir haben dann im Menschen als zweiten relativ selbstständigen Organismus den Atmungs- und Zirkulationsrhythmus, den Rhythmus-Organismus. Und wir haben als dritten Organismus den Stoffwechsel-Gliedmaßen-Organismus, alles dasjenige, was beruht entweder auf den inneren Funktionen des Stoffwechsels oder auf dem Stoffwechselverbrauch in der äußeren menschlichen Betätigung, die ja anfängt mit der Regung der menschlichen Gliedmaßen, wodurch der Stoffwechsel in Anspruch genommen wird.

Wie gesagt, der Mensch ist eine Einheit, aber er ist es gerade dadurch, dass diese drei relativ selbstständigen Glieder harmonisch ineinanderwirken. Und würde man an Stelle dieses organischen Zusammenwirkens wünschen, dass der Mensch eine abstrakte Einheit sein soll, so würde man eben etwas Törichtes wünschen. Jedes dieser Glieder hat seine eigenen Öffnungen nach der Außenwelt, die Sinne, die Atmungsöffnungen, die Ernährungsöffnung: relative Selbstständigkeit. Und gerade durch diese relative Selbstständigkeit wirken die Glieder in der richtigen Weise organisch harmonisch zusammen, indem jedes Glied seine ihm eigene spezifische Kraft entwickelt und dadurch ein Einheitliches entsteht. Wie gesagt, ich weiß, dass man durch Analogie nichts beweisen kann. Ich will auch dadurch nichts beweisen, sondern nur erläutern. Denn derjenige, der ebenso objektiv wie in dieser Physiologie die Dreigliederung des Menschen betrachtet, objektiv den sozialen Organismus betrachtet, wird finden, dass aus seinen ureigensten Qualitäten heraus der soziale Organismus erfordert eine selbstständige, relativ selbstständige Stellung des Wirtschaftsorganismus, des staatlich-politischen oder rechtlichen Organismus und des geistigen Organismus, in der Begrenzung, wie ich sie angedeutet habe.

Man hat vielfach missverständlich dieser Dreigliederung des sozialen Organismus vorgeworfen, dass ja im Grunde genommen diese Trennung gar nicht stattfinden könne, dass zum Beispiel ins Wirtschaftsleben fortwährend die Rechtsverhältnisse hineinspielen, dass auch die geistigen Fähigkeiten hineinspielen und dass es daher ein Unding sei, eine Gliederung im Sinne dieser Dreiheit für den sozialen Organismus herbeiführen zu wollen.

Auch im menschlichen natürlichen Organismus wirken die drei Glieder eben zu einer Einheit zusammen, gerade dadurch, dass sie, ein jedes, in ihrer spezifischen Eigentümlichkeit sich auswirken können, und es ist durchaus so, dass auch der Nerven-

Sinnes-Organismus ernährt wird, dass er seine besonderen Ernährungsvorgänge hat und dass dasjenige, was der Nerven-Sinnes-Organismus ist, auch seine Bedeutung für den Stoffwechsel-Organismus hat. Dass die drei Glieder dennoch relativ selbstständig sind, das ergibt eine gesunde Physiologie.

Eine gesunde soziale Physiologie wird auch ergeben, dass gerade bei relativer Selbstständigkeit jedes der drei einzelnen Gebiete – das Geistgebiet, dasjenige Gebiet, wo der Mensch einfach als Mensch dem anderen gegenübersteht, also das rechtlich-staatlich-politische Gebiet, und das wirtschaftliche Gebiet, wo der Mensch zu Assoziationen, zu Gemeinschaften in dem angedeuteten Sinne vorschreiten muss –, dass diese Gebiete, wenn sie relativ selbstständig ihre ureigenen Qualitäten entwickeln, dann gerade im rechten Sinne zu einer Einheit zusammenwirken können. Es ist, was sich hier geltend macht, durchaus nicht eine Aufwärmung etwa der alten platonischen Dreigliederung:[9] Lehrstand, Wehrstand, Nährstand, denn da sind die Menschen gegliedert nach drei Ständen. Von einer solchen Gliederung kann unserer gegenwärtigen Zeitlage gemäß nicht die Rede sein, sondern allein von einer Gliederung der Verwaltung, der äußeren Gestaltung der drei Gebiete des Lebens ist allein bei der Dreigliederung des sozialen Organismus die Rede.

Das geistige Gebiet soll durchaus aus seinen eigenen Grundlagen heraus verwaltet werden. Diejenigen, welche, sagen wir zum Beispiel, Lehrer sind, sie sollen zu gleicher Zeit die Verwalter des Unterrichtswesens sein, so dass wir also nicht getrennt haben auf der einen Seite die pädagogisch-didaktische Wissenschaft und auf der anderen Seite die Vorschriften des politischen Organismus für den Unterricht. Aus dem, was pädagogisch-didaktische Wissenschaft ist, also unmittelbar aus dem Geistigen, muss alle Verwaltung auf dem Geistgebiete hervorgehen. Auf dem politisch-staatlichen Gebiete wird alles durch die

Verständigung von Mensch zu Mensch in den entsprechenden Verwaltungs- und Verfassungskörperschaften hervorgehen können. Auf dem wirtschaftlichen Gebiete werden sich aus Gründen, die ja schon aus meinen heutigen Darlegungen hervorgehen, Assoziationen bilden müssen, in denen die Menschen als Wirtschaftssubjekte drinnen stehen. Diese Assoziationen auf wirtschaftlichem Gebiete, was müssen sie denn vorzugsweise für eine Aufgabe haben?

Nun, bei der Gestaltung dieser Aufgabe kann sich gerade das Spezifische zeigen, das ich versucht habe darzustellen in meinen *Kernpunkten der sozialen Frage*. In diesen *Kernpunkten der sozialen Frage* ist nirgends gesagt, so oder so sollen soziale Einrichtungen entstehen, das oder jenes ist das Allerbeste. Das würde für mich schon die Berührung mit einem Utopistischen sein. Denn wer das heutige Menschenleben kennt, der weiß, dass selbst wenn man die besten Theorien ausdenkt, die Lebenspraxis von diesen Theorien unendlich wenig hat. Ich bin sogar praktisch von Folgendem überzeugt: Man kann, wenn man zwölf, oder weniger oder mehr, gar nicht besonders gescheite Leute zusammensetzt, wunderbare Programme über alles, sagen wir zum Beispiel über die Einrichtung der Volksschule, erhalten, Programme, gegen die gar nichts einzuwenden ist: Punkt 1, Punkt 2, Punkt 3. Wenn das alles Wirklichkeit würde, was da in Punkt 1, Punkt 2, Punkt 3 steht, es wäre geradezu eine ideale Schule da. Aber es kann nicht wirklich werden, weil der Mensch zwar das Idealste ausdenken kann; was sich aber verwirklichen lässt, hängt von ganz anderen Bedingungen ab.

Wir haben, und zwar soweit es in der heutigen Zeit möglich ist, versucht, in der Waldorfschule in Stuttgart[10] etwas zu begründen, was nun gar nicht auf Programmen aufgebaut ist, was lediglich aus Pädagogik und Didaktik selbst herausfließt. Die Freie Waldorfschule hat eine Anzahl von Lehrern. Auch diese würden, obwohl ich sie deswegen nicht gerade rühmen möchte, wenn sie sich zusammensetzten, ideale Schulprogramme ersinnen können. Aber das wird uns erspart. Die Menschen, die lebendigen Menschen sind in der Lehrerschaft da. Und was die können, das Beste, das man aus ihnen herausbringen kann, das soll entwickelt werden. Alle idealen Programme werden dabei abgewiesen, alle Vorschriften werden abgewiesen, alles wird in den unmittelbaren Impuls des individuellen Könnens gestellt. Keine Vorschrift beirrt denjenigen, der – und das ist eben die Aufgabe des individuellen, des persönlichen Menschen – aus Pädagogik und Didaktik, das heißt aus seinen eigenen Fähigkeiten heraus tätig eingreifen soll auf einem gewissen Gebiete des Geisteslebens.

Man kann selbstverständlich heute solche Dinge nur bis zu einem gewissen Grade ausführen. Aber im praktischen Leben lässt sich eben nirgends ein Ideal verwirklichen, sondern man muss das tun, was sich aus den Lebensmöglichkeiten heraus ergibt. Ebenso ist für alles übrige aus meinen *Kernpunkten der sozialen Frage* heraus verfahren. Nirgends ist der Versuch gemacht, zu zeigen, wie die einzelnen Einrichtungen sein sollen. Nicht als Forderung, nicht als Ideal, sondern als Beobachtung dessen, was der Mensch in seinem heutigen geschichtlichen Werden will, ist darauf aufmerksam gemacht, dass die Menschen – obwohl sie eben so sind, wie sie einmal sind –, auf ihren richtigen Platz gestellt, anders wirken könnten, als sie heute wirken. Ich gebe daher nicht wirkliche Gestaltungen, wie diese oder jene Einrichtung sein soll, sondern wende mich an die Menschen unmittelbar und sage: Wenn die Menschen in richtiger Weise zusammenwirken und in richtiger Weise die Gesichtspunkte finden, von denen aus sie die soziale Frage zu betrachten haben, dann wird das Beste entstehen, das entstehen kann. – Und ich glaube eben, dass die beste Gestaltung des sozialen Organismus aus dem Menschen heraus die ist, wenn jeder einzelne Mensch, ich möchte sagen, in gesonderter

Körperschaft nachdenkt, wirkt und handelt auf dem Geistgebiete, auf dem Rechts- und Staats- oder politischen Gebiete, und auf dem Wirtschaftsgebiete. Jeder Mensch – nicht nach Ständen ist der soziale Organismus gegliedert –, jeder Mensch kann unter Umständen in allen drei Gebieten drinnen stehen, wenn er dazu die Kraft hat. Dasjenige, worauf es ankommt, ist nicht, dass dieser oder jener Mensch gerade auf diesem oder jenem Gebiete wirkt, sondern dass objektiv, abgesondert vom Menschen, diese drei Lebensgebiete selbstständig aus ihren Grundbedingungen heraus verwaltet werden, so dass der Mensch in allen dreien oder in zweien oder in einem drinnen sein kann, aber jetzt verwaltet aus den Prinzipien dieses Gebietes heraus. Wer überdenkt, wie sich dadurch die Harmonie der drei Gebiete ergibt, der wird schon sehen, dass es gerade auf die Einheit bei dieser Dreigliederung ankommt, nicht auf die Trennung, wie man missverständlich in den Kritiken und Besprechungen meint.

Und so handelt es sich ganz besonders im wirtschaftlichen Gebiete darum, dass die Dinge nicht gefunden werden sollen durch irgendwelche Festsetzungen, sagen wir, durch Studium der Statistik und dergleichen, sondern aus dem unmittelbaren Leben heraus. Ich will an ein Beispiel anknüpfen. Nicht wahr, jedermann weiß, dass ein Artikel, eine Ware im wirtschaftlichen Kreislauf zu billig wird, wenn eine zu große Anzahl von Menschen dasselbe produzieren, wenn eben zuviel produziert wird, und jeder Mensch weiß, dass eine Ware zu teuer wird, wenn zu wenige Menschen sie produzieren. Daran haben wir eine Richtschnur dafür, wo jene Mitte doch objektiv liegt, von der ich gesprochen habe. Diese Mitte, dieser objektive Wert, dieser objektive Preis, der kann nicht als solcher fixiert werden. Wenn aber Assoziationen entstehen, welche ihre Beschäftigung darinnen sehen, das wirtschaftliche Leben praktisch kennenzulernen, praktisch in jedem Augenblicke, in jeder Gegenwart zu studieren, dann kann die Hauptbeobachtung darin bestehen, wie Preise steigen, wie Preise fallen. Und es kann dadurch, dass Assoziationen sich mit diesem Steigen und Fallen der Preise befassen, durch Verhandlungen das erreicht werden, dass eine genügend große Anzahl von Menschen für eine wirtschaftliche Zusammengehörigkeit gebildet werde, eine genügend große Anzahl von Menschen sich mit einem Produktionszweig beschäftigt, dass man gewissermaßen durch Verhandlungen die rechte Anzahl von Menschen in einen Produktionszweig hineinbringt. Das lässt sich nicht theoretisch bestimmen, das lässt sich nur dadurch bestimmen, dass die Menschen an ihre richtige Stelle gestellt sind, dass also aus menschlichem Erleben heraus diese Dinge bestimmt werden. Daher kann man auch nicht sagen: Dies oder jenes ist der objektive Wert. Wenn aber Assoziationen in dieser Richtung im Wirtschaftsleben so arbeiten werden, dass sie es zu einer ihrer Obliegenheiten machen werden, Betriebe, die die Preise zu stark verbilligen nach den entsprechenden Bräuchen, allmählich abzubauen, andere dafür einzurichten, die anderes produzieren, dann werden sich genügend viele Menschen an den einzelnen Produktionszweigen beteiligen. Das kann nur durch ein wirkliches assoziatives Leben geschehen. Und dann wird sich das, was als Preis auftritt für irgendeine Ware, dem objektiven Preise nähern. So dass wir niemals sagen können: Aus diesen oder jenen Bedingungen heraus muss der objektive Preis so oder so sein, sondern nur sagen können: Wenn die richtige menschliche Assoziation entsteht, so kann durch ihre Arbeit im unmittelbaren Leben des sozialen Organismus der richtige Preis allmählich herauskommen. – Nicht darum handelt es sich, anzugeben, wie Institutionen sein sollen, damit das sozial Richtige geschehe, sondern darum handelt es sich, die Menschen in eine solche soziale Verbindung zu bringen, dass aus dem Zusammenwirken der Menschen die allmähliche Lösung der sozialen Fragen entstehe. Denn wer die soziale Frage richtig versteht, kann sie nicht als eine solche ansehen, die einmal heraufgekommen ist und durch irgendeine Utopie gelöst werden könnte, sondern die soziale Frage ist ein Ergebnis des neuzeitlichen Zusammenwirkens, wird eigentlich immer mehr in alle Zukunft vorhanden sein. Dasjenige aber, was obliegt, ist, dass die Menschen von ihrem wirtschaftlichen Gesichtspunkte aus die sozialen Strömungen verfolgen, und aus Assoziationen heraus, in denen allein ein wirtschaftliches Urteil entstehen kann, das wirtschaftliche Leben nun nicht durch Gesetze, sondern eben aus dem unmittelbaren Leben heraus, durch unmittelbares menschliches Verhandeln in die richtigen Bahnen bringen. Praktisch auf das Menschliche gestellt soll das soziale Leben werden.

Also nicht darauf gehen die *Kernpunkte der sozialen Frage*, irgendeine soziale Struktur zu schildern, sondern darauf gehen sie, anzudeuten, wie die Menschen in ein Verhältnis gebracht werden sollen, damit diese Menschen in ihrem Zusammenwirken von Zeitpunkt zu Zeitpunkt das tun, was die soziale Frage nun nicht in dem Sinne, wie man es manchmal erträumt, löst, sondern in das richtige Fahrwasser bringt. Diese Assoziationen, sie werden es also vorzugsweise, wie man schon daraus sieht, zu tun haben mit dem eigentlichen Wirtschaftsleben. Im eigentlichen Wirtschaftsleben zirkulieren Waren. Daher werden die Assoziationen vorzugsweise aus dem unmittelbaren Leben heraus die Tendenz zu gestalten haben nach dem richtigen Preise, so dass jeder tatsächlich aus seinem eigenen Erzeugen heraus dasjenige auch kaufen kann, was ihn versorgt. Ich habe einmal versucht, in eine Formel zu bringen, wie ein solcher gerechter Preis sich ausnehmen werde. Das ist natürlich nicht gemeint, dass er abstrakt bestimmt werden soll. Bestimmt wird er, wie ich angedeutet habe, aus dem wirklichen Leben heraus. Aber ich habe gesagt: Ein solcher Preis für irgendein Erzeugnis im sozialen Leben, also für eine Ware, ist der, der dem Menschen die Möglichkeit gibt, für sich und seine Familie den Lebensunterhalt und alle seine Bedürfnisse zu besorgen, bis er wiederum ein gleiches Produkt hervorgebracht hat.

Das stelle ich nicht als ein Dogma hin. Ich sage nicht: Das soll so sein, denn man würde es niemals ausführen können, weil man solche Theorien nicht in die Wirklichkeit einführen kann, sondern ich sage bloß, was sich als richtiger Preis ergibt durch das assoziative Zusammenwirken, das wird nach dieser Richtung hin tendieren. Ich will also gerade ein Resultat angeben. Nicht will ich ein Dogma, irgendein wirtschaftliches Dogma aufstellen. Und gerade darauf kommt es meiner Überzeugung nach beim heutigen wirtschaftlichen Denken an, dass man es überall auf menschliche Grundlagen stellt, dass man wiederum erkenne, inwiefern der Mensch überall der Motor des wirtschaftlichen Lebens sein muss, dass man nicht daran denkt, durch bloße, aus den Gedanken heraus, aus den Theorien heraus zu gestaltende Einrichtungen irgendwie einen sozialen Organismus zu gestalten, sondern dass man versucht, herauszubekommen, wie das Zusammenleben der Menschen sein soll, damit das Richtige entsteht.

Ich möchte dies noch durch folgende Analogie klarmachen. Auf dem Naturgebiete gibt es dies: Dass in den Voraussetzungen, in den Bedingungen, die durch die Menschen geschaffen werden, zwar etwas liegt, was aus dem elementaren Empfinden des Menschen herauskommt, was aber nicht darauf ausgeht, irgend etwas, was sich draußen im sozialen Leben gestaltet, zu fixieren. Man hat nämlich in der neuesten Zeit viel davon gesprochen, wie die embryonale Entwickelung des Menschen beeinflusst werden könnte, so dass man es in einem gewissen Sinne in seiner Willkür hätte, Knaben oder Mädchen in die Welt zu setzen. Nun, ich will natürlich über diese Frage heute nicht theoretisch reden, aber ich betrachte es als ein Glück, wenn diese Frage nicht restlos praktisch gelöst wird, denn obwohl die Menschen nicht abstrakt festlegen können, wie die beste Verteilung von männlichem und weiblichem Geschlecht in der Welt ist, so entsteht diese doch annähernd, ohne dass die Menschen etwas dazutun können. Es gibt eben objektive Gesetzmäßigkeiten, die dann entstehen, wenn der Mensch aus ganz anderen Bedingungen heraus einfach das tut, was seinen elementaren Impulsen entspricht. Und so wird auch, wenn die Assoziationen in der richtigen Weise und aus den Erkenntnissen des Lebens heraus wirken, ohne dass man dogmatisch vorausnimmt, so oder so muss der gerechte Preis sein, dieser Preis durch das assoziative Wirken entstehen. Ich nenne es assoziatives Wirken, weil gewahrt werden soll die menschliche Individualität im Assoziieren, das heißt im Vereinigen der Kräfte des einen mit der Kraft des anderen bleibt die Individualität vorhanden. In den Koalitionen, in den Genossenschaften geht die Individualität unter. Das ist dasjenige, was ins reale, nicht ins dogmatische wirtschaftliche Denken meiner Überzeugung nach hineinführen kann.

Und man kann sich andere Aufgaben dieser Assoziationen denken. Wenn wir wiederum die Analogie mit dem menschlichen Organismus ins Auge fassen, so können wir sagen: An diesem oder jenem Symptom bemerken wir, dass der menschliche Organismus krank ist. Aus einem Symptomkomplex heraus können wir eine Anschauung über die Krankheit, über den Krankheitsprozess gewinnen. Ganz ähnlich ist es mit dem sozialen Organismus. Wir sehen heute deutliche Krankheitssymptome im sozialen Organismus. Assoziationen sind das Gesundende. Assoziationen wirken auf Harmonisierung der Interessen hin, so dass die Produzenten- und die Konsumenteninteressen durch das Zusammenwirken in der Assoziation harmonisiert werden, dass andere Interessen harmonisiert werden, dass vor allen Dingen die Interessen zwischen den Arbeitsleitern und Arbeitnehmern harmonisiert werden. Wir sehen heute, wie aus einem kranken

Wirtschaftskörper heraus das Gegenteil des assoziativen Lebens entsteht, wir sehen, wie entstehen passive Resistenz, Aussperrung und Ausstand, Sabotage bis zu Aufständen. Niemand, der gesund denkt, kann anders denken, als dass das alles in der entgegengesetzten Richtung des assoziativen Prinzips wirkt, und dass dieses alles, Sabotage, Aussperrungen, Aufstand und so weiter, Krankheitssymptome des sozialen Organismus sind, die überwunden werden müssen durch das, was harmonisierend wirkt. Dazu braucht man aber eine wirklich sinngemäße Gestaltung dieses sozialen Organismus, so wie der menschliche natürliche, dreigegliederte Organismus sinnvoll gestaltet ist.

Und jetzt komme ich auf das zurück, was ich gesagt habe, dass Grund und Boden und Kapital selber durchaus nicht kommensurabel sind mit der Ware, denn deren Wert unterliegt den menschlichen Fähigkeiten. Haben wir ein abstrakt Einheitliches, wie es sich in der neueren Zeit immer mehr und mehr herausgebildet hat, das aber auch die Krankheitssymptome von der geschilderten Art und noch andere enthält, dann treibt es eben durch dieses abstrakte Einheitliche dahin, dass auch der Boden, auch das Kapital, zuletzt auch die Arbeit in gleicher Weise bewertet wird wie die Ware.

Hat man einen dreigegliederten sozialen Organismus, so wirkt auf dem Gebiet des geistigen Lebens die Individualität, wirken die Kräfte der Individualität. Alles dasjenige daher, was mit der Entfaltung der Individualität im Wirtschaftsleben zusammenhängen muss, was also mit Grund und Boden und Kapital zusammenhängt, das muss eigentlich sinngemäß eingegliedert sein dem geistigen Teil des sozialen Organismus. Daher habe ich geschildert, wie allerdings die Verwaltung des Kapitals, wie die Verwaltung von Grund und Boden im geistigen Teil des sozialen Organismus vor sich zu gehen hat.

Derjenige, der nun kritisiert, ich würde die drei Gebiete

zerreißen, der achtet gar nicht darauf, dass – wie ich selbst es schilderte – der geistige Organismus, der eben auf die individuelle Kraft aufgebaut ist, die Verwaltung des Kapitals, die Verwaltung des Grund und Bodens von selbst übernimmt, wenn die Menschen an ihre richtige Stelle gestellt sind. Das aber, was als Arbeit auftritt im sozialen Organismus, ist eine Leistung, die der Mensch dem Menschen leistet, das ist etwas, was nimmermehr gedeihen kann, wenn es im bloßen Wirtschaftsleben drinnen steht. Daher gehört, was Regelung der Arbeit ist, in den Rechtsstaat, in den politischen Staat. Und es wird gerade dadurch, dass aus ganz anderen Untergründen heraus als heute Zeit und Maß der Arbeit aus den Verhältnissen von Mensch zu Mensch, abgesondert von den wirtschaftlichen Verträgen, die im Wirtschaftsleben durch die Assoziationen bestimmt werden, geregelt werden können, etwas eintreten, was von außerordentlicher Wichtigkeit sein wird: Es wird das wirtschaftliche Leben dadurch auf eine gesunde Basis gestellt, dass es auf der einen Seite die Natur mit ihren Bedingungen hat, auf der anderen Seite den Menschen mit seinen Bedingungen.

Es wäre ganz gewiss sehr sonderbar, wenn wir uns heute in einem kleinen Komitee zusammensetzen und darüber nachdenken würden, wie viele Regentage im Jahre 1922 sein müssen, damit die wirtschaftlichen Angelegenheiten wunschgemäß verlaufen. Die Natur muss man hinnehmen, und erst auf Grundlage der hingenommenen Natur kann das Wirtschaftsleben aufgebaut werden. Das ist auf der einen Seite. Im dreigliedrigen sozialen Organismus steht auf der anderen Seite vom Wirtschaftsleben, von auf sich selbst gestellten, relativ selbstständigen, bis zur Gestaltung des Geldwesens relativ selbstständigen Assoziationen der Mensch dem Menschen gegenüber als Mensch, nicht als Wirtschaftssubjekt, und als Mensch bildet er aus die Gesetze der Arbeit. Und jetzt wird man auch nicht aus wirtschaftlichen Gründen heraus, aus denen nur die Warenpreise, die gegenseitigen Wertverhältnisse der Ware, also rein Wirtschaftliches sich feststellen soll, jetzt wird man nicht aus wirtschaftlichen Erfordernissen heraus die menschliche Arbeit bestimmen, wie man nicht aus wirtschaftlichen Verhältnissen heraus die Ertragsamkeit der Natur bestimmen kann. Dann aber erst wird man das Wirtschaftsleben ebenso auf rein menschliche wie auf rein natürliche Verhältnisse gestellt haben.

Es wird dann allerdings nicht eine Utopie sich verwirklichen können. Allein was würde man denn davon haben, wenn man nachdenken wollte darüber, wie der Mensch besser gestaltet sein könnte, als er nun einmal ist? Man kann ja doch nur ihn studieren, wie er ist. Daher kann gesagt werden, dass es ja ganz schön sein kann, von irgendwelchen Zukunftswelten zu reden, in denen es dem Menschen wünschenswert gut gehe, aber es ist fruchtlos; denn man kann alles Mögliche ausdenken, wie der soziale Organismus gestaltet werden soll. Das kann aber niemals die Frage sein. Die Frage kann lediglich die sein: Wie ist er möglich? Wie müssen seine Glieder zusammenwirken, damit er nicht der Beste, sondern der durch seine eigenen Kräfte Mögliche sei, der mit möglichst wenig Krankheitssymptomen in dem angedeuteten Sinne begabt, in möglichst gesunder Weise sich entwickele?

Man wird vielleicht, wie ich meine, nach und nach, gerade wenn man aus einer wirklichen Erkenntnis der sozialen Lebensbedingungen heraus sich verständigen will, zu einer Verständigung kommen können über diese Kardinalfrage des Wirtschaftslebens, die ich angedeutet habe, die in meinen ganzen Ausführungen gelebt hat, und die ich nicht abstrakt dogmatisch formelhaft feststellen will. Heute aber entstehen unsere furchtbarsten Kämpfe, die das Wirtschaftsleben zermürben, doch schließlich daraus, dass man nicht mit demselben guten Willen das Wirtschaftsleben studiert, seine Bedingungen innerhalb des sozialen Organismus verfolgt, wie man das etwa in Bezug auf den natürlichen Organismus tut. Und erst wenn man, in Bezug auf den sozialen Organismus, ebenso vorgehen lernt wie in Biologie, in Physiologie und in der Therapie, dann wird man erkennen, welche Möglichkeiten vorliegen, und dann werden die Fragen, die man heute die sozialen nennt, erst in der richtigen Weise gestellt werden können. Damit werden sie auf das Menschliche zurückgebracht werden können. Daher scheint mir das Allerwichtigste, dass zunächst möglichst viele Köpfe und Sinne gewonnen werden für ein solches naturgemäßes Verständnis des sozialen Organismus, für ein solches Verständnis, das den sozialen Organismus nach Gesundheit und Krankheit zu betrachten vermag, wie die Naturwissenschaft es versucht in Bezug auf den menschlichen Organismus. Und man kann, wie ich glaube, heute erkennen, dass in der Tat auch in Bezug auf die Kardinalfrage des Wirtschaftslebens gesagt werden muss, dass die Dreigliederung des sozialen Organismus in die Gebiete des reinen Wirtschaftslebens, des Rechts- oder Staats- oder politischen Lebens, und des geistigen Gebietes das richtige Licht werfen kann. Denn nicht getrennt sollen die drei Gebiete werden, sondern jedes soll gerade dadurch mit den anderen harmonisch zusammenwirken können, dass es in relativer Selbstständigkeit seine starken Kräfte entwickeln kann.

Und die Kardinalfrage des Wirtschaftslebens ist diese: Wie muss in Bezug auf Kapital, Grund und Boden, Bemessung und Bewertung der menschlichen Arbeit, das Staatsleben und Geistesleben in das reine Wirtschaftsleben selbstständig hineinwirken, damit im Wirtschaftsleben durch die Ausgestaltung der Assoziationen zwar nicht ein irdisches Paradies, aber ein möglicher sozialer Organismus geschaffen werde? – Und man kann glauben, dass, wenn in so naturgemäßer Weise erst gedacht wird über die Sache, dann eine solche Frage, die man wohl die

Kardinalfrage des Wirtschaftslebens nennen muss, erst in der richtigen, lebensgemäßen, praktischen Weise wird gestellt werden können. Und im Leben ist es meistens so, dass die größten Fehler gemacht werden nicht dadurch, dass man erst falsche Lösungen annimmt – die sind in der Regel Utopien –, sondern dadurch, dass man schon die Frage falsch stellt, dass man die Fragen nicht aus der wirklichen Lebensbeobachtung und wirklichen Lebenserkenntnis heraus stellt. Das aber scheint mir heute die bedeutsamste Frage gerade des Wirtschaftslebens zu sein, dass die Fragen richtig gestellt werden und dass das Leben so gestaltet werde, dass nun nicht theoretische Antworten kommen, sondern dass das Leben, die volle menschliche und geschichtliche Wirklichkeit selbst, die Antworten gibt auf die richtig gestellten Fragen. Die Fragen werden aus den geschichtlichen Untergründen heraus gestellt, das Leben muss unmittelbar wirklich die Antwort geben. Keine Theorie kann diese Antwort geben, sondern allein die volle praktische Wirklichkeit des Lebens.

«Denn alles dasjenige, was sich im wirtschaftlichen Leben abspielt, geht zuletzt doch von dem Menschen aus, von den Gedanken der Menschen aus, und was die Menschen tun.»

«Man muss das Seelenleben der großen Masse ins Auge fassen; denn es lässt sich das glauben, Geistesleben sei nur eine Ideologie, aber es lässt sich nicht damit leben, und der Mensch verödet, der Mensch verliert den Halt im Leben.»

«So wie wenn jemand eben abstrakt spricht, einem ein Mühlrad im Kopfe herumgeht und man nicht mehr eine Ahnung davon hat, was er eigentlich mit seiner Abstraktheit meint, so weiß man nicht mehr bei den Geldmanipulationen, was nun eigentlich im Wirtschaftsleben vor sich geht.»

«Das Wirtschaftsleben kann man nicht organisieren! Das Wirtschaftsleben kann nur in Assoziationen zu einem Ganzen zusammenwachsen.»

«Und so ist es auch notwendig, dass man sich nicht einen beliebigen Zustand der Welt vorstellt und daraufhin Programme schmiedet, sondern es ist notwendig, dass man fragt: Was ist möglich? Das ist die Grundfrage für die Dreigliederung des sozialen Organismus!»

Die gegenwärtige Wirtschaftskrisis und die Gesundung des Wirtschaftslebens durch die Dreigliederung des sozialen Organismus

Basel, 26. April 1920

Ich könnte mir denken, dass es den Redaktor eines Witzblattes reizen könnte, wenn bei einer Veranstaltung einer Mustermesse über die Gesundung des wirtschaftlichen Lebens der Erbauer der Dornacher Freien Hochschule für Geisteswissenschaft, des Goetheanum, das Wort ergreift. Denn es ist ja schon einmal im Allgemeinen Zeitbewusstsein wohl gelegen, dass nichts einander ferner stehen könnte, als dasjenige, was sich die Menschen, die die Sache oberflächlich kennen, vorstellen unter der nebulosen Mystik des Dornacher Goetheanum, und was man ansieht als die Lebenspraxis. Und dennoch, es könnte ja vielleicht noch paradoxer und witziger erscheinen, dass gerade in den letzten Zeiten, in den letzten Wochen, an einem Orte Süddeutschlands – und die Schweiz wird in allernächster Zeit diesem Muster folgen – an die Gründung gegangen wird, gerade von derjenigen Geistes- und Weltanschauungsströmung, die in Dornach vertreten wird, rein wirtschaftlicher Unternehmungen, einer Aktiengesellschaft zur Förderung wirtschaftlicher und geistiger realer Werte.[1]

Wie gesagt, das könnte noch paradoxer erscheinen. Denn man sieht eben in einer solchen geistigen Bewegung, wie diese ist, für die der Dornacher Bau als Repräsentant der äußerliche Ausdruck sein soll, man sieht eben darinnen durchaus etwas

Unpraktisches, das nur dann zu reden hat, wenn man sich mehr oder weniger zur Sonntagsruhe abzuwenden hat von den wirklichen praktischen Lebenszielen.

Nun, meine sehr verehrten Anwesenden, ich will Sie durchaus nicht etwa lange aufhalten einleitend mit irgendeiner Ausführung über die Aufgaben der durch das Goetheanum repräsentierten Geistesbewegung. Aber ich möchte nur so viel sagen, dass diese Geistesbewegung gerade durch ihre besondere Eigenart sein will die Grundlage für diejenige Lebenspraxis, die wir so recht für die Gegenwart brauchen, um herauszukommen aus demjenigen, wohinein uns geritten hat dasjenige, was man immer als so praktisch angesehen hat, und was sich so ganz besonders praktisch gezeigt hat an dem Ruinieren der europäischen Zivilisation in den letzten fünf bis sechs Jahren!

Gewiss, in jener freien Hochschule für Geisteswissenschaft, die hier gemeint ist, soll der Blick der Menschen nicht nur auf dasjenige gewendet werden, was in der äußeren materiellen Welt dem Menschen entgegentritt, sondern es soll wiederum einmal die Menschheit darauf hingewiesen werden, dass allem Materiellen Geistiges zugrunde liegt, und dass man gerade das Materielle nicht verstehen kann, wenn man nicht das zugrunde liegende Geistige versteht. Aber wie die geistige Welt erschlossen werden soll, welche Wege der einzelne Mensch einzuschlagen hat, um zu dieser wirklichen, realen Geisteswelt zu kommen, darüber will ich ja heute nicht sprechen. Darüber ist gesprochen in den verschiedenen Büchern, die ja reichlich gerade über diesen Gegenstand erschienen sind. Aber davon möchte ich sprechen, dass gerade die besondere Art der geistigen Betätigung, die gepflegt werden muss, um dasjenige, was man die Geisteswissenschaft nennt, durch diese besondere Art geistiger Betätigung und Anstrengung etwas hervorruft im Menschen, was ihn nun nicht unpraktisch, sondern gerade praktisch macht, indem sie ihm eröffnet einen gesunden, illusionsfreien Blick auf die Wirklichkeit. So sonderbar es klingt, durch die Dornacher Hochschule wird nicht angestrebt eine Flucht aus der Wirklichkeit, sondern im Gegenteil. Durch die Dornacher Hochschule wird angestrebt die Aneignung eines gesunden Blickes für die Wirklichkeit, die Aneignung eines solchen gesunden Blickes, der sehen kann, was auch in jeder Wirklichkeit vor sich geht, die vom Menschen selbst dirigiert werden muss, vor allen Dingen auch in der wirtschaftlichen Wirklichkeit.

Und um mich noch deutlicher zu dem, was ich eigentlich meine, auszudrücken, möchte ich durch folgenden Vergleich das, was ich zu sagen habe, veranschaulichen.

Sehen Sie, meine sehr verehrten Anwesenden, wenn jemand als Chemiker behaupten würde, er habe ein Mittel erfunden, um Wäsche zu bleichen, ein neues Mittel, um Wäsche zu bleichen, und er dann dieses Mittel in Angriff nehmen würde, und siehe da, die Wäsche würde von diesem Mittel schmutzig braun, man würde ihn wahrscheinlich nicht für einen guten Chemiker halten, und man würde sagen: Der versteht eigentlich nichts von der wirklichen chemischen Wissenschaft. So gilt es heute durchaus auf dem Gebiete der Technik und des äußeren Lebens, insofern dieses Gebiet abhängig ist vom naturwissenschaftlichen Denken. So gilt es aber durchaus nicht, wenn es sich um jene Technik handelt, die im Wirtschaftsleben, in der Handhabung des Wirtschaftslebens zutage tritt, und die in irgendeiner Weise abhängig sein soll auch von einem gesunden wirtschaftlichen Denken, von einer wirklichen, sagen wir National- oder Sozialökonomie oder dergleichen. Sehen Sie, dafür ein Beispiel – aber ich könnte viele anführen: Es ist schon einige Zeit her, da stritt man viel in der internationalen Welt unter denjenigen Leuten, die über wirtschaftliche Fragen nachdachten, wie man am besten derjenigen wirtschaftlichen Bewegung

Geltung verschaffen könnte, welche man Freihandelsbewegung[2] nennt. Man untersuchte von einem gewissen Gesichtspunkte aus, welche Schädigungen das internationale Wirtschaftsleben dadurch erleidet, dass an den Grenzen der Länder Zölle erhoben werden und dergleichen; Zölle, denen die verschiedensten Absichten zugrunde liegen. Kurz, es gab einmal Parlamente – jetzt sind sie ja schon lange vorbei die Zeiten –, in denen man als ein Ideal, als ein wirtschaftliches Ideal, die Freihandelsbewegung ansah. Man hat dann nach einem Mittel gesonnen in gewissen Kreisen, wie man den Freihandel, den Zollfreihandel vor allen Dingen fördern kann. Da lag man sich in den Haaren, so stark lag man sich in den Haaren, dass man sagte: Durch die Liebe und durch die Schutzzollfrage wird man in der Welt am meisten närrisch. Da lagen sich dazumal die Anhänger der Goldwährung und die Anhänger des Metallismus, der Gold- und Silberwährung in den Haaren. Die Anhänger der vermeintlichen Goldwährung, das waren diejenigen Menschen, die da sagten aus ihrer wissenschaftlich-wirtschaftlichen Einsicht heraus: Indem wir die Goldwährung fördern, fördern wir den Freihandel. – Das war wirtschaftlich-wissenschaftliche Überzeugung.

Was hat dann die Wirklichkeit ergeben? Es hat sich allerdings der Zufall ereignet, dass gerade, nachdem diese wissenschaftlich-wirtschaftlichen Deklamationen losgelassen waren, dass da gerade bedeutende Goldfunde in Afrika gemacht worden sind, und diejenigen Länder, welche wenig hatten gerade von den Gebieten, in denen Gold gefunden wurde, konnten das Gold in besonders reichlichem Maße ausprägen. Aber mit solchen Dingen müsste man ja eigentlich immer rechnen, müsste vor allen Dingen das Analogon des Chemikers rechnen damit, was ich zur Verdeutlichung angeführt habe. Aber in Wirklichkeit, was hat sich ergeben? Es hat sich ergeben, dass durch Einführung der Goldwährung überall die Schutzzollbewegung in die Wege geleitet worden ist, das heißt, die Wirklichkeit hat genau das Gegenteil von dem gezeigt, was man theoretisch aus wirtschaftlichem Denken vorausgesagt hat.

Genau so ist es eingetroffen, wie wenn ein Chemiker mit einem Mittel, das bleichen soll die Wäsche, die Wäsche schmutzig braun machte. Wie gesagt, solche Beispiele könnte man viele anführen, wo aus dem wirtschaftlichen Denken heraus die Wirklichkeit nicht im allerentferntesten berührt wird, wo die Wirklichkeit gerade im entgegengesetzten Sinne verläuft. Solche Beispiele könnte man viele anführen.

Wer heute die Frage aufwirft: Gibt es eine wirtschaftliche Krise, eine internationale wirtschaftliche Krise? – der braucht ja wahrhaftig nur auf die Verhältnisse zu schauen. Diese wirtschaftliche Krise ist ja überall vor der Türe. Über die besondere Gestaltung und über die Ursache denken allerdings die Leute in der verschiedensten Weise. Aber kann man denn eigentlich hoffen, dass bei einem so gearteten Denken gegenüber der Wirklichkeit ein so kompliziertes Phänomen, eine so komplizierte Tatsache, wie die internationale Wirtschaftskrise, ohne weiteres verstanden werden kann?

Nicht wahr, das kann nicht der Fall sein! Nun werden Sie sagen: Aha, da ist einer, der behauptet, die wirtschaftlichen Denker seien alle dumm, sie wissen alle nichts; die Wirtschaft läuft, und die wirtschaftlichen Denker sind alle dumm. Nein, ich behaupte durchaus nicht, dass alle dumm seien, behaupte vielmehr, dass es unter den wirtschaftlichen Menschen sehr gescheite Leute gibt, in gewisser Beziehung viel gescheiter als in allen anderen Berufen des Lebens, dass aber dasjenige, was die Monometallisten, die Anhänger der Goldwährung waren, geredet haben, und das, was geschehen ist, das Gegenteil von dem war, was die sehr gescheiten Leute in sehr gescheiten Sätzen und Wendungen und Theorien vertreten haben. Nein, das behaupte ich durchaus nicht, dass alle Wirtschafter dumm sind, sondern ich will gerade ausgehen von der merkwürdigen Tatsache, dass die moderne Zivilisation die eigentümliche Erscheinung heraufgebracht hat, dass man ein glänzender wirtschaftlicher Denker sein kann, und genau das Gegenteil von dem denken kann, was im wirtschaftlichen Leben Wirklichkeit ist! Das ist eine auffällige Erscheinung, eine Erscheinung, die sich aber auch darinnen noch zeigt, dass man eigentlich gegenüber der heutigen europäischen Verwirrung ziemlich hilflos ist gerade in den Kreisen derjenigen, die in hergebrachter Weise das wirtschaftliche Denken am besten gelernt haben.

Und da sehen Sie, da möchte ich eben behaupten, dass dasjenige, was man sich einfach als eine Denktechnik angeeignet hat, durch die gesunde Geisteswissenschaft, welche in derjenigen Bewegung getrieben wird, für die Dornach der äußere Repräsentant ist, durch diese Denktechnik ist es möglich, die Dinge in der äußeren Wirklichkeit auch zu durchschauen, von denen man eben durch unzählige Beispiele einfach beweisen kann, dass sie gerade von denjenigen nicht durchschaut werden, die man als Fachleute ansieht.

Sehen Sie, vor allen Dingen, wenn von wirtschaftlichen Krisen zu reden ist – die Leute denken ja dann gewöhnlich an dasjenige, was etwa in den Konstellationen liegt zwischen Konsum und zwischen Produktion –, man redet davon, eine Wirtschaftskrise tritt dann ein, wenn eine Überproduktion da ist, die vom Konsum nicht aufgebraucht werden kann. Man kann ebenso gut beweisen, dass die Wirtschaftskrise nicht von der Überproduktion komme, sondern vom Unterkonsum kommt, einfach davon, dass dann die Leute, die vielleicht auch nicht genug Geld haben, um sich das Produzierte zu kaufen, also zu wenig einkaufen. Und das Merkwürdige ist, man kann das eine und das andere beweisen. Wenn Sie die Wirtschaftskrisen nur von 1919 durchgehen, finden Sie, die eine hat als Ursache Überproduktion, die andere hat als Ursache Unterkonsumtion, die dritte hat wieder ganz andere Ursachen, wie zum Beispiel ein falsches Verhältnis zwischen Kapitalismus und Arbeiterschaft, oder, was auch wiederum für einzelne Fälle gilt, dass die wirtschaftlichen Krisen da kommen müssen, wenn man zuviel spart in einer großen Menschengemeinschaft und so weiter. Nun, alle diese Dinge berücksichtigen nicht dasjenige, was gerade für das Wirtschaftsleben der Gegenwart das Allerallerwichtigste ist.

Da darf ich ja wirklich aus einer Art persönlicher Erfahrung heraus sprechen. Es ist jetzt schon lange her, es war Ende der neunziger Jahre des vorigen Jahrhunderts und im Anfange dieses Jahrhunderts, da lernte ich gründlich die mitteleuropäische Arbeiterschaft kennen. Ich war Lehrer an einer Arbeiter-Bildungsschule,[3] hatte aber dadurch Zusammenhänge mit der Arbeiterbewegung nach allen Seiten hin wirklich bekommen können. Und ich lernte kennen erstens dadurch, dass sich an die verschiedensten Vorträge, die ich zu halten hatte, zuweilen sehr lebhafte Diskussionen angeschlossen haben, die zeigten, was man in den breitesten Kreisen der heranwachsenden Arbeiterschaft denkt. Auf der anderen Seite sah ich mich mit meinen eigenen Vorträgen aufgenommen und konnte sehen, wie man da in sich aufnehmen kann, was nicht bloß wirtschaftlich und so weiter ist. Und derjenige, der, ich möchte sagen, mit einem gewissen beobachtenden Sinn für menschliche Verhältnisse und ohne Vorurteile in so etwas gelebt hat, der weiß zu sagen, welcher Irrtum es ist, wenn man heute meint, in bloßen wirtschaftlichen Kategorien, wie Kapital und Lohn und dergleichen, oder Einfuhr und Ausfuhr, Handel, Finanz, Zahlungsbilanz, Valuta und anderen Dingen, in diesen Dingen läge mehr als dasjenige, was sich nur an der Oberfläche abspielt. Nein, in diesen

Dingen liegt wirklich für die gegenwärtige Krise dasjenige, was sich nur an der Oberfläche abspielt. Denn alles dasjenige, was sich im wirtschaftlichen Leben abspielt, geht zuletzt doch von dem Menschen aus, von den Gedanken der Menschen aus, und was die Menschen tun, so dass herauskommen Qualifikationen von Kapital- und Lohnverhältnissen, von Einfuhr und Ausfuhr und so weiter, von Valutaschwankungen. Das ist zuletzt abhängig von dem, was aus den Gedanken der Menschen hervorgeht.

Sehen Sie, ich kann da wirklich unbefangen sprechen, denn ich war durch fünf bis sechs Jahre eben Lehrer unter Arbeitern und habe es dahin gebracht, dass zuletzt allerdings eine große Anhängerschaft da war unter den Arbeitern, dass aber eines schönen Tages die Führer dieser Arbeiterschaft merkten, dass da einer ist, den man nicht dulden kann, dass da einer ist, der nicht orthodoxen Marxismus lehrt, dass da einer ist, der sich bemüht, ganz anderes in die Herzen und in die Gemüter hineinzubringen als die orthodoxe Lehre ist.

Es wurde eine Sitzung mit meinen Schülern abgehalten. Dazumal waren bei der Sitzung Hunderte meiner Schüler anwesend, und Arbeiterführer, zwar von zweiter Garnitur, aber geschickt von erster Garnitur, die alles mögliche vorbrachten, so auch: Dass ich eben in der Arbeiterbewegung eine unmögliche Persönlichkeit sei. Ich sagte: Ja, aber wollen Sie wohl in Zukunft hier etwas pflegen, was für die Zukunft taugen soll, und Sie verstehen nicht das Einfachste, Lehrfreiheit? Da brachte es doch einer der Führer dahin, das Wort auszusprechen: Lehrfreiheit? Nein, wir kennen nur vernünftigen Zwang! Und trotzdem die Abstimmung mit allen gegen die vier war, gegen die vier Führer, war meine Tätigkeit ferner natürlich ganz unmöglich.

Das, sehen Sie, das berechtigt mich, eben aus den Tatsachen heraus doch mit einiger Unbefangenheit über dasjenige zu sprechen, was heute sich eigentlich hineinstellt ganz im internationalen Europa in das Wirtschaftsleben.

Aber man muss auch dasjenige wirklich studieren können, was aus dem Menschen selbst herauskommt, und was jene Kategorien, von denen ich gesprochen habe, die man gewöhnlich aufzählt, eigentlich erst bewirkt. Man muss sich zunächst fragen: Was für Eigentümlichkeiten hat denn der Glaube, der sich allmählich ausgebreitet hat in dem europäischen Proletariat?

Sehen Sie, das charakteristischste Zeichen für die Anschauung von Millionen von Menschen ist, dass die Leute erstens gegenüber dem Geistesleben so denken, dass alles dasjenige, was der Mensch geistig hervorbringe, auch dasjenige, was er aus seinem Geiste heraus als Recht, als Sitte, als Religion hervorbringe, als Wissenschaft hervorbringe, dass das nichts weiter ist als etwas, was in abstrakter Art das menschliche Gehirn gebiert, was eine Art von ideologischem Oberbau ist auf der einzigen Wirklichkeit, dem Unterbau, der einzigen Wirklichkeit: Dem wirtschaftlichen Produktions- und Konsumtionsleben.

Das hat sich festgesetzt bei Millionen und aber Millionen von Menschen. Ich will jetzt nicht untersuchen, inwieweit das zurückgeht auf die Theorie des Marx und Engels, festgesetzt hat sich das in Millionen und aber Millionen von Menschen: Das ganze geistige Leben ist eine *Ideologie*, etwas bloß aus dem Wirtschaftsleben Herausgewachsenes.

Ja, vielleicht wird man doch in den Kreisen derjenigen, die sich wirtschaftlich sehr gescheit fühlen, gering denken mit Bezug auf die gegenwärtige wirtschaftliche Krisis im internationalen Leben, über diesen Glauben des Proletariats. Aber das ist gerade der große Fehler, dass man über die wichtigsten Dinge heute gering denkt. Denn man lernt nicht erkennen, woraus die Krise entspringt, woraus dasjenige entspringt namentlich, was im Unbewussten der Menschen lebt, und woraus doch das wirtschaftliche Unheil hervorgeht, wenn man nicht den Blick auf das Seelenleben der großen Masse richtet. Man muss das Seelenleben der großen Masse ins Auge fassen; denn es lässt sich das glauben, Geistesleben sei nur eine Ideologie, aber es lässt sich nicht damit leben, und der Mensch verödet, der Mensch verliert den Halt im Leben.

Und das ist das Eigentümliche: Mit einem Fanatismus ohnegleichen hängt die große Masse an diesen Lehren, die Masse namentlich, die heute in gewissen wirtschaftlichen Arbeiterkreisen den Ton angibt, mit Fanatismus hängt die Masse an diesen Lehren; aber immer mehr verödet sie dabei.

Wie ist das gekommen? Der Materialismus ist nicht dieser Arbeiterschaft selbst entsprungen, der Materialismus ist entsprungen in den letzten vier Jahrhunderten in den führenden Kreisen. Nur, die führenden Kreise haben sich aus einer gewissen Halbheit heraus die alten Traditionen bewahrt. Auf der einen Seite haben sie über das äußere Leben, in dem sie drinnenstehen, materialistisch zu denken begonnen, auf der anderen Seite haben sie sich die alten Traditionen als ihre Religion, als ihre Sittlichkeit und so weiter bewahrt, und führen im Grunde genommen eine doppelte Lebensbuchführung.

Das kann der Arbeiter nicht, der hinweggerufen worden ist von dem, woran er früher stand, mit dem er zusammengewachsen war: vom Handwerk, dessen Produkte er lieb hatte, in die er sein Leben hineinlegte. Er ist hingerufen worden an die abstrakte Maschine, in die abstrakte Fabrik hineingestellt. Er sucht sein Heil in demjenigen, das die anderen nur zur Hälfte nehmen. Man kann es eben beurteilen, wenn man darinnen gestanden hat. Das hat sich nach und nach heraus ergeben. Und so ist in Europa jenes große Nichtverstehen entstanden.

Das liegt wie ein furchtbares Schicksal heute über Europa, dieses Nichtverstehen. Da sind oben diejenigen, die die Kapitalien zu verwalten haben, da sind oben diejenigen, die das Wirtschaftsleben zu leiten haben, die es leiten könnten, wenn sie nur wollten, die auch den Materialismus umwandeln könnten in eine gesunde Weltanschauung, die auch praktisch sein könnten. Da sind diejenigen, die alles könnten, wenn sie wollten.

Da sind unten diejenigen, die ernst genommen haben dasjenige, was sich als Materialismus bei diesen führenden Kreisen herausgebildet hat, die nichts können, die da glauben, indem sie sagen: Den Kapitalismus muss man bekämpfen –, man könne irgend etwas mit dieser Phrase erreichen; die da nicht wissen, dass man ja Wirtschaftsleben ohne Kapitalismus im modernen Sinne des Wortes überhaupt nicht haben kann, dass man ohne Kapitalismus nur in die Barbarei zurückkehren kann. Hilflos in seinen Gedanken, hilflos gegenüber der Wirklichkeit ist der Arbeiter geworden über ganz Europa hin, der Arbeiter, der an die Maschine gezwängt worden ist, der sich ausmalt im Ernste diejenigen Theorien, die, ich möchte sagen, als Nebenprodukte des Lebens bei den anderen abfallen, mit denen man nicht leben, und wohl auch nicht wirtschaften kann, wie eben solche Dinge wie der Metallismus und Monometallismus und ähnliches zeigen.

Dieses große Missverstehen, was hat es denn heraufgebracht? Nun, Sie können es sehen an der Entwickelung der europäischen Verhältnisse, was es heraufgebracht hat. Sehen Sie sich Russland an. In Russland hat sich der Volkseigentümlichkeit gemäß etwas ergeben, was schwierig zu studieren ist für den, der unbefangen und vorurteilsfrei, ohne ein Agitator zu sein, auf diese Dinge hinsieht. Es waren viele Differenzierungen der sozialistischen und sozialen Ideale in Russland da. Was war da in diesem Russland bis 1914? Durch den russischen Militarismus niedergehalten, niedergehalten durch den von so vielen gehassten Zarismus, war dasjenige, was in den breiten Massen lebte, was gerade in diesen breiten Massen dasjenige bildete, von dem keine Brücke zu finden war zu dem anderen, was in den leitenden Kreisen lebte. Man wollte nicht dasjenige erreichen, was man hätte erreichen müssen: Die Brücke zu bauen, als Führende, als Intellektuelle diese Brücke zu bauen. Wir sehen heraufkommen den modernen Kapitalismus. Wir sehen heraufkommen den modernen Individualismus mit dem Hereinrufen einer millionenfachen Menschenmenge in Fabriken, an Maschinen. Was da notwendig gewesen wäre, zu einem neuen praktischen Denken zu greifen, wie es notwendig gewesen wäre, auf Seiten der Intellektuellen, sich zum Führer zu machen, Vertrauen zu gewinnen, begreiflich zu machen den großen Massen, dass man versteht, die Allüren des Wirtschaftslebens wirklich auch im Ernste durchzuführen, man hat nichts von dem getan. Man hat für sich gelebt, eine Oberschicht. Man hat die anderen studieren lassen. Studiert hat ja gerade das Proletariat außerordentlich viel, einfach einsam für sich hingegeben an dasjenige, was Abfallprodukte der Bildung, materialistische Abfallprodukte der Bildung waren.

Heute sind die Früchte davon in der Wirtschaftskrisis Europas da. Es ist ein geistig bedingtes, tragisches Schicksal.

Dann kamen aus dem heraus geboren, was niederhielt dasjenige, was man nicht geistig durchdringen wollte, was man nicht geistig durchsetzen wollte mit vernünftigen Anschauungen, was man niederhalten wollte durch äußere physische Gewalt des Militarismus und desjenigen der absoluten Monarchie oder irgendwelcher anderer Mächte, aus dem heraus, was gebraucht wurde, um unschädlich zu machen dasjenige, was man nicht geistig bezwingen wollte, aus dem heraus kamen die europäischen Kriegskatastrophen.

Und was entstand dann? Dann entstand für Russland der Leninismus, der Trotzkismus. Nicht etwa heraus aus dem russischen Sozialismus, o nein, am allerwenigsten ist der Leninismus und Trotzkismus aus dem russischen Sozialismus heraus geboren.

Niemals hätte etwas wie der Leninismus und der Totzkismus aus dem russischen Sozialismus heraus geboren werden können. Da wäre etwas ganz anderes herausgekommen, wenn man Verständigung gesucht hätte in vernünftiger Weise von Seiten der Intellektuellen zur Seite der breiten Masse der Bevölkerung. Nein, Lenin und Trotzki sind nicht aus der Revolution herausgewachsen! Lenin und Trotzki sind aus den Kreisen herausgewachsen desjenigen, was der Krieg als Ergebnis gebracht hat, desjenigen, was durch den Krieg geworden ist als letzte Konsequenz des Militarismus, daraus sind Lenin und Trotzki erwachsen. Die Ergebnisse des Krieges sind eingezogen in Russland und haben neuerdings dasjenige, was von unten heraufwollte, mit dem man sich hätte verständigen sollen, niedergehalten. Lenin und Trotzki sind keine Helden des Sozialismus; sie sind die Söhne der europäischen Kriegskatastrophe und sind nur dadurch möglich geworden, dass über Russland sich das Elend der Kriegsfolgen ausgebreitet hat. Und dasjenige, was im übrigen Europa war, lesen Sie das sehr schöne Buch – aber man könnte vieles andere noch verfolgen – von Keynes, *Die ökonomischen Folgen des europäischen Friedensschlusses*.[4] Dasjenige, was sich über das übrige Europa ausbreitete – was ist es denn? Ist es etwa das Bekenntnis des wirtschaftlichen Denkens; ist es das wirtschaftliche Streben bis 1914, das uns in die furchtbare Katastrophe hineingebracht hat? Nein, das ist es nicht, sondern dasjenige, was wir erleben, einschließlich aller Valutasorgen einzelner Länder, ist nicht ein gesundes Zurückkehren zu gesunden Ansichten, die man glaubt bekommen zu können dadurch, dass die Krankheit sich ad absurdum geführt habe durch die Katastrophen. Dasjenige, was wir erleben, ist Ergebnis des Krieges. Aus einem sehr, sehr kurzsichtigen Urteil heraus hat ein deutscher General die Worte geprägt, die während dieser Kriegskatastrophe vielfach nachgesprochen worden sind: Der Krieg ist nur die Politik mit anderen Mitteln ausgeführt.[5]

Ich habe während des Krieges immer wieder dieses Diktum mit dem Wort verglichen: Die Scheidung ist nur die Ehe mit anderen Mitteln fortgeführt! Aber mit einer gewissen richtigen Variante könnte man doch sagen: Dieser Friede ist, insbesondere auf dem Gebiete des Wirtschaftslebens, nur die Fortführung des Krieges mit anderen Mitteln. Das sagt man wahrhaftig nicht wiederum mit einer agitatorisch oder von irgendeiner Seite her gefärbten Betrachtung der gegenwärtigen wirtschaftlichen Zustände, sondern das sagen selbst so objektive Urteiler, von derjenigen Seite, die heute am allermeisten Veranlassung hätte, objektiv zu urteilen, von Seiten der Engländer, das sagt eben Keynes in seinem Buche *Die ökonomischen Folgen des Friedensschlusses*.

Nun, sehen Sie, wenn man diese Dinge wirklich ins Auge fasst, dann muss man sagen: Oh, viel, viel tiefer liegen die Ursachen der gegenwärtigen wirtschaftlichen Katastrophen! Und schließlich, man braucht ja nur einmal das heutige Wirtschaftsleben, wie es sich heraufentwickelt hat, zu betrachten. Man braucht sich nicht gefangen nehmen zu lassen von den einseitigen Deklamationen über Kapitalismus und Antikapitalismus, sondern man braucht sich nur den objektiven und gewiss durch die modernen Verhältnisse berechtigten Tatsachen hinzugeben, dass unser Wirtschaftsleben innig verquickt ist mit dem, was wir nennen müssen die Geldwirtschaft.

Nun, ich bin selbstverständlich weit entfernt von der närrischen Idee, etwa die Geldwirtschaft bekämpfen zu wollen. Darum kann es sich nicht handeln, denn das würde ich eben für eine närrische Idee halten, ebenso gut wie ich es für eine närrische Idee halte, das Geld irgendwie auch reformieren zu wollen. Nein, sondern dasjenige, um was es sich handelt, ist, dass durch die ganzen modernen wirtschaftlichen Verhältnisse dasjenige, was im Gelde vorliegt, innerhalb des Wirtschaftslebens abstrakt geworden ist.

Ein englischer ökonomischer Zeitungsmann[6] sagte mit vollem

Rechte: Welche Funktionen eigentlich das Geld in unserem Wirtschaftsleben hat, das ist außerordentlich verwickelt und eigentlich gar nicht wirklich auseinander zu schälen für eine Betrachtung. – So ist es ja. Aber ich könnte mich durch einen Vergleich klarmachen.

Sehen Sie, meine sehr verehrten Anwesenden, wenn jemand ein Denker ist von recht abstrakter Wesenheit, wenn er immer gleich übergeht von dem Besonderen zum Allgemeinen, wenn er etwa draußen auf der Wiese allerlei Blumen mit einem konkreten Namen sieht, und dann sagt: Pflanzen oder Blumen – und «Blumen» vergleicht mit Tier und so weiter, so denkt er abstrakt. Er bringt abstrakte Gedanken, die vieles umfassen, und breitet sie wie einen Teppich aus über die konkreten Teile.

So ist es im wirklichen Wirtschaftsleben mit dem Gelde. Das Geld bringt in das reale wirtschaftliche Leben, in die Wirklichkeit ein ganz abstraktes Element hinein. Denken Sie doch, wenn ich der Besitzer von 50 Franken bin, so bin ich eben der Besitzer dieser 50 Franken, und es ist ganz gleichgültig zunächst, wenn ich die 50 Franken im Portemonnaie habe, ob ich mir morgen für die 50 Franken einen Hasen oder ob ich mir Mehl oder irgendeine silberne Uhr kaufe, oder ob ich mir einen Rock kaufen werde oder dergleichen. Die Konkretheit des Wirtschaftslebens hört auf gegenüber der Abstraktheit des Geldes. Das kommt dann zum Vorschein in dem Augenblicke, wo Geld gegen Geld steht, wo man Geld kauft. Man kann das am besten sehen, wie sich, geradeso wie die Abstraktionen sich verbergen vor der Realität des Denkens, wie sich die Abstraktheit des Geldes verbirgt vor der Realität. Sehen Sie, wer in den letzten Wochen die Zeitungen verfolgt hat in Deutschland, der konnte finden, dass die Leute eine große Freude gehabt haben über das bisschen Besserwerden der Valuta. Sie ist ja dann aber zurückgegangen. Und wer die tieferen Zusammenhänge kennt, der wird sich nicht sehr imponieren lassen von zeitweiligem Besserwerden dieser Valuta. Nun, aber allen möglichen Ursachen wurde die Sache zugeschoben, wobei aber im Hintergrunde nichts anderes stand, als dass in Spanien vorhandene deutsche Noten durch irgendeine besondere Konstellation, durch eine besondere Absicht von Amerikanern an der Börse gekauft worden sind, und dass das das bisschen Hinaufschnellen der deutschen Valuta bewirkt hat. Das entzog sich den Blicken aus dem einfachen Grunde, weil immer dann, wenn das Geld als solches im Handel umläuft, wenn Geld als solches gehandelt wird, dann steht das ferne dem konkreten Wirtschaftsleben, und man sieht nicht mehr die Zusammenhänge. So wie wenn jemand eben abstrakt spricht, einem ein Mühlrad im Kopfe herumgeht und man nicht mehr eine Ahnung davon hat, was er eigentlich mit seiner Abstraktheit meint, so weiß man nicht mehr bei den Geldmanipulationen, was nun eigentlich im Wirtschaftsleben vor sich geht.

Sehen Sie, in diesen Dingen liegt es im Wesentlichen in einem Fremdwerden des Verkehrsmittels Geld im eigentlichen Wirtschaftsleben; und das ist der Grund, dass wir in eine so furchtbare Wirtschaftskrise hineingekommen sind. Denn diese Wirtschaftskrisis war eigentlich schon vor dem Kriege da, und der Krieg war nur der Ausdruck für diese Wirtschaftskrise. [Lücke.]

Sehen Sie, es könnte ja einer, sagen wir, im Jahre 1865, die größtmöglichen Anlagen gehabt haben für die Luftschiffahrt, – er konnte diese Anlagen nicht betätigen, weil es noch keine Luftschifffahrt gab! Es hilft nichts, auf irgendeinem Gebiete des Lebens bloß gescheit zu sein. Wenn einen die Verhältnisse hinwegführen von dem unmittelbaren Erleben desjenigen, das erlebt werden soll, dann hilft einem jeglicher gescheite Gedanke gar nichts. Und dass man gerade auf wirtschaftlichem Gebiete, wie auch auf anderen Gebieten, hinweggetrieben worden ist vom wirklichen Leben, das brachte die ganze moderne Zivilisation dadurch hervor, dass man die drei Hauptgebiete des Lebens: Geistesleben, politisches oder Rechtsleben und Wirtschaftsleben, immer mehr und mehr zu einem Einheitsstaat zusammengeschweißt hat.

Dem Zusammenschweißen in dem Einheitsstaat war die Geldwirtschaft günstig. Wie gesagt, ich bitte, mich durchaus nicht misszuverstehen, dass ich etwa gegen die Geldwirtschaft irgend etwas einwenden wolle. Ich will nur darauf hinweisen, wie dasjenige, was nicht erfasst worden ist von der Geldwirtschaft, gerade zur Gesundung unseres wirtschaftlichen Lebens führen muss!

Es ist ja immer wieder und wiederum in den Gedanken der neueren Zeit dies geltend gemacht worden, dass der Einheitsstaat ein Allheilmittel ist. Dieses Allheilmittel, es hat vorgeleuchtet den bis jetzt führenden Leuten, aber auch den Sozialisten; denn was wollen die Sozialisten? Den Rahmen, den ausgewalzten Rahmen des Staates benützen, um ihre sozialistischen Trugschlüsse [Lücke] hineinzubauen. Sogar Lenin und Trotzki taten nichts anderes als dasjenige, was ihnen der Krieg übriggelassen hat von dem alten russischen Zarenstaat, zu übergießen mit ihren sozialistischen abstrakten Begriffen. Dieser Gedanke des Einheitsstaates ist in den letzten drei bis vier Jahrzehnten – wer die Geschichte wirklich zu betrachten weiß, der weiß, dass es erst so lange her ist in Wirklichkeit – sozusagen erst der Gedanke all derjenigen geworden, die glauben, das Richtige aller öffentlichen Verhältnisse zu wollen, und die darüber versäumen, zu sehen, was in der Wirklichkeit der Menschheit heranreift: Dass heranreift in der Wirklichkeit der Menschheit der Drang, gegenüber dem Geistesleben, der Drang, gegenüber dem Rechts- oder Staatsleben und gegenüber dem Wirtschaftsleben zu ganz anderen Konstellationen zu kommen, als man sie bisher gehabt hat. Ich will an einem Zipfel, möchte ich sagen, die Sache anfassen.

In manchen Gebieten des europäischen Lebens ragt hervor aus alten Einrichtungen dasjenige, was wir das Erbrecht nennen. Erbrecht, es hängt zusammen mit den Verhältnissen der Blutsbande der Menschen. Verfolgen Sie dasjenige, was von dem Erbrecht ausstrahlt in die ganzen öffentlichen Verhältnisse, auch in die Konfiguration der Staaten- und Gesellschaftszusammenhänge, so werden Sie sehen, wie viel auch im wirtschaftlichen Leben an diesem Erbrecht hängt. Das Erbrecht wirkt bei gewissen Leuten in diese oder jene Wirtschaftszweige hinein, es bringt die Leute hinein, sie sind da drinnen, und aus ihren Fähigkeiten heraus werden Einzelne Dinge. Aber schließlich, aus diesen einzelnen Dingen setzt sich wiederum ein großer Teil des Gesamtwirtschaftslebens zusammen. Kurz, wir haben das Erbrecht eng gebunden an Blutsbande, an dasjenige, was von der Natur in der Menschheit organisiert ist.

Was ist denn geschehen gerade in denjenigen Staaten, die sich am allermustergültigsten betrachten in den letzten drei bis vier Jahrhunderten? Man hat von der Natur das Organisieren gelernt. Man schreibt ja besonders den Deutschen das Organisieren zu. Sie haben es nur so gut gekonnt, dass sie es bis zum Mechanisieren verzerrt haben. Aber es ist im Wesentlichen über die ganze zivilisierte Welt ausgegossen. Man hat das Organisieren, das von der Natur aus der Menschheit eigentümlich ist, auch in das soziale Leben hineingetragen. Und dieses Organisieren, das mit den Blutsbanden zusammenhängt, dieses Organisieren, das ein sehr Symptomatisches – es gibt viele andere – im Erbrecht hat, dieses Organisieren, es kommt ja im Grunde genommen sehr deutlich auch in der Organisation des geistigen Lebens heraus. Und schließlich – allerdings will die katholische Kirche eine demokratische Einrichtung sein, die denjenigen, der da unten aus dem alleruntersten Stande ist, auch unter Umständen heraufkommen lässt bis zu den höchsten Stellen der kirchlichen

Hierarchien – hat sich in der Praxis aber auch da dasjenige, was zusammengeschweißt hat solche Dinge, wie die alten Organisationen, die an den Blutsbanden hängen, auch in katholische Kirchenorganisationen hineingeschlichen; denn schließlich waren doch mehr Hochadlige Erzbischöfe geworden als andere und so weiter. Kurz, wir sehen in vieler Beziehung, wie hereinragt in die moderne gesellschaftliche Ordnung, was aus den Blutsbanden kommt; und was in solchen Dingen, wie dem Erbrecht, besonders zum Ausdruck kommt, darüber ist aber eigentlich das Menschengeschlecht mit seinem innersten Bewusstsein hinausgewachsen. Wenn einer sagt: Mensch ist Mensch und weist auf ein siebenjähriges Kind und auf einen vierzigjährigen erwachsenen Menschen, so werden Sie lachen. Sie werden nicht sagen, dass der vierzigjährige Mensch nur etwa die Folge des fünfunddreißigjährigen, des dreißigjährigen und so weiter Menschen ist, sondern Sie werden so auf den Menschen hinschauen, wie aus seinen Tiefen heraus dasjenige sich entwickelt, was in seinem Wesen liegt. Nur in der Geschichte ist man zu der törichten Anschauung gekommen, dass immer nur das Folgende die Wirkung des Vorhergehenden ist, während seit langer Zeit das Menschengeschlecht so ist, dass die aufeinanderfolgenden Phasen in seinem innersten Wesen sich so ergeben, wie etwa Zahnwechsel oder Geschlechtsreife in dem einzelnen Individuum. So hat sich einfach während der letzten Zeit, während als Erbteile im Geistesleben, Wirtschafts- und Rechtsleben diejenigen Dinge geblieben sind, die aus den alten Blutsbanden und den dadurch bedingten Verhältnissen hervorgegangen sind, während die alten öffentlichen Rechte geblieben sind, hat sich in dem Menschen unbewusst festgesetzt der Drang nach einer neuen Ordnung, nach dem, dass etwas anderes eintreten soll.

Da sehen Sie, wenn man versuchen will, zu erlauschen, was die Menschen wirklich wollen, dann erscheint eben so etwas wie in meinen *Kernpunkten der sozialen Frage*. Man beachtet nur nicht, wie in der wahren Wirklichkeit und wahren Praxis, dem, was das Leben heute fordert, diese Dinge abgelauscht sind. Da haben wir das Erbrecht aus der alten Menschheitsentwickelung heraus. Man will es behalten so wie etwa seine zwölfjährige oder vierzehnjährige Entwickelungszeit ein Mensch behalten wollte, der nicht einsieht, dass man mit zwanzig anders sein muss als mit zwölf und vierzehn Jahren. Man wird natürlich im Einzelnen solche Torheiten nicht wollen. Da haben wir das Erbrecht. Es ist zu etwas geworden, wohinein sich das Bewusstsein der Menschen nicht fügen will. Der Mensch hält heute aus einem elementaren Gefühl heraus zu viel von seiner Individualität, als dass er, wenn er auch äußerlich aus Konvention festhalten will an dem konventionellen Mittel des Erbrechts [Lücke]. Ist man ehrlich und hört hin auf das, was die Menschheit eigentlich will, so kommt man auf das, was Sie ausgeführt finden in den *Kernpunkten der sozialen Frage*, wo gezeigt ist, dass die Menschheit hintendiert in einer sozialen Ordnung nach einem Verbundensein des Menschen, der gewisse Fähigkeiten hat, mit den Produktionsmitteln, oder sagen wir mit dem Kapital. Kann er diese Fähigkeiten damit nicht mehr verbinden, dann muss die Summe der Produktionsmittel oder das Kapital von ihm übergehen wiederum an einen Befähigten. Da zeigt sich, wie die alte Zeit in die neue Zeit hineinwachsen muss. Die alte Zeit machte abhängig die wirtschaftliche Konfiguration vom Blute. Die neue Zeit macht abhängig – im Bewusstsein der Menschen ist es schon vorhanden –, will abhängig machen die Konfiguration des Wirtschaftslebens von dem, was bewusst erlebt wird. So dass in der neuen Ordnung nicht im gewöhnlichen Sinne vom Erbrecht gesprochen wird. Es wird aus diesem Grunde vielfach heute zum Beispiel das Erbrecht angezweifelt, es wird angezweifelt, dass vom Erbrecht die Rede sein kann. Es soll nur davon die Rede sein, dass, wenn ich durch meine Fähigkeiten mir eine Summe von Produktionsmitteln erworben habe, durch die ich etwas erreichen kann, ein Kapital angesammelt habe, so habe ich die Verpflichtung, wenn ich selber nicht mehr der Verwalter sein kann, das an einen anderen zu übertragen, der wiederum, seinen Fähigkeiten nach, damit verbunden sein muss. Ersetzt werden muss durch Vernunft und Menschenindividualität das, was nur vom Blute abhängig war.

Das klingt für manchen radikal, aber es ist ja nicht aus irgendeinem Radikalismus gesprochen, sondern nur erlauscht aus dem, was unbewusst die Menschheit eigentlich will.

Betrachtet man in dieser Weise dasjenige, was sich heute als Menschheitsentwickelung darstellt, dann kommt man darauf, dass ja durch den Standpunkt, den die Menschen erreicht haben in der allgemeinen Wissenschaft des menschlichen Geschlechtes, im Geistesleben, Rechts- oder Staatsleben und Wirtschaftsleben heute eben so weit gekommen sind, dass sie sich nicht mehr in den Einheitsstaat zusammenpressen lassen.

Hier setzt der Impuls für die Dreigliederung des sozialen Organismus ein, so ein, dass er verlangt für das Geistesleben ein vollständiges Auf-sich-selbst-Gestelltsein, dass er verlangt dasjenige, was heute gerade vielleicht am meisten bekämpft werden wird, weil man es für besonders gescheit hält, den Staat zum Wächter über das Geistesleben zu machen. Das aber muss verlangt werden von dem, der heute erkennt, was die Menschheit unbewusst will, dass das Geistesleben völlig auf sich selbst gestellt wird.

Nehmen wir einen der wichtigsten Teile: Das öffentliche Schulwesen. Vom Lehrer der untersten Schulklasse bis hinauf zum höchsten Lehrer muss alles Selbstverwaltung sein.

Sehen Sie, über jene pädagogisch-didaktischen Prinzipien, die sich ergeben aus einer solchen Denkweise, war ich ja dazu berufen, in Stuttgart die Waldorfschule zu begründen. Emil Molt, der dortige Fabrikant der Waldorf-Astoria-Fabrik, hat diese

Waldorfschule eingerichtet. Mir oblag es, der Waldorfschule die geistige Grundlage zu geben, und bis heute ist mir – wenn auch zuweilen von außen nicht erkennbar – die eigentliche Leitung, die eigentliche Führung der Schule übertragen. Und da hatte ich wochenlang für die Lehrer einen seminaristischen, pädagogischen Kursus gegeben, um eben die Richtung anzugeben, in der diese Schule wirken soll.[7]

Ja, da war ich auch genötigt – zu sehen, wie weit wir es bis jetzt gebracht haben, wird Ihnen noch Gelegenheit geboten werden –, da war ich auch genötigt, sehen Sie, zu erkennen, auf welcher abschüssigen Bahn gerade das Geistesleben an seinem wichtigsten Gebiete, dem Schulwesen, sich befindet. Ich musste ja natürlich auch Lehrpläne ausarbeiten, und musste, um mich zu orientieren, einsehen, was da ist, um den gegenwärtigen Schul-Lehrzielen und Lehrplänen gerecht zu werden.

Nun, meine sehr verehrten Anwesenden, ich kann mich noch erinnern – es ist allerdings lange her, als ich selber in der Schule war, oder mit Lehrern verkehrt habe –, da war es so, dass alles schulprogrammmäßige, es war so etwas Gedrucktes, noch auf *einer* Seite stand; jetzt sind das dicke Bücher geworden, und alles ist bis ins Einzelne hinein spezifiziert. Auf der einen Seite hat man dasjenige, was die pädagogischen Künstler und pädagogischen Wissenschafter in ihre Bücher hineinlegen, was sie übermitteln dem Lehrenden. Da hat man dasjenige, was aus der Sachkenntnis und Fachkunde heraus kommt. Dann das Bürokratische, das vom Staate herkommt. Viel wichtiger als man denkt ist das! Es hat keine Berechtigung, dass irgend etwas anderes hineinspricht als das sachlich Fachkundige in die Verwaltung des Geisteslebens. Gerade zum Beispiel auf dem Gebiete des Schulwesens zeigt sich das mit Deutlichkeit. Wie anders würden die Menschen erzogen und hineingestellt ins Wirtschaftsleben, wenn das Geistesleben völlig frei, nur aus seinen eigenen

Grundlagen heraus sich verwalten könnte! Das kann nur derjenige ermessen, der wirklich sich ein gesundes Urteil über den Zusammenhang des freien geistigen Lebens, des Entwickelns der menschlichen Fähigkeiten aus dem freien geistigen Erleben heraus, auch in Bezug auf die Bedeutung für das Wirtschaftsleben und das Staatsleben erworben hat. – Da handelt es sich darum, dass man endlich darauf kommt: Wie steht das Geistesleben in der ganzen menschlichen Entwickelung darinnen?

Nun, meine sehr verehrten Anwesenden, das Geistesleben ist organisiert. Und das Geistesleben ist um so mehr organisiert, um so elementarer ein Gebiet ist. Betrachten Sie es an dem Beispiel der Familie. Sehen Sie sich an, wie der Einzelne aus der Familie herauswächst, der eine Sohn ins Künstlerische hereinwächst, heraus aus dem, was Vater oder Mutter ähnlich war, nicht nur äußerlich physisch, sondern geistig-seelisch. Man sieht gerade, je weiter man zurückgeht in den Jahren, an dem, was aus den Familien herauswächst, wie da von Natur aus gerade das Geistesleben organisiert ist.

Worin besteht denn dasjenige, was wir für das Geistesleben zu leisten haben? In Bezug auf die einzelnen Individuen besteht es darin, dass wir das einzelne Individuum herauszubringen haben aus der Organisation: Wir müssen die Organisation überwinden, die Organisation, die von Natur gegeben ist; wir müssen den Einzelnen in die Freiheit hinein erziehen. Die Freiheit muss im Erdenleben erst erworben werden. Dann kann die Freiheit nur erworben werden, wenn wir wirklich imstande sein werden, als Lehrer, als Erzieher oder eben als Teilnehmer des Geisteslebens den Menschen zu verstehen, aus den individuellsten Fähigkeiten des Menschen heraus zu arbeiten, und den Menschen auch ins Wirtschaftsleben hinein zu stellen gemäß den Fähigkeiten, mit denen er impulsiert im Naturzusammenhange sich uns offenbart.

Das ist das eigentümliche des Geisteslebens, dass man sagen muss: Gerade derjenige, der ehrlich über die Demokratie denkt, der denkt gerade so, wie im vierzehnten, sechzehnten Jahre über den Menschen kommt die Geschlechtsreife. So ist über die Menschheit gekommen im Laufe der letzten drei bis vier Jahrhunderte die Tendenz nach der Demokratie. Gerade derjenige, der ehrlich denkt, verlangt, dass alle diejenigen Angelegenheiten, die die Menschen entwickeln, wenn sie mündig geworden sind, so behandelt werden, dass sie als gleiche unter gleichen die Dinge zu ordnen haben. Das wird sich ergeben in demjenigen, was Menschenbildung ist im Gebiete des Geisteslebens. Das hängt so sehr ab von der menschlichen einzelnen Fähigkeit und Sachkenntnis, so dass das niemals Gegenstand der demokratischen Verwaltung oder Verfassung sein darf, so dass das nur gestellt sein darf auf Selbstverwaltung dieses Geisteslebens. Das geistige Leben, es ist organisiert, und es muss der Organisation entrissen werden.

Und das Wirtschaftsleben? Das Wirtschaftsleben kann nicht organisiert werden [Lücke]. Ideologische, weltfremde Leute geben in allen möglichen utopistischen Idealen an, nach welchen Formen sich das Wirtschaftsleben organisieren soll, wodurch man das Wirtschaftsleben in diese oder jene Struktur hineinbringen soll. Das wäre der Tod des Wirtschaftslebens! Diesen Unsinn hat man begonnen, als die sogenannte Deutsche Republik sich zuerst auf die Beine hat stellen wollen. Ebenso unsinnig ist es, wie der Planwirtschafter denkt: Das Wirtschaftsleben kann man organisieren! Wer etwas versteht von dem Wirtschaftsleben, der weiß aber: Das Wirtschaftsleben kann man nicht organisieren! Das Wirtschaftsleben kann nur in Assoziationen[8] zu einem Ganzen zusammenwachsen. Das heißt: Das Wirtschaftsleben kann nicht von oben oder von irgendeiner Richtung her, von irgendeiner Seite her organisiert werden, sondern das Wirtschaftsleben kann nur in Assoziationen, die herauswachsen aus den Berufsständen, aus denjenigen, die zusammengehören, auf einem gewissen Produktionsgebiete zusammengehören, auf einem gewissen Konsumtionsgebiete, erfolgreich sein.

Dasjenige, was gleichartige Interessen hat, gliedert sich an in den Assoziationen an dasjenige, was verwandte Interessen hat. Verwandte Interessen haben eine Verkettung. Eine Verkettung, eine Durchgliederung bildet sich aber nicht so, dass man sie von außen her organisiert, sondern dadurch, dass sich ein Glied durch andere Glieder an diese Assoziationen anhängt. Es handelt sich um eine Verkettung und Verschlingung von solchen Menschen, die darinnen stehen im Leben, die herauswachsen aus dem Leben, die Sachkenntnis und Fähigkeit auf einem bestimmten Gebiete des Wirtschaftslebens haben, die hineingewachsen sind in das Wirtschaftsleben in einer bestimmten Weise, die auch Vertrauen gewinnen können, weil sie drinnenstehen, weil sie in gewissem Sinne einem Zweige verwandt sind. Aber notwendig ist es, dass dieser Zweig sich assoziativ angliedert an den nächsten, so dass man nicht in einer zufälligen Weise gezwungen ist, von der Abstraktheit des Gelderwerbes heraus zu kommen, zu suchen, sondern weil man weiß, dass es, indem man in einer assoziationswirtschaftlichen Arbeit drinnensteht, man sich zu diesem Zwecke an den Vertreter einer anderen Assoziation wendet. Der weiß wiederum, wie es sich da verhält.

Ja, sehen Sie, meine sehr verehrten Anwesenden, da kommt es heraus, wenn man ein solches, auf Assoziation gebautes Wirtschaftsleben hat, dass einem die Gescheitheit des wirtschaftlichen Denkens etwas hilft! Was hilft einem die Gescheitheit, wenn man dem undurchsichtigen Wirtschaftsleben gegenübersteht? Das kann man sehen an dem Monometallismus, dem Freihandel. Sie haben gerade die Schutzzölle in ihrem Gefolge bewirkt. Man durchschaut das Wirtschaftsleben heute nicht.

Es müssen erst die Lebensverhältnisse herbeigeführt werden, durch die man Zusammenhänge durchschauen kann. Man wird die wirtschaftlichen Zusammenhänge durchschauen, wenn sich derjenige von einer Assoziation meinetwillen von einem anderen Kreuzpunkte aus mit dem, der in einer anderen Assoziation drinnensteht, verständigt. Wenn sich der an diese oder irgendeine andere Assoziation unmittelbar wenden kann, dann hilft einem die Gescheitheit etwas, so wie sie durch die Assoziationen zusammenhängt, und diese Zusammenhänge, diese Maßregeln muss man irgendwie ergreifen, und selbst so weit könnten die Bögen gespannt werden, wie die Wirklichkeit durch die Kette der Assoziationen hindurch erlaubt. Das war ja die Eigentümlichkeit in der bisherigen Wirtschaft, dass einem die Möglichkeit fehlte, auf diese Weise fortzuschreiten und die Dinge auswachsen zu lassen. Das, meine sehr verehrten Anwesenden, ist heute noch immer nicht durchschaut.

Wahrhaftig nicht aus irgendeiner Selbstüberschätzung sage ich das, sondern ich sage es, weil ich glaube, dass das heute jeder einsehen kann. Es ist nicht erkannt worden, dass diese Dreigliederung des sozialen Organismus eintreten muss für die Selbstständigkeit des Geisteslebens, desjenigen Wirtschaftslebens, das auf Assoziationen und auf nichts anderem als auf Assoziationen gebaut ist, ganz und gar auf die aus dem wirtschaftlichen Untergrund selbst herauswachsenden Assoziationen, während der Staat bleiben muss für das, was dazwischen ist, nichts zu tun haben darf mit dem Wirtschaftsleben, nichts zu tun haben darf mit dem freien Geistesleben. Das Geistesleben muss auf die Erkenntnis des Einzelnen Menschen und auf seine Tüchtigkeit aufgebaut sein. Dasjenige, was wirtschaftlich ist, muss aufgebaut sein auf jene praktischen Erfahrungen und Handhabungen des Wirtschaftslebens, die erworben werden können in dem lebendigen Verkehr von Assoziation mit Assoziation. Mit beidem hat der Staat nichts zu tun. Der Staat hat etwas zu tun mit den Menschen, die auf diese Weise im Wirtschaftsleben stehen, auf der anderen Seite im Geistesleben stehen, die sich finden werden mit allen mündig gewordenen Menschen im demokratischen Staatsleben, wo das öffentliche Recht festgesetzt ist, das dann ausstrahlt auf der einen Seite ins Geistesleben, auf der anderen Seite ins Wirtschaftsleben. Man braucht sich nicht zu fürchten, dass die drei Glieder des sozialen Organismus auseinanderfallen werden. Sie werden sich verbinden durch die Menschen. Der eine Mensch steht in dem einen Kreis drinnen, der andere in dem anderen. Die drei Organisationen sind nur zum Heile der Menschheit getrennt, weil die komplizierter gewordenen Verhältnisse der neueren Zeit diese Gliederung des sozialen Organismus fordern.

Das ist es, was wirklich gesundend eingreifen kann in das ganz und gar von Krisen erschütterte Wirtschaftsleben. Ich sagte in meinem Buche *Die Kernpunkte der sozialen Frage*: Der Dreigliederungsgedanke ist nicht irgendeine Utopie, der Dreigliederungsgedanke kann überall an die unmittelbare Wirklichkeit anknüpfen. Diese unmittelbare Wirklichkeit soll genommen werden so, wie sie ist; aber sie soll wiederum in die Gesundung hineinwachsen durch staatsfreies, assoziatives Leben auf dem Gebiete des Wirtschaftlichen. Herausgliedern das Wirtschaftsleben aus dem Organisieren des Staates und stellen dieses Wirtschaftsleben auf seine eigenen Gesetze, die sich nur ergeben können von Assoziation zu Assoziation, das ist es, was notwendig ist. Das sieht abstrakt aus, aber meine sehr verehrten Anwesenden, es ist nicht abstrakt, es ist das allerkonkreteste.

Die Wirtschafter sind da, es handelt sich nur darum, dass sie nach den verwandten Beziehungen, die da herrschen zwischen Produktion und Konsumtion, zwischen dem einen Berufszweig, zwischen dem einen Produktionszweig und dem anderen Produktionszweig entsprechende Assoziation, unbekümmert um politische Grenzen, anstreben. Und es würde auf die Dauer tatsächlich einem solidarischen Streben der international in das Wirtschaftsleben hineingestellten Menschen gelingen müssen, gegenüber den Bestrebungen, die heute da oder dort zur Verbesserung der Valuta und so weiter auftreten, gegenüber denen zurecht zu kommen. Man denke nur einmal, wie sich das bloße abstrakte Wirtschaften im Gelde von den realen Verhältnissen loslösen kann. Nehmen Sie Deutschland vor dem Jahre 1914. Da wurde ungefähr in einem Jahre 5 bis 6 Milliarden Kapital erspart und erarbeitet. Neue Emissionen auch unter Einbeziehung von Pfandobligationen, Grundbuchschulden und alldem, was ausgegeben wurde für Luxusbauten, neue Wohnungen und dergleichen, das gab zusammen vor dem Jahre 1914 ungefähr 11 Milliarden Mark. Erarbeitet, erspart wurde ein Kapital von 5 bis 6 Milliarden, neue Emissionen beliefen sich auf 11 Milliarden, doppelt so viel! Was bedeutet das? Das bedeutet, man bewegt sich jenseits der wirklichen Wirtschaft, denn die wirkliche Wirtschaft muss erarbeitet werden: Jenseits der wirklichen Wirtschaft steckt der Kapitalwert, um das Doppelte dessen, was der reale Kapitalwert ist. Denn der erarbeitete Kapitalwert hätte bloß aus neuen Emissionen und Pfandrechtsobligationen in Höhe von 5 bis 6 Milliarden Mark erscheinen dürfen. Das war ja in Wirklichkeit da. Denken Sie sich, wohin das führt, wenn in dieser Weise sich die abstrakte Geldwirtschaft emanzipiert von der konkreten des Wirtschaftslebens!

Das ist nur zu heilen dadurch, dass der Mensch wiederum mit den Erfahrungen des Wirtschaftslebens selbst zusammenkommt, das heißt, dass der im Wirtschaftsleben in einem Gebiete stehende sich assoziiert mit dem System, in dem ein anderer drinnensteht, mit dem System auf einem anderen Gebiete. Dasjenige, was Dreigliederung des sozialen Organismus zeigt, ist keine dilettantische Sache, ist nichts Utopistisches, ist etwas, was überall das praktische Leben unmittelbar angreift. Und die Leute finden sich heute mit dieser Dreigliederungsidee aus einem ganz bestimmten Grunde nicht zurecht: Sie wollen noch nicht rechnen damit, dass wir in einer großen Verwirrung drinnenstehen, sie möchten immer mit kleinen Mixtürchen und mit kleinen Mittelchen helfen. Das wird nicht gehen, meine sehr verehrten Anwesenden! Wenn einer stark krank ist, dann muss er auch zu starken Arzneien greifen. Mit demjenigen, was man sonst empfiehlt an sozialen Heilmitteln, wird man nicht auskommen. Es ist allerdings zuzugeben, dass dasjenige, was unter dieser Idee der Dreigliederung des sozialen Organismus auftritt, ein starkes Heilmittel sein will. Allein es gilt ja nicht bloß das Sprichwort: Auf einen groben Klotz gehört ein grober Keil, sondern es gilt auch das andere Sprichwort: Auf eine schwere Krankheit gehört auch ein radikales Heilmittel. Und ich glaube, derjenige, der die immer größer und größer werdende Verwirrung des internationalen Wirtschaftslebens in Europa durchschauen kann, dieses Hineingehen in die Barbarei, der wird doch Ernst genug dazu haben, ein wenig sich anzuschauen dasjenige, was glaubt herausführen zu können aus diesem Niedergang zu einem neuen Aufstieg, was glaubt, gerade aus einem wirklichen Verfolgen der Verhältnisse, nicht aus einem solchen, wie es die Monometallisten gemacht haben, sondern aus einem wirklichen Verfolgen der Verhältnisse, so dass man dasteht, wie der, der mit chemischem Mittel die Wäsche behandelt und sie dann schwarz oder braun macht – gegenüber der Wirklichkeit –, man wird, glaube ich, wenn man die Größe der europäischen Gefahr einsieht, man wird dann doch im Ernste herantreten an das Studium des Heilmittels. Das ist dasjenige, worauf es ankommt, und worauf ich jetzt schon seit so langer Zeit in der verschiedensten Weise aufmerksam machen wollte, und worauf ich auch wiederum heute, meine sehr verehrten Anwesenden, mit diesen Worten in ernsthaftester Art habe hindeuten wollen. –

Zunächst ist die Frage an mich gerichtet worden: *Wird im*

dreigliedrigen sozialen Organismus der Kapitalbesitz aufgehoben?
Sehen Sie, es handelt sich ja wirklich der Realität gegenüber um etwas anderes, als um den Kapitalbesitz. Es handelt sich darum, dass erstens möglich ist, kapitalmäßig zu arbeiten. Es ist nicht möglich, dass in unserem komplizierten modernen Leben etwa das Kapital als solches, wie so viele unverständigerweise fordern, abgeschafft würde. Man braucht ja selbstverständlich Kapital, wenn auch nur in Form der Produktionsmittel. Man braucht Kapital, um den modernen Wirtschaftsapparat in Wirksamkeit setzen zu können. Also das Kapital muss da sein.

Ich habe das genauer ausgeführt in meinem Buche *Die Kernpunkte der sozialen Frage.*[9] Aber es handelt sich eben darum, über die Verwaltung des Kapitals von demjenigen, der durch seine Fähigkeiten in irgendeinem Gebiet dazu berufen ist, dieses Kapital zu verwalten, der es gewissermaßen zusammengebracht hat oder auf eine andere Weise erreicht hat, die Wege zu finden, wie sie in meinem Buche *Die Kernpunkte der sozialen Frage in den Lebensnotwendigkeiten der Gegenwart und Zukunft* über dieses Kapital angegeben sind, dass der dieses Kapital nur solange verwaltet, beziehungsweise die Produktion, solange verwaltet – Grund und Boden ist von diesem Gesichtspunkt aus auch ein Produktionsmittel –, als er selber dabei sein kann. Dann geht, sei es Grund und Boden, seien es andere Produktionsmittel, dann geht es wiederum über auf einen anderen in der Weise, wie der Betreffende selbst es noch regeln kann, der nun wiederum durch seine Fähigkeiten damit verknüpft ist. So wird allmählich sich von selbst das herausbilden, dass das Wirtschaftsleben um so fruchtbarer werden kann, je mehr fähige Leute da sind, weil wirklich auf die fähigen Leute die Kapitalverwaltung übergehen kann.

Sehen Sie, es kommt durchaus nicht darauf an, etwas anderes zu sein, als der Verwalter desjenigen, was als Kapital aufgefasst werden soll. Das können sich heute die Menschen noch nicht so vorstellen. Aber nehmen Sie nur so etwas, was, ich möchte sagen, schon in einer gewissen Weise vorbildlich dasteht, wie gerade das, was ich im Vortrag öfter erwähnen musste, den Dornacher Bau.

Es kann die Frage entstehen: Wem gehört denn der? Er gehört eigentlich nicht in dem alten Sinne irgend jemandem. Er hat nur dann Sinn, wenn er an denjenigen einmal übergeht, der ihn in der entsprechenden Weise einmal leiten kann. Es müssen nur die Mittel und Wege gefunden werden, um ihn zu leiten.

Das, was mit einem mehr oder weniger idealen Institut erreicht werden kann, es kann auch, gerade wenn man es im praktischen Geiste tut, mit jeder praktischen Einrichtung, mit jeder Fabrik geschehen. Und Sie können sich leicht eine soziale Struktur denken, durch die der alte, an die Blutsbande geknüpfte Besitz ersetzt wird, durch die Verwaltung desjenigen, der über Kapital verfügt auf Grund von Fähigkeiten.

Damit will ich dann gleich verknüpfen die Frage, die hier mündlich vorhin von einem Herrn gestellt worden ist: *Inwiefern werden diese Einrichtungen die sogenannte Ausbeutung beseitigen können?* – Da ist es ganz klar, dass diese Ausbeutung doch nur so lange da sein kann, so lange auch persönliche Macht da ist im Wirtschaftlichen. Sie finden in meinem Buche *Die Kernpunkte der sozialen Frage* ausgeführt, wie der soziale Organismus in drei Gliedern auftritt, wie das Wirtschaftsleben ganz aus wirtschaftlichen Gesichtspunkten heraus gestaltet ist. Da stehen dann, sagen wir, in einem Betrieb drinnen, der Arbeitsleiter und die Arbeitsleister, vielleicht auch hierarchisch gegliedert oberste Arbeitsleiter, mittlere und so weiter bis zu dem eigentlichen Handarbeiter. Keiner steht zu einem anderen in einem wirtschaftlichen Machtverhältnisse. Denn die Stellung des mündig gewordenen Menschen zum mündig gewordenen Menschen, die wird gar nicht im Wirtschaftsleben geregelt. Im Wirtschaftsleben hat man es zu tun mit Wirtschaft. Die Stellung aber des mündig gewordenen Menschen zum mündig gewordenen Menschen, das ist eben Gegenstand des Staats- oder Rechtslebens, das Maß, die Dauer der Arbeit, das ordnet sich irgendwie gegenseitig im staatlichen, politischen oder rechtlichen Gebiete. Diese Dreigliederung des sozialen Organismus, hat man mir eingewendet, ist ja dasjenige, was schon Plato vertreten hat, indem er die menschliche Gesellschaft in Nährstand, Wehrstand, Lehrstand gegliedert hat,[10] – so wurde mir gesagt.

Nein, sehr verehrte Anwesende. Es ist das gerade Gegenteil von dem, wenn Plato gesagt hat, die menschliche Gesellschaft sei eingeteilt in Nährstand, Wehrstand, Lehrstand; da gliederte er die Menschen in diese drei Gruppen, und der Einzelne gehörte zu einer der drei Gruppen. Heute handelt es sich darum, dass nicht die Menschen gegliedert werden, sondern dass die Organisation als eine dreigliedrige auftritt, und jeder Mensch mit seinen Interessen in allen drei Organisationen drinnensteht, der eine so, der andere so.

Denken Sie sich, ein Mensch hat Kinder. Dadurch steht er in der geistigen Organisation durch das Schulwesen drinnen. Er steht von vornherein wie jeder Mensch als ein mündig gewordener Mensch als ein gleicher anderen gegenüber in der rechtlichen Organisation drinnen, gleichgültig, was er ist, ob er irgendeinen anderen Beruf oder irgendeine andere Betätigung hat als ein anderer. Und er steht in der wirtschaftlichen Organisation drinnen, denn der Lehrer, insoferne er essen und trinken muss, gehört dem wirtschaftlichen Organismus an. Das ist dasjenige, was in Betracht kommt: Nicht die Menschen sind gegliedert, sondern der gesellschaftliche Organismus ist gegliedert.

Dadurch aber ist alles dasjenige unmöglich, was gerade im heutigen Sinne zur Ausbeutung führt. Zur Ausbeutung führt heute erstens: äußere politische Macht, auch die des menschlichen Individuums, also politische Macht, die politisch geregelt sind.

Zweitens: Wirtschaftliche Macht. Wirtschaftliche Macht zum Beispiel beim Lohnverhältnis, das ist unmöglich. Denn es wird in der Zukunft, – also ich meine, wenn man daran denken könnte, dass wirklich die Menschen in einer genügend großen Anzahl sich finden würden und dadurch den gesunden Verhältnissen das aufgeprägt würde durch den dreigliedrigen sozialen Organismus, wenn ihm Eingang verschafft würde – es würde in diesem dreigliedrigen sozialen Organismus gar nicht zu einer wirklichen Ausbeutung kommen können. Aber es würde allerdings eines erkannt werden: Sehen Sie, alle sozialen Ideale sind mehr oder weniger, wenn sie heute so umfassend auftreten, mehr oder weniger Kurpfuscherei, aus dem einfachen Grunde, weil sie nicht unter Berücksichtigung der wirklichen Verhältnisse geschehen. Die Menschen denken nämlich immer: Wie muss der soziale Organismus eingerichtet werden, damit es allen Leuten gut geht? Natürlich hat darüber noch jeder seine subjektiven Ansichten. So fragt die Idee der Dreigliederung des sozialen Organismus gar nicht! Denn selbstverständlich, wenn Sie einen natürlichen Organismus betrachten, den Löwenorganismus oder so etwas, Sie können sich ideal etwas viel besser eingerichtetes denken als den Löwenorganismus. Man muss nur aus seinen Bedingungen heraus an seine Möglichkeit denken. So denken auch die Ideen der Dreigliederung nicht an ein tausendjähriges Reich, glauben nicht an ein Paradies auf Erden, sondern die Idee der Dreigliederung fragt, welche gesellschaftliche Gestaltung ist möglich, wenn die Menschen so sind, wie sie sind. Da bekommt sie heraus die gesellschaftliche Gliederung, die im dreigliedrigen sozialen Organismus liegt. Gerade aus der assoziativen Gestaltung des Wirtschaftslebens ersehen Sie, wie durchaus aus der Wirklichkeit heraus die Sachen gedacht sind.

Ja, es ist im Grunde genommen recht leicht, soziale Programme aufzustellen, umfassende Programme! Oh, ich weiß mich noch zu erinnern in den achtziger Jahren des 19. Jahrhunderts: Ich war recht oft im Wiener sogenannten Cafe Griensteidl,[11] das so berühmt war, weil schon die alten Achtundvierziger dort verkehrt haben; während der Revolution ist es das Literaten-Cafe geworden. Karl Kraus,[12] von dem man ja in der Schweiz schon gehört hat, hat über dieses recht berühmte Cafe Griensteidl sein Büchelchen *Die demolierte Literatur* geschrieben. Es war in der Tat so; denn jeder, der ins Cafe Griensteidl ging, bildete sich ein, ein großer Mann zu sein. So wurde also eigentlich an jedem Tische nachmittags, wenn man seinen Kaffee trank, an jedem Tische die soziale Frage dreimal gelöst, zwischen zwei und vier Uhr, und von denselben Menschen in der Nacht, bis nach Mitternacht, wenn man nicht gerade auf das «Sperr-Sechserl» zu großen Wert legte!

Also programmmäßige Lösungen dieser sozialen Frage lassen sich sehr gut finden!

Sehen Sie, wenn man überhaupt nicht auf die Wirklichkeit sieht, sondern aus Programmen und abstrakten Idealen heraus arbeitet, so lassen sich Organisationen ausdenken in Hülle und Fülle.

Goethe hat so sehr schön das abstrakte Gestalten von Weltanschauungen persifliert in seinem Gedichte: *Die Welt ist ein Sardellensalat!*[13] Man kann ebenso gut sagen, wie die Welt, statt dass sie aus abstrakten Atomen besteht, wie man zum Beispiel bei den Monisten vorgeht, man kann ebenso gut sagen, dass die Welt ein Sardellensalat ist, und das beweisen; oder man kann so weit gehen wie Gustav Theodor Fechner,[14] der ganz exakt in einer sehr netten kleinen Broschüre, einer kleinen Schrift bewiesen hat, dass der Mond aus Jodin besteht. Sie finden da einen sehr exakten Beweis. So kann man im Grunde genommen, wenn man abstrakt denkt, alles Mögliche beweisen. Das ist eben gerade das, wodurch die Leute so sehr in Irrtümer hineinkommen, dass sie dem Abstrakten nachgehen und nicht in die Wirklichkeit hineingehen. Aber es genügt nicht, dass man logisch ist. Man muss außerdem noch wirklichkeitsgemäß sein. Ein zweifaches muss das wirkliche Denken haben: Logizität und Wirklichkeitsgemäßheit. Das eine ist ohne das andere nicht denkbar. Aber vor allen Dingen: Das Wirklichkeitsgemäße ist notwendig.

Und so ist es auch notwendig, dass man sich nicht einen beliebigen Zustand der Welt vorstellt und daraufhin Programme schmiedet, sondern es ist notwendig, dass man fragt: Was ist möglich? Das ist die Grundfrage für die Dreigliederung des sozialen Organismus! Und es ist gar keine Möglichkeit vorhanden, dass in dem heutigen Sinne eine Ausbeutung stattfindet. Sehen Sie, alle Sachen haben zwei Seiten! Von seinem Gesichtspunkte aus kann sogar der Kapitalist sagen: Er wird ausgebeutet. Nicht wahr, es handelt sich darum, dass man auf das Mögliche hinsieht.

Dann ist noch eine interessante Frage da: *Was hat durch die vorgetragenen Gedanken zur Abwendung der Gefahr des Bolschewismus zu geschehen?* – Sehen Sie, es muss immer wieder und wiederum das gesagt werden – und nicht umsonst wiederhole ich es immer wieder und wiederum in der Stuttgarter Dreigliederungszeitung,[15] die jede Woche erscheint und ich habe den Gedanken schon auch ausgeführt in der Zeitung, die der Dreigliederung des sozialen Organismus gewidmet ist hier in der Schweiz: in der *Sozialen Zukunft*, die von Dr. Boos hier redigiert wird und besonders ausgeführt wird für schweizerische Verhältnisse, und in der vertreten wird die Dreigliederung hier in der Schweiz, dass es notwendig ist vor allen Dingen, dass der Dreigliederungsgedanke in einer genügend großen Anzahl von Köpfen Platz greife. Man muss ihn erst verstehen. Die Menschen müssen da sein und ihn verstehen, damit er Wurzel fassen kann. Denn, meine sehr verehrten Anwesenden, dann ist er selber, dieser Dreigliederungsgedanke, beziehungsweise das, was aus ihm wird, die einzig wirkliche Abwendung gegenwärtigen Übels.

«Vertrauen ist das eine goldene Wort, das in der Zukunft das soziale Leben beherrschen muss. Liebe zu dem, was man zu tun hat, ist das andere goldene Wort. Und in der Zukunft werden diejenigen Handlungen sozial gut sein, die aus allgemeiner Menschenliebe gemacht werden.»

«Was für Einrichtungen müssen da sein, damit die Menschen die richtigen Gedanken haben können in sozialer Beziehung? Und was für Gedanken müssen da sein, damit im Denken auch diese richtigen sozialen Einrichtungen entstehen?»

«Man will sich nicht mit den Gedanken dem Leben anpassen, sondern man will, dass das Leben sich dem Denken anpasse.»

«Aber wir haben ja heute auch im Ökonomischen nicht mehr lebendiges Denken. Wir haben überall abstraktes Denken. Denn wo lebt denn die heutige Ökonomie?»

Der Mensch in der sozialen Ordnung: Individualität und Gemeinschaft

Oxford, 29. August 1922

Meine Damen und Herren, wenn ich heute noch versuche, die Schilderung des sozialen Lebens der Gegenwart und der sozialen Forderungen der Zeit in einer gewissen Weise abzuschließen, so bin ich mir bewusst, dass alles dasjenige, was ich hier sagen konnte und werde sagen können über das soziale Leben und die sozialen Fragen, nur ganz spärliche Richtlinien sein können. Denn die soziale Frage in unserer Zeit ist eine sehr umfassende, sehr universelle, und vor allen Dingen sind zwei Betrachtungen notwendig für denjenigen, der einen Gesichtspunkt gewinnen will in der sozialen Frage. Zuerst ist es notwendig, ins Auge zu fassen den gegenwärtigen geschichtlichen Augenblick der Menschheit, und auf der anderen Seite ist es notwendig, die unmittelbaren äußeren, irdisch-räumlichen Verhältnisse ins Auge zu fassen.

Der gegenwärtige geschichtliche Augenblick der Menschheit ist ein solcher, der mit dem denkbar unbefangensten Verständnis angesehen werden muss. Man geht sehr leicht aus Vorurteilen und namentlich Vorgefühlen über dasjenige hinweg, was in den Tiefen, ich sage nicht einmal der Menschenseelen, sondern der Menschennaturen in der Gegenwart geschieht.

Man wird sehr leicht missverstanden, wenn man so etwas sagt, weil fast zu jeder Zeit die Menschen es gesagt haben und es auch heute sagen: Wir leben in einer Übergangszeit. Gewiss, wir leben immer in einer Übergangszeit, nämlich von der Vergangenheit in die Zukunft, und es handelt sich eben nicht darum, zu wissen, man lebe in einer Übergangszeit – das ist selbstverständlich, das ist eine Trivialität –, sondern es handelt sich darum, worinnen der Übergang charakterisiert ist, worinnen der Übergang besteht. Und da muss man sagen: Gegenwart umfasst nicht etwa das jetzige Jahr oder auch nur das jetzige Jahrzehnt, sondern Gegenwart umfasst einen langen Zeitraum. Vorbereitet hat sich dieser Zeitraum seit dem 15. Jahrhundert, und das 19. Jahrhundert bedeutete seine Kulmination. Wir stehen heute in diesem Zeitraum drinnen, aber die Menschheit im Allgemeinen hat sich noch wenig Verständnis erworben für das Eigentümliche dieses weltgeschichtlichen Augenblicks, in dem wir drinnenstehen.

Man muss sagen: Was gegenwärtig, wenn man überhaupt in das soziale Leben hineinsehen will, anzuschauen notwendig ist, das ist, dass der Mensch aus alten Bildungen überall herausstrebt und lediglich Mensch sein will, freier Mensch sein will.

Daher brauchen wir heute vor allen Dingen eine Weltanschauung – wie man im Deutschen sagen kann –, eine Weltanschauung der Freiheit, hier muss man sagen, weil das Wort Freiheit hier eine andere Bedeutung hat: Eine Weltanschauung der spirituellen Aktivität, des Handelns, des Denkens, des Fühlens, aus der menschlichen geistigen Individualität heraus.

Ich versuchte im Beginn der neunziger Jahre das Bild des Menschen, wie er gegenwärtig strebt, wie er ist, wenn man nicht auf seinen Kopf, sondern auf sein Unterbewusstes sieht, in meiner *Philosophie der Freiheit*[1] zu zeichnen, die ja hier ins Englische übersetzt ist. Der Mensch war früher in Bindungen drinnen, die sein Denken und sein Handeln bestimmten. Man sehe sich einen Menschen des Mittelalters an: Er ist ja nicht in dem Sinne Mensch, wie der heutige, er ist vor allen Dingen der Angehörige eines Standes, einer Kaste. Er ist nicht Mensch, er ist Christ, er ist Adeliger, er ist Bürger. Alles, was er denkt, ist bürgerlich oder adelig oder priesterhaft. Der Mensch wurde erst im Laufe der letzten Jahrhunderte aus solchen Zusammenhängen gelöst. Man fragte in früheren Zeiten, wenn es sich darum handelte, sich sozial hineinzustellen in die menschliche Gemeinschaft als Individuum, man fragte: Was ist gut priesterhaft? Wie verhält man sich als Priester zu den anderen Menschen? Wie verhält man sich als Bürger zu den anderen Menschen? Wie verhält man sich als Adeliger zu den anderen Menschen? – Heute frägt man: Wie verhält sich der Mensch, wenn er sich seiner Menschenwürde und seiner Menschenrechte voll bewusst sein kann?

Da muss aber dann der Mensch in sich etwas finden. Er muss die Antriebe, die ihm früher das Bürgertum, das Adelstum, das Priestertum gegeben und die ihn zu seinem sozialen Handeln getrieben haben, er muss diese Antriebe in sich selber finden. Und er kann sie nicht in seinem Körper finden, er muss sie in dem Geiste, der eingeprägt ist seiner Seele, finden. Deshalb bezeichnete ich in meiner *Philosophie der Freiheit* den sittlichen Impuls, der zu gleicher Zeit der tiefste soziale Impuls ist, das moralisch Impulsierende im Menschen, das bezeichnete ich als moralische Intuition.[2] Es muss etwas aufgehen in dem Menschen drinnen, was ihm sagen soll im konkretesten Falle des Lebens: So sollst du handeln.

Sehen Sie, da ist alles auf die menschliche Individualität gestellt. Da muss man den einzelnen Menschen, die Individualität anschauen und muss voraussetzen: In diesem Herzen, in dieser Seele sind moralische Intuitionen. Darauf muss alle Erziehung hinauslaufen, diese moralischen Intuitionen zu wecken, so dass jeder Mensch fühlt von sich: Ich bin nicht von dieser Erde allein, ich bin nicht bloß ein Produkt der physischen Vererbung, ich bin aus den geistigen Welten heruntergestiegen auf die Erde und habe etwas zu tun auf dieser Erde als dieser einzelne individuelle Mensch.

Aber da muss man wissen nicht bloß, dass man etwas zu tun hat, sondern was man zu tun hat. Man muss in sich finden in der einzelnen konkreten Situation darinnen, was man zu tun hat. Das muss einem die Seele sagen. Das unbestimmte Gewissen muss zur moralischen individuellen Intuition werden. Das heißt: Frei werden als Mensch –, das heißt: Nur bauen auf dasjenige, was in dem Menschen selber drinnen ist.

Und das haben manche Menschen sehr übelgenommen, weil sie gemeint haben, dann sei alles Moralisch-Soziale in die Willkür des einzelnen Individuums gegeben. Das ist es nicht, sondern es ist gestellt auf diejenige Basis, auf der allein das soziale Leben stehen kann; nämlich einerseits auf der Basis des Vertrauens. Dieses Vertrauen, wir müssen es gewinnen können auch den großen Angelegenheiten des Lebens gegenüber. Den kleinen Angelegenheiten des Lebens gegenüber, da haben wir es; denn wenn ich hier hinausgehe zur Tür, und Mr. K. begegnet mir draußen, habe ich ein unbewusstes Vertrauen, dass er nicht auf mich loskommt und mich niederstößt, indem er gerade seinen Weg geht; ich richte mich selber nach diesem Vertrauen ein und wir weichen einander gegenseitig aus, damit wir uns nicht stoßen. Das tun wir in den kleinen Details des Lebens. Das ist etwas, was, wenn sich der freie Mensch richtig versteht, überall in allen Angelegenheiten des Lebens angewandt werden kann. Aber es ist notwendig, dass Vertrauen herrscht von Mensch zu Mensch. In diesem Vertrauen – was ein goldenes Wort ist –, in der Erziehung zu diesem Vertrauen, zu dem Glauben an den einzelnen Menschen, nicht bloß an die Nation oder an die Menschheit, in dieser Erziehung zu dem Glauben an den einzelnen Menschen liegt dasjenige, was allein Impuls sein kann für das soziale Leben der Zukunft; denn von dem einzelnen Menschen zur Gemeinschaft führt auf der einen Seite nur dieses Vertrauen.

Und die andere Basis ist diese: Wir müssen, wenn niemand dasteht, der uns zwingt, irgend etwas zu tun, den Antrieb in uns selber finden. Auch den Gefühls-, den Gemüts-, den Seelenantrieb müssen wir in uns selber finden.

Was heißt das? Wenn ich früher Priester gewesen bin, so wusste ich, wie ich eingeordnet bin in das soziale Leben. Ich brauchte da nicht gerade in ein Buch hineinzuschauen, aber ich habe gewusst: So habe ich mich zu verhalten. Hatte ich das Ordenskleid an, so wusste ich, indem ich das Ordenskleid anhabe, das legt mir ganz bestimmte Pflichten auf. Hatte ich den Adelsdegen, so wusste ich, dass der Adel meine Menschlichkeit bestimmt. Ich war gerichtet, ich war geordnet im sozialen Leben. War ich Bürger, war das ebenso.

Das ist etwas, was, man kann es nun tadeln oder loben, darauf kommt es nicht an, in dem gegenwärtigen Augenblick der Menschheit wegfällt. Sie können noch so viele Menschen finden, die das alles wieder zurückhaben möchten, die Weltgeschichte sagt eben anderes. Da nützt es nichts, abstrakte Programme aufzustellen für allerlei Gemeinschaften, da nützt es nur, die Weltgeschichte sich anzuschauen.

Und da kommen wir zu der Frage: Was soll jetzt der Gefühlsimpuls werden für dasjenige, was soziales Handeln ist, wenn nicht mehr die Priestertugend, nicht mehr die Bürgertugend, nicht mehr die Adelstugend, die Tugend des vierten Standes von hinten treibt?

Es kann nur das werden: Wenn wir zu dem, was wir zu tun haben, namentlich gegenüber anderen Menschen, ein solches Vertrauen fassen können, wie wir es zu einem Menschen fassen, wenn wir ihn lieben. Frei sein heißt: in Handlungen sich ausleben, die man liebt.

Vertrauen ist das eine goldene Wort, das in der Zukunft das soziale Leben beherrschen muss. Liebe zu dem, was man zu tun hat, ist das andere goldene Wort. Und in der Zukunft werden diejenigen Handlungen sozial gut sein, die aus allgemeiner Menschenliebe gemacht werden.

Aber man muss diese allgemeine Menschenliebe erst verstehen

lernen. Man muss sich nicht in bequemer Weise einreden, sie ist schon da. Sie ist eben nicht da. Und je mehr man sich sagt: sie ist nicht da, desto besser ist es. Denn diese allgemeine Menschenliebe, die muss eben die Liebe zu Taten sein, die muss aktiv werden, die muss sich in Freiheit ausleben können. Dann wird sie aber allmählich aus einem Urteil des häuslichen Herdes oder der Kirchturmnähe zu einem Universellen, zu einem Welturteil.

Und nun frage ich Sie von diesem Gesichtspunkte aus: Wie stellt sich ein solches Welturteil zum Beispiel zu dem, was jetzt als, ich möchte sagen, die furchtbarste Illustration des sozialen Chaos herzzerbrechend zu uns spricht, zu der furchtbaren Not in Osteuropa, in Russland? Wie stellt es sich dazu?

Da handelt es sich darum, einer solchen Angelegenheit gegenüber die richtige Frage zu stellen. Und die richtige Frage ist diese: Gibt es heute auf der Erde – und die Erde muss hier angezogen werden, denn wir haben seit dem letzten Drittel des 19. Jahrhunderts nicht mehr Nationalwirtschaft, sondern Weltwirtschaft, das ist das Wichtige, was im sozialen Leben zu beachten ist –, gibt es heute auf der Erde zuwenig Nahrungsmittel für die gesamte Menschheit? Das wird niemand bejahen. Es gibt nicht zuwenig Nahrungsmittel auf der Erde für die gesamte Menschheit! Mag einmal die Zeit kommen, dann müssen die Menschen aus ihrem Genius heraus andere Mittel finden. Heute müssen wir noch sagen: Wenn an einem Fleck der Erde unzählbare Menschen hungern, dann sind es die menschlichen Einrichtungen der letzten Jahrzehnte, die das bewirkt haben. Denn dann sind diese menschlichen Einrichtungen nicht so, dass auf den hungernden Fleck der Erde in der richtigen Zeit die richtigen Nahrungsmittel hinkommen. Es kommt darauf an, wie die Menschen auf der Erde diese Nahrungsmittel im richtigen Augenblick in der richtigen Weise verteilen.

Was ist geschehen? In einem historischen Augenblicke ist in

Russland ein großes Gebiet der Erde durch eine aus reinem Intellektualismus, aus reiner Abstraktion geborenen Fortsetzung des Zarentums abgeschlossen worden von der Welt, eingesperrt worden. Ein für ein großes, aber doch für ein Territorium sich festlegendes Nationalgefühl hat Russland abgesperrt von der Welt und verhindert, dass jene sozialen Einrichtungen über die Erde hin herrschen, die es möglich machen, dass, wenn einmal die Natur an einem Orte versagt, die Natur an einem anderen Orte durch Menschenhände in ausgiebiger Weise eingreifen kann.

Es müssen die Blicke, die heute das soziale Elend schauen, wenn man den richtigen Gesichtspunkt hat, dahin führen, dass die Menschen «mea culpa» sagen, dass jeder Mensch «mea culpa» sagt. Denn dass der einzelne Mensch als Individualität sich fühlt, schließt nicht das aus, dass er auch mit der ganzen Menschheit sich verbunden fühlt. Man hat in der Menschheitsentwickelung nicht das Recht, sich als Individualität zu fühlen, wenn man sich nicht zu gleicher Zeit als Angehöriger der ganzen Menschheit fühlt.

Das ist, ich möchte sagen, der Grundton, die Grundnote, die aus einer jeden Philosophie der Freiheit kommen muss, die den Menschen in einer ganz anderen Art hineinstellen muss in die soziale Ordnung. Die Fragen werden dann ganz anders.

Was ist alles gefragt worden in sozialer Beziehung in den letzten Jahrhunderten, namentlich im 19. Jahrhundert, und was ist aus diesen Fragen, die zuerst aufgetaucht sind in den höheren Ständen, bei dem Millionenproletariat geworden? Warum ist das Millionenproletariat heute auf Abwegen nach der Ansicht vieler? Weil es falsche Lehren angenommen hat von den höheren Ständen. Es war der Schüler der höheren Stände; das Proletariat hat diese Lehren nicht selber geprägt.

Worauf es ankommt, ist, dass man einmal klar sieht. Die Leute haben gesagt: Der Mensch ist das Produkt der Verhältnisse; wie die sozialen Verhältnisse, die sozialen Einrichtungen ringsherum sind, so ist der Mensch. Andere haben gesagt: Die sozialen Verhältnisse sind so, wie die Menschen sie sich gemacht haben. – Alle diese Lehren sind ungefähr so klug, als wenn jemand sagt oder frägt: Ist der physische Mensch das Produkt seines Kopfes oder das Produkt seines Magens? Der physische Mensch ist eben weder das Produkt seines Kopfes noch das Produkt seines Magens, sondern das Produkt der fortwährenden Wechselwirkung zwischen Kopf und Magen. Die müssen immer zusammenwirken. Der Kopf ist Ursache und Wirkung; der Magen ist Ursache und Wirkung. Und wenn wir tiefer eingehen auf die menschliche Organisation, so finden wir sogar, dass der Magen vom Kopf gemacht wird; denn im embryonalen Leben entsteht zuerst der Kopf, und dann bildet sich erst der Magen; und dann wiederum macht der Magen den Organismus. So müssen wir nicht fragen: Sind die Verhältnisse, das Milieu die Ursache, dass die Menschen so und so sind? Oder sind es die Menschen, die das Milieu, die Verhältnisse gemacht haben? Wir müssen uns klar sein, dass jedes Ursache und Wirkung ist, dass alles ineinanderwirkt, und dass wir vor allen Dingen heute die Frage aufwerfen müssen: Was für Einrichtungen müssen da sein, damit die Menschen die richtigen Gedanken haben können in sozialer Beziehung? Und was für Gedanken müssen da sein, damit im Denken auch diese richtigen sozialen Einrichtungen entstehen?

Die Menschen haben nämlich gerade, wenn es auf das äußere praktische Leben ankommt, die Ansicht: Erst kommt dieses, dann kommt dieses. Damit kommt man in der Welt nicht vorwärts. Man kommt nur vorwärts, wenn man im Kreise denkt. Da denken aber die meisten Menschen: Da geht einem ein Mühlrad im Kopfe herum. Das können sie nicht. Man muss im Kreise denken; man muss sich denken, wenn man die äußeren Verhältnisse anschaut, sie sind vom Menschen gemacht, aber sie machen auch die Menschen; oder wenn man die menschlichen Handlungen anschaut, sie machen die äußeren Verhältnisse, aber werden auch wiederum getragen von den äußeren Verhältnissen. Und so müssen wir fortwährend mit unseren Gedanken hin- und hertanzen, wenn wir die Wirklichkeit haben wollen. Und das wollen die Menschen nicht. Die Menschen möchten, wenn sie irgend etwas anordnen, vor allen Dingen ein Programm: Erstens, zweitens, drittens bis zwölftens meinetwegen, und zwölf ist das letzte und eins ist das erste. Aber das ist leblos. Denn jedes Programm muss so sein, dass man es auch umkehren kann, dass man auch bei zwölf anfangen kann bis eins zurück, geradeso wie der Magen den Organismus ernährt, und wenn die Nerven, die unter dem kleinen Gehirn liegen, nicht ordentlich sind, kann nicht ordentlich geatmet werden. Geradeso wie das sich umkehrt im Leben, so hat man auch im sozialen Leben hinzuschauen darauf, dass alles sich umkehrt.

Und so hat mein Buch: *Die Kernpunkte der sozialen Frage* aus den sozialen Verhältnissen heraus Leser voraussetzen müssen, welche mit ihren Gedanken sich umkehren können. Aber das wollen die Menschen nicht, sie wollen vom Anfang bis Ende lesen und dann wissen: Jetzt haben sie das Ende erreicht. Dass das Ende der Anfang ist, darauf wollen sie nicht eingehen. Und so war das das ärgste Missverständnis dieses sozial gemeinten Buches, dass man es falsch gelesen hat. Und man fährt fort, es falsch zu lesen. Man will sich nicht mit den Gedanken dem Leben anpassen, sondern man will, dass das Leben sich dem Denken anpasse. Das ist aber ganz und gar nicht die Voraussetzung der sozialen Einrichtungen, die diesen Darstellungen zugrunde liegen. Ich werde dies dann gleich im nächsten Teile fortsetzen.

Meine Damen und Herren, als die Dreigliederung des sozialen Organismus anfing etwas besprochen zu werden unter den Menschen, da konnte ich ein merkwürdiges Urteil hören. Die

Dreigliederung wirft ihren Blick auf die drei Strömungen im sozialen Leben, die ich in diesen Tagen charakterisiert habe, auf das Geistesleben als solches, wie es heute besteht als Erbschaft der Theokratie; denn alles geistige Leben ist zum Schluss zurückzuführen auf dasjenige, was in den Theokratien zunächst als Ursache gelegen hat. Zweitens auf dasjenige, was ich juristischstaatliches Leben nenne; drittens auf dasjenige, was ökonomisches, wirtschaftliches Leben zu nennen ist. Als der Blick auf die drei Ideen der Dreigliederung, den Impuls der Dreigliederung geworfen wurde, da kamen zunächst diejenigen Menschen, die vielleicht mit ihrem Körper ganz gut in der Welt drinnenstehen, vielleicht sogar Fabrikanten sind in ihrem äußeren Leben, Pastoren sind in ihrem äußeren Leben, also mit ihrer Leiblichkeit irgendwo im äußeren Leben lokalisiert sind, sie kamen und sie dozierten nun: Ach ja, nun können wir froh sein, nun taucht eine neue Idee auf, die endlich wieder die alte grandiose Plato-Idee zur Geltung bringt, denn es ist ja nur ein Aufwärmen desjenigen, was Plato als Gliederung der Menschen hingestellt hat in Nährstand, Wehrstand, Lehrstand. Da haben wir den alten Plato wiederum zu Ehren gebracht.

Nun, meine Damen und Herren, ich hatte nichts anderes zu sagen, als: Für all jene Menschen, die zunächst, wenn eine neue Idee auftaucht, in die Bibliothek gehen und nachschauen, wo die registriert ist, mag das so sein; für denjenigen, der die Dreigliederung versteht, ist die Dreigliederung das Gegenteil von dem, was Plato geschildert hat als Nährstand, Wehrstand und Lehrstand, das genaue Gegenteil. Und zwar, weil Plato so und so viel Jahre vor dem Mysterium von Golgatha gelebt hat. Für die damalige Zeit war die Gliederung im Nährstand, Lehrstand und Wehrstand richtig; heute sie wiederum auffrischen zu wollen, ist absurd. Denn bei der Dreigliederung des sozialen Organismus handelt es sich nicht darum, dass hier wiederum die Menschen gegliedert werden, so dass einer drinnensteckt in dem Lehrstand, der andere in dem Wehrstand, in dem juristischen und Kriegerstand, der andere drinnensteckt in dem Nährstand, sondern es handelt sich um Einrichtungen, um Institutionen, in denen abwechselnd jeder drinnen sein kann, weil wir es in der neueren Zeit mit Menschen zu tun haben, und nicht mit Ständen. So dass es sich darum handelt, dass eine Institution da ist, in welcher universell das geistige Leben des Menschen gepflegt wird, das lediglich auf die Fähigkeiten der Individualitäten gebaut sein muss; dass zweitens da ist die staatlich-juristische Institution in ihrer Selbstständigkeit, ohne Intentionen, die anderen Glieder des sozialen Organismus zu verschlingen, und dass drittens da ist eine Institution, die rein wirtschaftlich ist.

Die staatlich-juristische wird es zu tun haben mit all dem, was der einzelne Mensch mit dem anderen abzumachen hat, was von Mensch zu Mensch festzusetzen ist.

Im geistigen Leben kann nicht jeder ein Urteil haben; im geistigen Leben kann jeder nur das Urteil haben, zu dem er befähigt ist. Da muss alles aus der Individualität herauskommen. Das geistige Leben muss auf die Individualitäten gebaut sein. Das geistige Leben macht notwendig, dass es ein in sich geschlossener, einheitlicher Körper ist. – Sie werden sagen: Das ist es nicht. – Aber ich werde gleich darauf zu sprechen kommen.

Das staatlich-juristische Leben macht es notwendig, dass die Menschen im Sinne der schon einmal heraufgekommenen Demokratie, wo der Mensch als Mensch Gelegenheit hat, von Mensch zu Mensch sich verständigen zu können über dasjenige, worüber jeder Mensch ein Urteil haben muss, worüber es nicht Sach- und Fachkenntnis gibt, sondern worüber jeder Mensch ein Urteil haben muss. Es gibt ein solches Gebiet des Lebens, das ist das Juristisch-Staatliche.

Und drittens das ökonomische Gebiet. Da zeigt sich, wie da

alles nicht von dem einzelnen Urteil ausgehen kann – das Urteil des Einzelnen ist gleichgültig, denn es kann niemals richtig sein –, sondern von den Assoziationen, von den Gemeinschaften der Menschen, die aus dem Zusammenfluss ihrer Urteile ein gemeinschaftliches Urteil heraus zustande bringen. Nicht darauf kommt es an, dass man sagt, man solle den Staat oder sonst irgendeine Gemeinschaft in drei Glieder teilen, sondern darauf kommt es an, dass von diesen drei Gliedern jedes dasjenige tun kann, was es tun soll, damit der soziale Organismus richtig wirkt.

Mit der Denkweise, die ich hier vertrete, meine Damen und Herren, kann man drinnenstehen in der Welt. Man kann unter Umständen – ich will jetzt nur hypothetisch das anführen –, man kann aus seinen Fähigkeiten heraus das oder jenes wollen, man kann vielleicht sogar die Geschicklichkeit, die Technik dazu haben, das oder jenes zu wollen; aber dasjenige, was man selber als Mensch tut, wird ja weiter getan durch andere Menschen. Ich handle; darauf kommt etwas an, aber nicht alles und nicht die Hauptsache. Es kommt darauf an, dass meine Handlung von dem anderen verständig weitergeführt wird, dass sie weiter von einem dritten, vierten, x-ten geführt wird. Dazu muss aber der soziale Organismus so geführt werden, dass die Spuren meiner Handlung nicht verschwinden. Sonst tue ich etwas in Oxford; es wird weiter getan, weiter getan; aber in Whitechapel ist keine Spur mehr davon vorhanden. Dann sehen wir nur das äußere Symptom, dann sehen wir nur, dass dort Elend ist. Das Elend muss aber hervorgehen, wenn die menschlichen Kräfte nicht in der richtigen Weise eingehen können in den sozialen Organismus.

Wir schauen nach Russland – Elend. Warum? Weil die sozialen Kräfte nicht richtig eingreifen können in den sozialen Organismus; weil der soziale Organismus nicht in der richtigen Weise nach seinen naturgemäßen drei Gliedern gegliedert ist. Wenn ein sozialer Organismus so gegliedert ist, dass darinnen das Geistesleben frei auf die Individualitäten gestellt ist, dass ein juristisch-staatliches Leben da ist, welches alle die Angelegenheiten ordnet, wofür jeder Mensch kompetent ist, gleichgültig was er für einen Bildungsstand und so weiter hat, und wenn drittens ein selbstständiges wirtschaftliches Leben da ist, das es nur zu tun hat mit Produktion, Warenkonsumtion und Zirkulation, dann ist dieser Organismus so gegliedert, dass die einzelne Handlung, die einer tun kann, wirklich so durchfließt durch den sozialen Organismus, wie das Blut durch den Menschen durchfließt.

Ja, das kann man aus einer wirklichen realen Welterkenntnis heraus. Aber aus einer solchen realen Welterkenntnis heraus müssen es auch die Menschen verstehen. Wenn heute so etwas gesagt wird, und es kommt dann jemand und erklärt es theoretisch mit doktrinärem Marxismus und Intellektualismus, dann wird das natürlich gar nicht aufgefasst, dann weiß man gar nicht, was der nun meint, der nun nicht an der Oberfläche bleibt und an der Oberfläche das Elend sieht, und sagt: Da kann man nichts bessern, man muss erst die Menschen in solche soziale Zusammenhänge hineinbringen, dass aus den Zusammenhängen der Menschen heraus das Elend verschwindet. Das ist es.

Und da müssen wir uns klar sein, allmählich hat das, was ursprünglich Theokratie war, vom Leben sich entfernt. Denn in denjenigen Stätten, wo die ursprünglichen Theokraten gelebt haben, da gab es keine Bibliotheken, da war nicht die Wissenschaft in Bibliotheken eingereiht; da setzte man sich nicht hin, wenn man sich vorbereitete, um eine Wissenschaft zu beherrschen, und studierte alte Bücher, sondern da lebte man mit dem lebendigen Wesen des Menschen. Da sah man den Menschen an. Da fragte man sich: Was ist da draußen mit dem Menschen zu tun. Die Bibliothek war die Welt. Man schaute nicht in Bücher, sondern auf die menschliche Physiognomie, man achtete auf menschliche Seelen, man las in ihnen; man schaute nicht in die

Bücher hinein, sondern man schaute auf die Menschen. In die Bibliotheken ist allmählich unsere Wissenschaft hineingegangen oder sonst irgendwie aufgespeichert, vom Menschen getrennt.

Wir brauchen ein Geistesleben, das wiederum ganz in der Welt drinnensteht, wir brauchen ein Geistesleben, wo die Bücher aus dem Leben heraus geschrieben sind, ins Leben hinein wirken und nur Anregungen sind für das Leben, nur Mittel und Wege sein wollen für das Leben. Wir müssen aus der Bibliothek heraus. Wir müssen gerade im geistigen Leben in das Leben hinein. Und wir müssen ein Erziehungswesen haben, das nicht nach Regeln verfährt, das nach den Kindern verfährt, die real da sind, nach Menschenkenntnis; aus Menschenkenntnis heraus die Kinder kennenlernt und aus dem Kinde selbst herausliest, was zu tun ist jeden Tag, jede Woche, jedes Jahr.

Wir brauchen ein staatlich-juristisches Leben, in dem Mensch dem Menschen gegenübersteht, wo nur nach dem geurteilt wird, wozu eine berechtigte Kompetenz jeder Einzelne hat, wie ich schon sagte, gleichgültig in welchem Beruf, in welcher sonstigen Situation er drinnensteht. Das gehört in das staatlich-juristische Leben hinein; was alle Menschen gleich macht.

Was wird dann in das geistige Leben hineinkommen, wenn das geistige Leben so aufgefasst wird, wie ich es jetzt beschrieben habe? Vom wirtschaftlichen Leben wird von selbst nach und nach die Kapitalverwaltung in das geistige Leben hineinkommen. Schimpft man heute über den Kapitalismus – man kann ja nichts machen gegen den Kapitalismus, man braucht doch den Kapitalismus. Es handelt sich nicht darum, dass Kapital da ist, Kapitalismus da ist, sondern: Welche sozialen Kräfte in dem Kapital und Kapitalismus wirken. Der Kapitalismus ist entstanden aus der geistigen Erfindungsgabe der Menschheit. Er ist schon aus dem Geistigen heraus entstanden durch Arbeitsteilung und geistige Erkenntnis. Ich habe nur zur Illustration, weil ich keine

Utopie geben wollte, in meinen *Kernpunkten* gesagt, wie etwa dieses Hinströmen des Kapitals zum geistigen Glied des sozialen Organismus geschehen könnte, indem derjenige, der zunächst Kapital erworben hat und dadurch Kapital arbeitend hat, und mit seiner eigenen Person bei dieser Arbeit des Kapitals dabei ist, indem der so, wie man es heute mit den Büchern macht, die nach dreißig Jahren an die Allgemeinheit übergehen, dafür sorgt, dass das Kapital an die Allgemeinheit übergeht. Ich habe es nicht als einen utopischen Standpunkt aufgestellt, sondern gesagt, so könnte man vielleicht dazu kommen, dem Kapital diese Strömung zu geben, so dass es, statt dass es überall stockt, in die Blutzirkulation des sozialen Lebens hineinkomme. Alles das, was ich gesagt habe, ist gesagt als Illustration, sind nicht Dogmen, nicht utopische Begriffe, sondern ich wollte etwas anführen, was vielleicht durch die Assoziation geschehen wird.

Es kann vielleicht aber etwas ganz anderes geschehen. Derjenige, der lebensvoll denkt, setzt nicht Dogmen hin, die ausgeführt werden sollen, sondern rechnet mit Menschen, die aus ihrem Zusammenhang dasjenige herausbringen, was sozial ziel- und zweckvoll ist, wenn diese Menschen in der richtigen Weise in den sozialen Organismus hineingestellt sind. Überall ist gerechnet mit Menschen und nicht mit Dogmen. Aber ich habe es ja erleben müssen: Dasjenige, was eigentlich gemeint war mit den *Kernpunkten*, ist gar nicht diskutiert worden. Dagegen haben die Leute gefragt: Wie wird man es dahin bringen, dass das Kapital sich nach so und so viel Jahren an den Fähigsten vererbt? Und so weiter. Die Menschen wollen ja nichts Wirkliches, wollen nur Utopien. Das ist es aber, was gerade gegen die unbefangene Aufnahme eines solchen Impulses spricht, wie er in der Dreigliederung vorliegt.

Und so wird man sehen, wenn das juristisch-staatliche Leben in der richtigen Weise sich auswirken kann, dass dieses juristisch-staatliche Leben vor allen Dingen dann die Arbeit des Menschen einbezieht. Die Arbeit des Menschen steckt ja heute ganz im wirtschaftlichen Leben drinnen. Sie wird nicht behandelt als etwas, was von Mensch zu Mensch bestimmt wird. Ich habe etwa 1905 einen Aufsatz geschrieben[3] über die soziale Frage und habe da klarmachen wollen, dass unter unserer heutigen Arbeitsteilung Arbeit nur eine Ware wird, indem sie hineinfließt in den ganzen übrigen Organismus. Für uns selber hat in Wirklichkeit unsere Arbeit nur einen Scheinwert. Nur was die anderen für uns tun, hat einen Wert; während das, was wir tun, für die anderen einen Wert haben soll. Das ist etwas, was die Technik schon erreicht hat. Nur sind wir mit unserer Moral noch nicht nachgekommen. Technisch, innerhalb der heutigen sozialen Ordnung, kann man nichts für sich machen, nicht einmal einen Rock. Sogar wenn man sich den Rock selber macht, so hat er einen solchen Preis, wie er ihn haben würde, wenn er innerhalb der ganzen sozialen Ordnung von einem anderen gemacht wird. Das heißt, was den Rock ins Ökonomische hineinstellt, das ist universell, ist aus der Gemeinschaft heraus bestimmt. Es ist nur ein Scheingebilde, wenn man meint, der vom Schneider für sich selbst hergestellte Rock sei billiger. Man kann das ausrechnen mit Zahlen, da erscheint es billiger. Würde man es aber hineinstellen in eine Gesamtbilanz, so würde man sehen: Ebenso wenig wie man aus seiner eigenen Haut herausfahren kann, ebenso wenig kann man, indem man sich selber ein Kleidungsstück macht, das Ökonomische ändern oder ausschalten. Auch das Kleidungsstück, das man für sich selbst gemacht hat, muss insgesamt bezahlt werden. Die Arbeit ist dasjenige, was der Mensch für den Menschen macht, die nicht darnach geordnet werden kann, wie viel Arbeitszeit man in der Fabrik braucht. Die Bewertung der Arbeit führt im eminentesten Sinne hinein in das Gebiet des Rechts, der staatlichjuristischen Ordnung.

Dass das nicht unzeitgemäß, sondern zeitgemäß ist, das können Sie daraus entnehmen, dass die Arbeit überall geschützt wird, gesichert wird und so weiter. Aber das sind alles nicht halbe, das sind Viertelsmaßregeln, die nur dann voll zur Geltung kommen können, wenn eine richtige Dreigliederung des sozialen Organismus da ist. Denn dann wird erst der Mensch dem Menschen gegenüberstehen und wird erst die Arbeit eine richtige Regelung finden, wenn Menschenwürde gegen Menschenwürde sprechen wird, aus dem heraus, für das alle Menschen kompetent sind.

Dann werden Sie sagen: Ja, da kann einmal nicht genügend Arbeit da sein, wenn auf diese Weise im demokratischen Staat dann die Arbeit bestimmt wird. Ja, da ist einer der Punkte, wo das Soziale hineinführt in das Allgemein-Historische, in die allgemeine Menschheitsentwickelung. Das wirtschaftliche Leben darf nicht die Arbeit bestimmen. Es muss eingeschlossen sein auf der einen Seite zwischen der Natur, auf der anderen Seite zwischen der staatlich festgesetzten Arbeit. Geradeso wenig wie ein Komitee jetzt bestimmen kann, wie viele Regentage im Jahre 1923 da sein sollen, damit man richtig wirtschaften kann im Jahre 1923, wie man das hinnehmen und damit rechnen muss als einem Gegebenen, mit demjenigen, was die Natur gibt, so wird man auch im selbstständigen wirtschaftlichen Organismus rechnen müssen mit dem Gegebenen als mit einer Arbeitsmenge, die innerhalb des staatlich-juristischen Organismus sich ergibt. Das kann ich nur im Allgemeinen erwähnen als eine Charakteristik.

Im ökonomischen Glied des sozialen Organismus werden die Assoziationen dastehen, in denen werden Konsumenten und Produzenten und Händler in gleicher Weise aus ihren Lebenserfahrungen heraus ein assoziatives Urteil – nicht ein individuelles, das gar keine Bedeutung hat –, ein assoziatives Urteil abgeben. Das kann man heute nicht erreichen, wenn man die kleinen Ansätze nur verfolgt, welche da sind. Dass diese kleinen Ansätze da sind, beweist, dass unbewusst in der Menschheit die Intention besteht, es so zu machen. Man gründet Genossenschaften, Gewerkschaften, alle möglichen Gemeinschaften. Gewiss, das bezeugt, dass der Drang da ist. Aber wenn sie heute eine Genossenschaft gründen neben der übrigen sozialen Ordnung, so muss diese Genossenschaft entweder hineinwachsen in die übrige soziale Ordnung, gerade solche Preise haben, geradeso die Ware auf den Markt bringen, wie dies üblich ist, oder aber sie muss zugrunde gehen. Dasjenige, um was es sich bei der Dreigliederung des sozialen Organismus handelt, ist nicht, aus einem utopistischen Gedanken heraus Wirklichkeiten zu schaffen, sondern das, was wirklich ist, anzufassen; diejenigen Institutionen, die gegenwärtig da sind, diejenigen, die konsumieren, die produzieren, der Unternehmer, das, was da ist selber ohne Neugründung, das soll in Assoziationen zusammengefasst werden. Man soll gar nicht fragen: Wie gründet man neue Assoziationen? – Sondern: Wie fasst man die wirtschaftlichen Verbände, die wirtschaftlichen Institutionen, die da sind, in Assoziationen zusammen? – Dann wird vor allen Dingen innerhalb dieser Assoziationen aus der wirtschaftlichen Erfahrung heraus eines richtig erfolgen, woraus tatsächlich eine soziale Ordnung kommen kann – wie aus dem gesunden menschlichen Organismus eben die menschliche Gesundheit kommt im menschlichen Leben –, eine ökonomische Zirkulation: Produktionsgeld, Leihgeld und Schenkungsgeld, Stiftung. Ohne dass diese drei Glieder darinnen sind, gibt es keinen sozialen Organismus. Man kann heute noch so viel wettern gegen die Stiftungen, Schenkungen, sie müssen da sein. Die Menschen machen sich nur etwas vor. Sie sagen sich: Ja, in einem gesunden sozialen Organismus gibt es keine Schenkungen. Aber sie zahlen ihre Steuern. Die Steuern sind ja nur der Umweg; denn darin sind die Schenkungen, die wir an die Schulen und so weiter abgeben, das sind die Schenkungen.

Die Menschen sollten aber eine solche soziale Ordnung haben, wo sie immer sehen, wie die Dinge laufen, und sich nicht etwas vormachen. Wenn sie das soziale Leben herauskriegen allmählich aus demjenigen, was jetzt konfundiert alles in sich enthält, dann werden sie, wie sie jetzt in dem gesunden menschlichen Organismus das Blut laufen sehen, so das Geld laufen sehen als Produktionsgeld, Leihgeld, Schenkungsgeld. Und sie werden sehen, wie mit dem Menschen zusammenhängt auf der einen Seite im Handels-, Zirkulations-, Produktions- und Erwerbsgeld dasjenige Geld, das angelegt wird, damit es auf dem Wege des Leihens, indem es verzinst wird, wiederum in die Produktion übergeht, und auf der anderen Seite das Schenkgeld, das zufließen muss dem, was freies Geistesleben ist.

So nur können die Menschen am sozialen Geschehen teilnehmen, dass jeder in der freien Assoziation sieht: So läuft das Leben – dann kann Gesundheit hineinkommen in den sozialen Organismus. Dieser Dreigliederungsidee gegenüber ist alles abstrakte Denken verpönt. Da gibt es nur lebendiges Denken.

Aber wir haben ja heute auch im Ökonomischen nicht mehr lebendiges Denken. Wir haben überall abstraktes Denken. Denn wo lebt denn die heutige Ökonomie? Wie hat sie begonnen, als sie sich herausgearbeitet hat aus der Zeit, wo man noch irgendeinen schmutzigen Fetzen Papier genommen hat und sich seine Einnahmen und Ausgaben aufgeschrieben hat. Als die Sache komplizierter geworden ist, da nahm man dafür diejenigen, die im Priestertum waren, die Kleriker; die wurden die Schreiber. Die leiteten nun von ihren Kenntnissen aus dasjenige, was sie verstanden von dem äußeren Leben. Heute – wer ist der Nachfolger des Klerikers, des Schreibers, der aus der Kirche heraus genommen wurde, um die Ökonomie des Fürsten zu registrieren? Das ist der Buchhalter. Der Buchhalter, er hat in seinem Kassabuch, in seinem Hauptbuch nur noch eine ganz kleine Erinnerung daran, die auch nur noch in wenigen Gegenden vorhanden ist. Wenn man aufschlägt die erste Seite – ich weiß nicht, ob es hier auch noch so ist – da steht: «Mit Gott.» Solche Buchhaltungsbücher gibt es in gewissen Gegenden. «Mit Gott» steht da. Es erinnert noch an alte Zeiten. Wenn man weiterblättert, da findet man wenig, was «mit Gott» ist. Nun, da ist hinein abstrahiert alles dasjenige, was aber volles Leben sein muss, was in den Assoziationen als Leben dastehen muss, was nicht in die Bücher hineinkommen kann.

Und so handelt es sich bei der Dreigliederung wirklich nicht darum, wiederum in alter Weise, diese Begriffe, die wir haben: Geistesleben, Staatsleben, wirtschaftliches Leben so herumzukollern, und ein bissel anders herumzukollern, als man es in der jüngsten Zeit versucht hat, herumzukollern; sondern es handelt sich darum, überhaupt einmal den Begriff des Organismus zu erfassen, und dasjenige, was allmählich so ungeheuer stark hineingedrängt hat in das Abstrakte, wiederum zum Leben zurückzuführen. In diesem Zurückführen zum Leben liegt dasjenige, worauf es ankommt. Denn in den Assoziationen des Wirtschaftslebens werden alle sitzen; auch die Vertreter des geistigen Lebens werden drinnensitzen, denn sie essen. Es werden die Staatsvertreter drinnensitzen. Und umgekehrt werden in den anderen Gliedern alle drinnen sein.

Dann aber ist etwas die notwendige Folge, was die Leute furchtbar schockiert, wenn man in der Gegenwart davon spricht – natürlich setzt man manchmal etwas Paradoxes hin, um die Sache genauer zu charakterisieren. Ich habe einmal einem Industriellen, der ein ausgezeichneter Mensch auf seinem Gebiete ist, gesagt: Wir werden erst recht ins Leben hineinkommen, wenn Sie in der Fabrik einen Menschen haben, der sich ins volle Leben der Fabrik hineinstellt, der mit seinem ganzen Wesen dadrinnen steht; dann kommt irgendeine Hochschule, eine technische Hochschule, die nimmt sich diesen Menschen aus der Fabrik heraus, nicht den, der gerade zubereitet ist, sondern diesen aus dem Leben heraus nimmt sie. Sie stellt ihn hin, damit er nun fünf oder zehn Jahre dasjenige den Jungen oder Mädchen zu sagen hat, was zu sagen ist aus dem Leben. Dann, wenn das ein bisschen altbacken geworden ist, mag er wieder zurückgehen in die Fabrik. – Es wird das Leben kompliziert, aber das fordert die Zeit, das lässt sich nicht anders machen.

Geradeso wie immer neues Leben die soziale Ordnung durchströmen wird, oder die soziale Ordnung wird in die Dekadenz kommen, so muss man sagen: Entweder muss der Mensch wirklich Mensch werden, das heißt, er muss mit seinen Fähigkeiten zirkulieren können im sozialen Organismus, oder wir kommen in die Dekadenz hinein. Man kann ja die Dekadenz wählen, wenn man will, wenn man auf dem alten Standpunkt stehenbleiben will; aber Stehenbleiben, das lässt uns eben die Evolution nicht. Das ist es, auf was es ankommt.

Abschließend möchte ich sagen: Ich konnte mehr in einem Gefühle entwickeln, was von dem Gesichtspunkte aus, von dem ich hier sprach, zu sagen war. Dieser Gesichtspunkt soll nicht in einseitiger Weise als ein spiritueller aufgefasst werden, sondern spirituell nennt er sich nur deshalb, weil er aus dem Geiste des Lebens heraus sein will. So konnte ich mehr nach dem Gefühl den Impuls nur charakterisieren, der ja leben soll durch diese soziale Idee. Mehr kann man nicht in drei Vorträgen.

Aber, meine Damen und Herren, dass ich dieses konnte und durfte hier, das ist dasjenige, wofür ich Ihnen jetzt, wo ich diese Vorträge abschließen werde, auf das allerherzlichste danke. Ich empfinde diesen Dank wirklich im tiefsten Herzen in erster Linie gegenüber Mrs. Mackenzie[4] an der Spitze dieses Komitees, ohne deren Bemühungen die ganze Oxforder Unternehmung unmöglich hätte zustande kommen können. In erster Linie sei

Mrs. Mackenzie der aufrichtigste, herzlichste Dank ausgesprochen, und dann dem ganzen Komitee, das ihr hilfreich zur Seite gestanden hat. Insbesondere danke ich auch dafür, dass dasjenige, was wir durften einordnen als Künstlerisches dem Streben, das wir von Dornach aus in die Welt hineinschicken möchten, dass auch das Eurythmisch-Künstlerische in konkreter Art hat hier zur Geltung kommen dürfen in Oxford während dieses Meetings. Dafür allen denjenigen, die sich dafür Verdienste erworben haben, herzlichsten Dank! Sie werden fühlen, dass dieser Dank ein ernster sein muss, wenn ich Ihnen sage, dass ja doch das Goetheanum in Dornach hingestellt worden ist als ein Ausgangspunkt für dasjenige, was erst real wird, wenn solche Dinge geschehen, wie sie jetzt hier in Oxford geschehen sind. Und dass das Verständnis und gute Herzen braucht, das werden Sie aus dem ersehen können, was ich nicht als Anspielung sage, wirklich nicht, aber erwähnen doch möchte, dass wir wohl werden im November unseren Bau unterbrechen müssen, nicht werden fortsetzen können, weil wir nicht die nötigen Geldmittel haben. Wir glauben aber, dass sie noch in der Welt vorhanden wären, und dass also auch da irgendwo etwas stockt. Wenn die Sachen so weitergehen, wie sie im richtiggehenden sozialen Organismus weitergehen würden, dann – aber das ist etwas, was uns in Dornach gerade mit der allergrößten Sorge bedrückt, dass dieses Werk unternommen wurde und durch die Ungunst der Zeitverhältnisse, wenn nicht zur rechten Zeit sich Verständnis für die Fortsetzung findet, unterbrochen werden müsste. Ich will das aus dem Grunde erwähnen, damit Sie sehen, wie herzlich der Dank gemeint ist, den ich Ihnen hier ausspreche.

Wenn ich den Versuch gemacht habe, auf der einen Seite das Erziehungsmäßige auseinanderzusetzen, auf der anderen Seite das Soziale, so möchte ich doch darauf aufmerksam machen, dass das von Dornach aus gepflegt werden soll als ein Universelles. Zunächst ist ja vom Weltanschauungs-, vom Erkenntnisstandpunkte ausgegangen worden, als die anthroposophische Bewegung gegründet worden ist. Und erst als Menschen gesehen haben und gefühlt haben in unserer Zeit aus dem, was in unserer Zeit an Niedergangskräften lebt, dass in erzieherischer Weise und auch in sozialer Weise etwas geschehen muss, da sind die Menschen herangekommen an mich mit der Frage: Was hat Anthroposophie zu sagen für Schulgründungen, die mit dem vollen Leben rechnen, mit einer Zukunft, die aus den tieferen Menschenkräften hervorgeht? Denn aus der Oberfläche der Menschenkräfte lässt sich für die Zukunft zunächst nichts gewinnen.

Nicht aus irgendeiner Schrulle heraus, auch nicht aus einer abstrakten Idee ist die erzieherische Strömung entstanden, sondern weil Menschen gekommen sind, die an die Anthroposophie diese Frage gestellt haben, die wissen wollten, was Anthroposophie da zu sagen habe aus dem Leben heraus, nicht aus einer sektiererischen Bestrebung.

Und in noch höherem Maße war das der Fall mit der sozialen Frage. Auch da sind Menschen, denen das Herz brach über dasjenige, was in der Gegenwart in den Niedergang hineinführt, gekommen und wollten wissen, was anthroposophische Erkenntnis an wirklichem Eindringen in die Realität zu sagen hat über Impulse, die von der Gegenwart in die Zukunft hineingeschickt werden sollen.

Dass ich hier Verständnis dafür fand, dafür sage ich am Schlusse meinen herzlichsten Dank, indem ich noch betone, dass dasjenige, was gerade so gesagt werden muss, darauf angewiesen ist, dass es aufgenommen wird in das volle Leben, dass es aus dem College hinauswirkt in die Welt, wo die Menschen stehen, dass es also nicht antiquarische Wissenschaft sei, sondern dass gerade in den Stätten des geistigen Lebens die Impulse entstehen, die bewirken, dass auch in den Fabriken die richtigen Menschen stehen, die gerade das Kapital verwalten, von denen Leben ausgeht. Dass das charakterisiert wurde mit Beispielen, die sich darbieten, wird man mir nicht übelnehmen, wenn ich auf der anderen Seite wiederhole, was ich schon mehrmals gesagt habe, dass es mir mit ein ganz besonderes beglückendes Gefühl war, diese Impulse hier in Oxford auseinandersetzen zu können, wo jeder Schritt auf die Straße inspirierend wirkt aus dem ehrwürdigen Alter heraus, wo das ganz besonders wirkt, was derjenige braucht, der aus dem Geiste heraus sprechen will.

In älteren Zeiten war nicht der Geist lebendig, der heute lebendig werden muss und der in die Zukunft hinein wirken soll, aber es war Geist lebendig. Und dieser Geist kann inspirierend wirken. Deshalb war es mir auch tief befriedigend, gerade hier unter dem Eindruck des Altehrwürdigen, des Verehrungswürdigen in Oxford diese Vorträge halten und diese Anregungen geben zu dürfen.

Ich muss zum Schluss noch einen Dank aussprechen. Sie werden alle verstehen, dass ich außerordentlich dankbar bin Mr. Kaufmann,[5] der mit großer Liebe hier die Übersetzungen geleistet hat. Wenn man weiß, wie viel Mühe die Übersetzung verhältnismäßig schwieriger Dinge macht, wie viel das von den Kräften des Menschen auch in kurzer Zeit wegnehmen kann, dann weiß man zu würdigen, welche Arbeit gerade Mr. Kaufmann in den letzten Wochen in Oxford für diese Holiday-Konferenz geleistet hat. Ich spreche ihm hier, und hoffentlich tun das auch noch viele, diesen Dank aus, und bitte, dass er mir diesen letzten Übersetzerdienst noch tut, und dasjenige, was ich eben hier gesagt habe, auch so treu und wörtlich noch übersetzt, wie er das vorige übersetzt hat.

«Die Idee vom dreigliedrigen sozialen Organismus trägt der Tatsache Rechnung, dass das Wirtschaftsleben auf der gegenwärtigen Entwickelungsstufe der zivilisierten Menschheit nur im Wirtschaften sich erschöpfen soll.»

«Denn Lebenspraxis kann nicht bloß die Rechnung machen mit äußeren Einrichtungen; sie muss in die Rechnung einstellen, *was der Mensch ist und werden kann.*»

Arbeitsfähigkeit, Arbeitswille und Dreigliederung des sozialen Organismus

August 1919

Sozialistisch denkende Persönlichkeiten sehen in der bisherigen Form des Gewinnes innerhalb des Wirtschaftslebens einen Arbeitsantrieb, von dessen Beseitigung die Herbeiführung gesünderer sozialer Zustände, als die bisherigen sind, abhängt. Für solche Persönlichkeiten wird die Frage drängend: Was wird die Menschen veranlassen, ihre Fähigkeiten in einem notwendigen Stärkegrade in den Dienst des wirtschaftlichen Produzierens zu stellen, wenn der Egoismus, der im Gewinn seine Befriedigung findet, sich nicht mehr ausleben kann? Man kann nicht sagen, dass dieser Frage genügend Sorgfalt bei denen zugewandt wird, die an Sozialisierung denken. Die Forderung: In Zukunft dürfe der Mensch nicht mehr für sich, sondern er müsse «für die Gemeinschaft» arbeiten, bleibt wesenlos, solange man nicht wirklichkeitsgemäße Erkenntnisse darüber entwickeln kann, auf welche Art man Menschenseelen dazu bestimmen kann, dass sie «für die Gemeinschaft» ebenso willig arbeiten, wie für sich selbst. Man könnte sich allerdings der Meinung hingeben, eine zentrale Verwaltung werde jeden Menschen an seinen Arbeitsplatz stellen, und dann werde durch diese Organisation der Arbeit auch möglich sein, die Arbeitsprodukte in gerechter Art von der Zentralverwaltung aus zu verteilen. Allein eine solche Meinung fußt auf einer Illusion. Sie rechnet zwar damit, dass die Menschen Konsumbedürfnisse haben und dass diese befriedigt werden müssen; aber sie rechnet nicht damit, dass das bloße Bewusstsein vom Vorhandensein dieser Konsumbedürfnisse in dem Menschen nicht eine Hingabe an die Produktion hervorruft, wenn er nicht für sich, sondern für die Gemeinschaft produzieren soll. Er wird durch dieses bloße Bewusstsein, für die Gesellschaft zu arbeiten, keine Befriedigung empfinden. Deshalb wird ihm daraus kein Arbeitsantrieb erstehen können.

Man sollte durchschauen, dass man in dem Augenblicke einen neuen Arbeitsantrieb schaffen muss, in dem man daran denkt, den alten des egoistischen Gewinnes zu beseitigen. Eine Wirtschaftsverwaltung, welche diesen Gewinn nicht innerhalb der in ihrem Kreislauf wirkenden Kräfte hat, kann von sich aus überhaupt keine Wirkung auf den menschlichen Arbeitswillen ausüben. Und gerade dadurch, dass sie dies nicht kann, erfüllt sie eine soziale Forderung, bei der ein großer Teil der Menschheit auf der gegenwärtigen Stufe seiner Entwickelung angelangt ist. Dieser Teil der Menschheit will nicht mehr durch den wirtschaftlichen Zwang an die Arbeit gebracht werden. Er möchte aus Antrieben heraus arbeiten, welche der Würde des Menschen mehr entsprechen. Zweifellos ist diese Forderung bei vielen Menschen, an die man bei ihrer Erhebung denken muss, eine mehr oder weniger unbewusste, instinktive; aber im sozialen Leben bedeuten solche unbewusste, instinktive Impulse etwas weit Wichtigeres als die Ideen, die man bewusst vorbringt. Diese bewussten Ideen verdanken ihren Ursprung oft nur der Tatsache, dass die Menschen nicht die geistige Kraft haben, wirklich zu durchschauen, was in ihnen vorgeht. Befasst man sich mit solchen Ideen, so bewegt man sich im Wesenlosen. Es ist deshalb notwendig, trotz dem Täuschenden solcher Oberflächenideen auf wahre Forderungen der Menschen, wie die gekennzeichnete, die Aufmerksamkeit zu richten. Andererseits ist auch nicht in Abrede zu stellen, dass niedrige menschliche Instinkte in einer Zeit, in welcher, wie in der Gegenwart, das soziale Leben wilde Wogen wirft, ihr Wesen treiben. Man wird aber die Forderung nach einem menschenwürdigen Dasein, die *berechtigt* in obigem Sinne erhoben wird, nicht ertöten, wenn man das Walten niedriger menschlicher Instinkte benützt, um auch sie anzuklagen.

Wenn eine Organisation des Wirtschaftswesens entstehen soll, die keine Wirkung auf den Arbeitswillen der Menschen haben kann, so muss diese Wirkung von einer anderen Organisation kommen. Die Idee vom dreigliedrigen sozialen Organismus trägt der Tatsache Rechnung, dass das Wirtschaftsleben auf der gegenwärtigen Entwickelungsstufe der zivilisierten Menschheit nur im Wirtschaften sich erschöpfen soll. Die Verwaltung eines solchen Wirtschaftslebens wird durch ihre Organe feststellen können, welches der Umfang der Konsumbedürfnisse ist; wie in bester Art die Erzeugnisse an die Konsumenten gebracht werden können; in welchem Umfange das eine oder andere Produkt erzeugt werden soll. Allein sie wird kein Mittel haben, in dem Menschen den Produktionswillen zu erzeugen; und sie wird auch nicht in der Lage sein, die Erziehungs- und Unterrichtseinrichtungen zu treffen, durch die jene individuellen Fähigkeiten der Menschen gepflegt werden, welche die Quelle des Wirtschaftens bilden müssen. In dem alten, bis in die Gegenwart reichenden Wirtschaftssystem pflegten die Menschen diese Fähigkeiten, weil sie sich eben der Hoffnung auf persönlichen Gewinn hingeben konnten. Es wäre ein verhängnisvoller Irrtum, wenn man glauben wollte, dass das bloße Gebot von Wirtschaftsverwaltungen, die *nur* das Wirtschaften im Auge haben, lusterweckend auf die Ausbildung von individuellen menschlichen Fähigkeiten wirken könne, und dass ein solches Gebot Kraft genug hätte, den Menschen zur Einsetzung seines Arbeitswillens zu veranlassen. Dass man sich diesem Irrtum nicht hingebe, das will die Idee vom dreigliedrigen sozialen Organismus. Sie will in dem freien, auf sich selbst gestellten Geistesleben ein Gebiet schaffen, in dem der Mensch lebensvoll verstehen lernt, was die menschliche

Gesellschaft ist, für die er arbeiten soll; ein Gebiet, in dem er die Bedeutung einer Einzelarbeit im Gefüge der ganzen gesellschaftlichen Ordnung so durchschauen lernt, dass er diese Einzelarbeit wegen ihres Wertes für das Ganze *lieben* lernt. Sie will in dem freien Geistesleben die Grundlagen schaffen, die ein Ersatz sein können für den Antrieb, der aus der persönlichen Gewinnsucht kommt. Nur in einem freien Geistesleben kann eine solche Liebe zur menschlichen gesellschaftlichen Ordnung entstehen, wie sie etwa der Künstler zu dem Entstehen seiner Werke hat. Will man aber nicht daran denken, in einem freien Geistesleben eine solche Liebe zu pflegen, so gebe man nur alles Streben nach einem Neubau der sozialen Ordnung auf. Wer daran zweifelt, dass die Menschen zu solcher Liebe erziehbar sind, der *muss* auch zweifeln an der Möglichkeit, den persönlichen Gewinn aus dem Wirtschaftsleben auszuschalten. Wer nicht daran glauben kann, dass ein freies Geistesleben in dem Menschen solche Liebe erzeugt, der weiß eben nicht, dass die Abhängigkeit des Geisteslebens von Staat und Wirtschaft die Sucht nach persönlichem Gewinn hervorbringt, und dass diese Sucht *nicht* ein elementarisches Ergebnis der Menschennatur ist. Auf diesem Irrtum beruht es, dass so häufig gesagt wird, zur Verwirklichung der Dreigliederung seien andere Menschen als die gegenwärtigen nötig. Nein, die Menschen werden durch den dreigliedrigen Organismus so erzogen, dass sie anders werden, als sie bisher durch die Staatswirtschaftsordnung waren.

Und wie das freie Geistesleben die Antriebe zur Ausbildung der individuellen Fähigkeiten erzeugen wird, so wird das demokratisch orientierte Rechtsstaatsleben dem Arbeitswillen die notwendigen Impulse geben. In den wirklichen Beziehungen, die sich herstellen werden zwischen den in einem sozialen Organismus vereinigten Menschen, wenn jeder Mündige gegenüber jedem Mündigen seine Rechte regeln wird, kann es liegen, dass der Wille sich entzündet, «für die Gemeinschaft» zu arbeiten. Man sollte daran denken, dass durch solche Beziehungen ein wahres Gemeinsamkeitsgefühl erst entstehen und aus diesem Gefühl der Arbeitswille erwachsen kann. Denn in der Wirklichkeit wird ein solcher Rechtsstaat die Folge haben, dass ein jeder Mensch lebendig, mit vollem Bewusstsein, in dem gemeinsamen Arbeitsfelde darinnen steht. Er wird wissen, wofür er arbeitet; und er wird arbeiten *wollen* innerhalb der Arbeitsgemeinschaft, in die er sich *durch seinen Willen* eingegliedert weiß.

Wer die Idee des dreigliedrigen sozialen Organismus anerkennt, der durchschaut, dass die Großgenossenschaft mit staatsgemäßer Struktur, die von dem marxistischen Sozialismus angestrebt wird, keine Antriebe erzeugen kann für Arbeitsfähigkeit und Arbeitswillen. Er will, dass über der Wirklichkeit der äußeren Lebensordnung nicht die wirkliche Wesenheit des Menschen vergessen werde. Denn Lebenspraxis kann nicht bloß die Rechnung machen mit äußeren Einrichtungen; sie muss in die Rechnung einstellen, *was der Mensch ist und werden kann.*

«Der Profit mag in ethischer Beziehung was immer bedeuten; in wirtschaftlicher Beziehung ist er in der hergebrachten Wirtschaftsform das Erkennungszeichen für die Notwendigkeit der Erzeugung eines Gutes.»

«Gebraucht aber wird in der Gegenwart unbefangene Einsicht in die Forderungen des ‹Geistes der Zeit›.»

Wirtschaftlicher Profit und Zeitgeist

Dezember 1919

Über den Profit des wirtschaftlichen Unternehmers bestehen einander bekämpfende Ansichten. Seine Verteidiger sagen, der Mensch ist so geartet, dass er für irgendeine der Gesamtheit dienende Unternehmung seine Fähigkeiten nur einsetzt, wenn er durch die Aussicht auf den Profit dazu veranlasst wird. Daher entspringe zwar der Profit aus dem Egoismus; aber er leiste der Gesamtheit Dienste, die sie entbehren müsste, wenn sie ihn aus dem Wirtschaftskreislauf ausschalten würde. Die Bekämpfer dieser Ansicht sagen, es soll nicht produziert werden, um zu profitieren, sondern um zu konsumieren. Man müsse Einrichtungen treffen, deren Wesen darin besteht, dass Menschen ihre Kräfte zum Nutzen der Gesamtheit gebrauchen, auch wenn sie dazu nicht durch die Aussicht auf Profit verlockt werden.

Mit solchen sich widerstreitenden Meinungen geht es im öffentlichen Leben zumeist so, dass man sie nicht zu Ende denkt, sondern die Macht über sie entscheiden lässt. Ist man demokratisch gestimmt, so findet man berechtigt, dass Einrichtungen verwirklicht werden oder, wenn sie bestehen, verwirklicht bleiben, die den Interessen und Wünschen der Mehrheit entsprechen. Ist man eigensinnig von der Rechtmäßigkeit dessen überzeugt, was den eigenen Wünschen und Interessen gemäß ist, so strebt man nach einer autoritativen Zentralgewalt, welche Einrichtungen trifft, die im Sinne dieser Wünsche und Interessen gehalten sind. Man will dann nur selbst auf diese Zentralgewalt so viel Einfluss gewinnen, dass durch sie geschieht, was man erstrebt. Was man heute «Diktatur des Proletariats» nennt, entspringt dieser

Gesinnung. Die es fordern, tun dies aus ihren Wünschen und Interessen heraus; sie versuchen nicht durch ein wirklichkeitsgemäßes Denken zu erfahren, ob ihre Forderung auf Einrichtungen hinzielt, die in sich sachlich möglich sind.

Die Menschheit steht gegenwärtig in einem Punkte ihrer Entwickelung, in dem ein solches Wirken im Zusammenleben der Menschen, das nur auf Geltendmachung des Gewünschten geht, nicht mehr möglich ist. Ganz unabhängig von dem, was dieser oder jener Mensch, diese oder jene Menschengruppe will: Im Bereich des öffentlichen Lebens werden von der Gegenwart an nur Bestrebungen gesund wirken, die von Gedanken ausgehen, welche zu Ende gedacht sind. Wie stark man sich auch aus der menschlichen Leidenschaft heraus wehren mag, dieses von dem Geiste der Menschheit geforderte Wirken zu Ende gedachter Ideen in das Leben eintreten zu lassen; man wird sich zuletzt zu ihm wenden müssen, weil man sehen wird, dass sein Gegenteil sozial ungesunde Folgen hat.

In dem Sinne von zu Ende gedachten Gedanken ist die Ansicht von der notwendigen Dreigliederung des sozialen Organismus gehalten. Mit dieser Absicht stimmt es allerdings schlecht zusammen, dass unter den Bekämpfern dieser Ansicht viele sind, die sie unklar finden. Dies rührt davon her, dass solche Bekämpfer für ihre eigenen Gedanken nicht Klarheit erstreben, sondern lediglich die Übereinstimmung mit ihren Interessen, Wünschen und Vorurteilen. Stehen sie dann Gedanken gegenüber, die Sachliches zu Ende denken, dann tritt ihnen nichts anderes vor Augen, als der Widerstreit mit dem von ihnen Gemeinten; und sie rechtfertigen sich unklar vor sich selbst, indem sie das ihnen Widerstreitende unklar finden.

In die Beurteilung der wirtschaftlichen Bedeutung des Profites drängen sich Meinungen ein, die sachlich nicht berechtigt sind. Gewiss ist auf der einen Seite, dass das Profitstreben egoistisch ist.

Unzulänglich aber ist, mit diesem Egoismus als mit einem Urteilsgrunde zu rechnen, wenn man daran denkt, den Profit aus dem Wirtschaftskreislauf auszuschalten. Denn in diesem Kreislauf muss etwas sein, an dem man erkennt, ob für ein erzeugtes Gut ein Bedürfnis vorhanden ist. In der gegenwärtigen Wirtschaftsform kann diese Erkenntnis einzig aus der Tatsache geschöpft werden, dass das Gut Profit abwirft. Ein Gut, das Profit abwirft, der im wirtschaftlichen Zusammenhang genügend groß ist, kann produziert werden; ein solches, das keinen Profit abwirft, soll nicht erzeugt werden, denn es muss ein Störenfried werden in der Preisausgleichung der zirkulierenden Güter. Der Profit mag in ethischer Beziehung was immer bedeuten; in wirtschaftlicher Beziehung ist er in der hergebrachten Wirtschaftsform das Erkennungszeichen für die Notwendigkeit der Erzeugung eines Gutes.

Für die Fortentwickelung des Wirtschaftslebens handelt es sich darum, den Profit aus dem Grunde auszuschalten, weil er die Gütererzeugung dem Zufall des Marktes ausliefert, den zu beseitigen eine Forderung des Geistes der Zeit ist. Man umnebelt sich aber das gesunde Urteil, wenn man in die Bekämpfung des Profits den Hinweis auf seine egoistische Natur einfließen lässt. Denn im Leben kommt es darauf an, dass man in einem Wirklichkeitsgebiete diejenigen Gründe geltend macht, die in diesem Gebiete sachlich berechtigt sind. Gründe, die aus einem andern Gebiete kommen, mögen noch so richtig an sich sein: Das notwendige Urteil können sie nicht in die sachlich bedingte Richtung bringen.

Für das Wirtschaftsleben handelt es sich darum, dass das Erkennungszeichen des Profits abgelöst werde durch das Wirken von Personen, die in dem Wirtschaftskreislauf mit der Aufgabe eingeschaltet werden, die Vermittlung zwischen Konsum und Produktion in vernunftgemäßer Weise zu besorgen, so dass der Zufall des Marktes wegfällt. Die rechte Einsicht in diese Umwandlung von Profiterkennungszeichen in vernunftgemäßes

Handeln ergibt, dass diejenigen Motive, die bisher in unklarer Weise das Urteil auf diesem Felde getrübt haben, aus dem Wirtschaftsleben ausgeschieden und auf die Gebiete des Rechts- und des Geisteslebens übergeführt werden.

Erst wenn man einsehen wird, wie die Idee von der Dreigliederung des sozialen Organismus ihre Gestaltung aus dem Streben erhalten hat, für ein sach- und fachgemäßes Handeln auf den verschiedenen Gebieten des Lebens die gesunden Grundlagen zu schaffen, wird man diese Idee gerecht beurteilen und ihren praktischen Wert richtig einschätzen. Solange ungeordnet rechtsgemäße und geistgetragene Antriebe aus Verwaltungseinrichtungen des Wirtschaftslebens kommen sollen, die nur praktisch sein können, wenn in ihnen nichts als sachliches und fachtüchtiges Urteilen und Handeln herrscht, kann das soziale Leben nicht gesunden. In den Parteigruppierungen der Gegenwart walten Motive, die sich von den gekennzeichneten Forderungen des Geistes der Zeit noch ferne halten. Das bewirkt, dass die in diesen Parteigruppierungen bestehenden Meinungen die Idee von der Dreigliederung des sozialen Organismus mit Vorurteilen aufnehmen müssen. Aber notwendig ist, dass der Glaube schwinde, man könne eine Umwandlung ungesunder sozialer Zustände heute bewirken durch die weitere Betätigung der alten Parteibestrebungen. Woran man vielmehr zu allererst zu denken hat, ist die Umwandlung der Parteimeinungen selbst. Dazu ist aber nicht das der Weg, dass sich von den bestehenden Parteien Teile abspalten, deren Angehörige dann vorgeben, die «rechte» Parteimeinung zu vertreten, und die den anderen vorwerfen, die «rechte Anschauung» verlassen zu haben. Denn dies führt aus dem Streit um Parteimeinungen zu dem noch übleren um die Macht bestimmter Personengruppen. Gebraucht aber wird in der Gegenwart unbefangene Einsicht in die Forderungen des «Geistes der Zeit».

«Es kommt darauf an, nach einer solchen Struktur des sozialen Organismus hinzuarbeiten, durch die die Beurteilung nach der Kapitalvermehrung nicht die alleinige Macht ist, unter welche die Produktionszweige des Wirtschaftslebens gezwungen werden, sondern in der die Kapitalvermehrung der Ausdruck für eine Gestaltung dieses Lebens ist, die allen Anforderungen der menschlichen Leiblichkeit und Geistigkeit Rechnung trägt.»

«Im sozialen Leben ist Arbeiten im Vertrauen auf die Leistungen anderer Kreditgewährung.»

«Wir stehen in einem Zeitalter, in dem das Leben notwendig macht, dass der eine mit den Mitteln arbeitet, die ihm ein anderer oder eine Gemeinschaft im Vertrauen auf seine Leistungsfähigkeit überantworten.»

Dreigliederung und soziales Vertrauen (Kapital und Kredit)

Januar 1919

Es ist von verschiedenen Seiten, zum Beispiel von dem englischen Finanztheoretiker Hartley Withers[1] (in seinen Ausführungen über *Money and Credit*), gesagt worden, dass alle Fragen, die das Geld betreffen, so verwickelt seien, dass ihre scharfe Fassung in bestimmte Gedanken außerordentlichen Schwierigkeiten begegne.

Man wird diese Ansicht für viele Fragen des sozialen Lebens geltend machen können. Aber man sollte auch bedenken, welche Folgen in diesem sozialen Leben es haben muss, wenn die Menschen ihr Zusammenwirken nach Antrieben gestalten, die in unbestimmbaren oder wenigstens schwer bestimmbaren Gedanken wurzeln. Solche Gedanken sind doch nicht bloß Mängel der Einsicht, die die Erkenntnis verwirren; sie sind wirksame Kräfte im Leben. Ihre Unbestimmtheit lebt in den Einrichtungen weiter, die unter ihrem Einflusse entstehen. Und aus solchen Einrichtungen entspringen lebensunmögliche soziale Verhältnisse.

Auf der Anerkennung, dass die zivilisierte Menschheit der Gegenwart in Verhältnissen lebe, die aus solchen verwirrenden Gedankentrieben hervorgehen, wird eine gesunde Einsicht in die «soziale Frage» beruhen müssen. Diese Frage erfließt ja zunächst aus der Wahrnehmung der Nöte, in denen sich Menschen befinden. Und man ist wenig geneigt, in wirklich sachgemäßer Art den Weg zu verfolgen, der von der Wahrnehmung dieser Nöte zu den Menschengedanken führt, in denen sie ihre Quelle haben. Man sieht nur allzuleicht in dem Verfolgen dieses Weges – vom Brot zu den Gedanken – einen unpraktischen Idealismus. Man erkennt nicht das Unpraktische einer Lebenspraxis, an die man gewöhnt ist, die aber doch auf lebensunmöglichen Gedanken ruht.

Solche lebensunmöglichen Gedanken sind im gegenwärtigen sozialen Dasein enthalten. Bemüht man sich, der «sozialen Frage» wirklich auf den Grund zu kommen, so wird man sehen müssen, wie heute die Forderungen des allermateriellsten Lebens praktisch nur angefasst werden können, wenn man zu den Gedanken fortschreitet, aus denen das Zusammenarbeiten der Menschen einer sozialen Gemeinschaft hervorgeht.

Es fehlt allerdings nicht an Hinweisen auf solche Gedanken aus einzelnen Lebenskreisen heraus. Menschen, deren Betätigung an das Wesen des Grundes und Bodens gebunden ist, sprechen davon, dass unter dem Einflusse neuerer volkswirtschaftlicher Antriebe Grund und Boden in Bezug auf Kauf und Verkauf wie «Waren» behandelt werden. Und sie sind der Ansicht, dass dies dem sozialen Leben schädlich ist. Solche Ansichten führen nicht zu praktischen Folgen, weil die Menschen anderer Lebenskreise aus ihren Interessen heraus die Berechtigung nicht zugeben.

Die wirklichkeitsgemäße Beobachtung einer solchen Tatsache sollte zur Richtkraft für Lösungsversuche der «sozialen Frage» führen. Denn eine solche Beobachtung kann zeigen, wie derjenige, der berechtigten Forderungen des sozialen Lebens widerstrebt, weil er aus seinem Lebenskreise heraus Gedanken zustimmt, die mit ihnen nicht im Einklang stehen, letzten Endes auch die Grundlagen untergräbt, auf denen seine Interessen aufgebaut sind.

An der sozialen Bedeutung des Grundes und Bodens kann eine solche Beobachtung gemacht werden. Man wird sie machen, wenn man ins Auge fasst, wie die bloß kapitalistische Orientierung der Volkswirtschaft auf die Wertbemessung des Grundes und Bodens wirkt. Diese Orientierung hat im Gefolge, dass das Kapital sich Gesetze für seine Vermehrung schafft, die in gewissen Lebensgebieten nicht mehr den Bedingungen entsprechen, welche in gesunder Weise eine Vermehrung des Kapitals bewirken dürfen.

An Grund und Boden wird das besonders anschaulich. Dass ein bestimmtes Landgebiet in einer gewissen Art fruchtbar gemacht wird, kann aus Lebensbedingungen heraus durchaus notwendig sein. Solche Bedingungen können moralischer Art sein. Sie können in geistigen Kulturverhältnissen liegen. Es kann aber durchaus sein, dass die Erfüllung dieser Bedingungen ein geringeres Kapitalerträgnis liefert als die Anlage des Kapitales in einer anderen Unternehmung. Die bloß kapitalistische Orientierung führt dann dazu, von der Ausnutzung des Bodens nach den gekennzeichneten nicht rein kapitalistischen Gesichtspunkten abzulassen und ihn so zu verwerten, dass sein kapitalistisches Erträgnis dem anderer Unternehmungen sich gleichstelle. Die Hervorbringung von Werten, die der wahren Zivilisation sehr notwendig sein können, wird dadurch unterdrückt. Und es entsteht unter den Einflüssen dieser Orientierung eine Wertbemessung der Lebensgüter, die nicht mehr wurzeln kann in dem naturgemäßen Zusammenhang, den die Menschen mit der Natur und dem geistigen Leben haben müssen, wenn diese sie leiblich und seelisch befriedigen sollen.

Es ist nun naheliegend, zu der Schlussfolgerung zu kommen: Die kapitalistische Orientierung der Volkswirtschaft hat die gekennzeichneten Wirkungen; also muss sie beseitigt werden. Es fragt sich nur, ob man mit dieser Beseitigung nicht auch die Grundlagen beseitigen würde, ohne welche die neuere Zivilisation nicht bestehen kann.

Wer die kapitalistische Orientierung als einen bloßen Eindringling in das moderne Wirtschaftsleben ansieht, der wird deren Beseitigung verlangen. Wer aber erkennt, wie das Leben der neueren Zeit durch Arbeitsteilung und Gliederung im sozialen Organismus wirkt, der kann nur daran denken, die als Nebenerscheinung auftretenden Schattenseiten dieser Orientierung aus dem Gemeinschaftsleben auszuschließen. Denn für ihn ist es klar, dass die kapitalistische Arbeitsmethode eine Folge dieses Lebens ist, und dass die Schattenseiten nur so lange auftreten können, als in der Bewertung der Lebensgüter ausschließlich der Kapitalgesichtspunkt geltend gemacht wird.

Es kommt darauf an, nach einer solchen Struktur des sozialen Organismus hinzuarbeiten, durch die die Beurteilung nach der Kapitalvermehrung nicht die alleinige Macht ist, unter welche die Produktionszweige des Wirtschaftslebens gezwungen werden, sondern in der die Kapitalvermehrung der Ausdruck für eine Gestaltung dieses Lebens ist, die allen Anforderungen der menschlichen Leiblichkeit und Geistigkeit Rechnung trägt.

Wer seine Denkungsart nach dem einseitigen Standpunkt der Kapitalvermehrung oder, was eine notwendige Folge davon ist, nach dem der Lohnerhöhung einrichtet, dem entzieht sich der unmittelbare Anblick der Wirkungen einzelner Produktionsgebiete auf den Wirtschaftskreislauf. Handelt es sich darum, Kapital zu vermehren oder Lohn zu erhöhen, so wird es gleichgültig, in welchem Produktionszweig dieses geschieht. Das naturgemäße Verhältnis der Menschen zu dem, was sie hervorbringen, wird untergraben.

Die Höhe einer Kapital- oder Lohnsumme bleibt dieselbe, wenn man statt einer Warengattung für sie eine andere erwirbt, oder wenn man für eine Art der Arbeit eine andere eintauscht. Dadurch aber werden die Lebensgüter erst «Waren», dass man sie durch die Kapitalmenge, in der ihre besondere Eigenart keinen Ausdruck findet, erwerben oder verkaufen kann.

Diesen Warencharakter vertragen aber nur diejenigen Lebensgüter, die vom Menschen unmittelbar verbraucht werden. Denn für deren Wert hat der Mensch einen unmittelbaren Maßstab in seinen leiblichen oder seelischen Bedürfnissen. Ein solcher Maßstab liegt weder für Grund und Boden noch für die künstlich hergestellten Produktionsmittel vor. Deren Wertbemessung ist von vielen Faktoren abhängig, die nur anschaulich werden, wenn man die ganze soziale Struktur des Menschenlebens ins Auge fasst.

Ist es aus Kulturinteressen heraus notwendig, dass ein Landgebiet in einer Art behandelt wird, die das Erträgnis vom Kapitalgesichtspunkt aus geringer erscheinen lässt als dasjenige einer andern Unternehmung, so wird dieses geringere Erträgnis auf die Dauer der Gemeinschaft nicht Schaden bringen können. Denn das geringere Erträgnis des einen Produktionszweiges muss nach einiger Zeit auf andere so wirken, dass auch bei ihnen die Preise ihrer Erzeugnisse sich erniedrigen. Nur dem Augenblicksstandpunkt, der nicht anders kann als den Egoismuswert in Rechnung zu stellen, entzieht sich dieser Zusammenhang. Bei dem bloßen Marktverhältnis, auf dem Angebot und Nachfrage alleinherrschend sind, ist nur das Rechnen mit diesem Egoismuswert möglich. Dieses Verhältnis ist nur zu überwinden, wenn Assoziationen den Austausch und die Produktion der Verbrauchsgüter aus der vernunftgemäßen Beobachtung der menschlichen Bedürfnisse heraus regeln. Solche Assoziationen können an Stelle des bloßen Angebotes und der bloßen Nachfrage die Ergebnisse vertragsmäßiger Unterhandlungen zwischen Konsumenten- und Produzentenkreisen einerseits und zwischen den einzelnen Produzentenkreisen andererseits setzen. Wenn bei diesen Beobachtungen ausgeschlossen wird, dass sich der eine Mensch zum Richter darüber aufwerfen kann, was ein anderer an Bedürfnissen haben darf, so wird in den Grundlagen solcher Unterhandlungen nur das mitsprechen, was aus den Naturbedingungen der

Wirtschaft und aus der menschlichen Arbeitsmöglichkeit heraus zustande kommen kann.

Die Beherrschung des Wirtschaftskreislaufes durch die bloße kapitalistische und lohnmäßige Orientierung macht das Leben auf solchen Grundlagen unmöglich. Durch diese Orientierung wird im Leben ausgetauscht, wofür es einen gemeinsamen Vergleichungsmaßstab in Wahrheit nicht gibt: Grund und Boden, Produktionsmittel und Güter, die dem unmittelbaren Verbrauch dienen. Ja, es werden auch die menschliche Arbeitskraft und die Verwertung der geistigen Fähigkeiten der Menschen in Abhängigkeit gebracht von einem abstrakten, dem Kapital- und Lohnmaßstab, der im menschlichen Urteil und in der menschlichen Betätigung die naturgemäßen Beziehungen des Menschen zu seinem Betätigungsfelde verschwinden lässt.

Nun ist in dem neueren Leben der Menschheit die Beziehung des Menschen zu den Lebensgütern nicht herzustellen, die unter der Herrschaft der Naturalwirtschaft oder auch nur beim Walten noch einfacherer Geldwirtschaft möglich war. Die Arbeits- und soziale Gliederung, die in der Neuzeit notwendig geworden sind, trennen den Menschen von dem Abnehmer seines Arbeitsproduktes. Dieser Tatsache und ihrer Folge, dem Erlahmen des unmittelbaren Interesses an der Leistung, kann ohne Untergrabung des modernen Zivilisationslebens nicht entgegengearbeitet werden. Das Schwinden einer gewissen Art von Interessen an der Arbeit muss als ein Ergebnis dieses Lebens hingenommen werden. Aber diese Interessen dürfen nicht hinschwinden, ohne dass andere an ihre Stelle treten. Denn der Mensch muss mit Anteil innerhalb der sozialen Gemeinschaft arbeiten und in ihr leben.

Aus dem selbstständig werdenden Geistes- und Rechtsleben werden die notwendigen neuen Interessen entspringen. Aus diesen beiden verselbstständigten Gebieten werden die Antriebe kommen, welche anderen Gesichtspunkten entsprechen als denen der bloßen Kapitalvermehrung und Lohnhöhe.

Ein freies Geistesleben schafft aus den Tiefen der Menschenwesenheit heraus Interessen, welche die Arbeit und alles Wirken in die Gemeinschaft ziel- und inhaltbegabt hineinstellen. Ein solches Geistesleben erzeugt in den Menschen das Bewusstsein, dass sie mit ihren Fähigkeiten sinnvoll im Dasein stehen, weil es diese Fähigkeiten um ihrer selbst willen pflegt. Die Gemeinschaft wird unter dem Einfluss so gepflegter Fähigkeiten stets den Charakter annehmen, in dem sich diese auch auswirken können. Das Rechts- und Wirtschaftsleben werden ein Gepräge annehmen, welches den entwickelten Fähigkeiten entsprechend ist. In einem Geistesleben, das seine Regelung aus dem politisch-rechtlichen Gebiet empfängt, oder das die menschlichen Fähigkeiten nach ihrer Wirtschaftswirkung pflegt und in Anspruch nimmt, werden Eigen-Interessen nicht in voller Entwickelung aufkommen können.

Ein solches Geistesleben wird in Kunst- und Erkenntnisbestrebungen «idealistische» Lebenszugaben oder im Weltanschauungsinhalt Befriedigungen für Sorgen liefern, die über das soziale Leben hinaus in ein mehr oder weniger lebensfremdes Gebiet münden. Lebendurchdringend kann nur ein freies Geistesleben sein, weil ihm die Möglichkeit gegeben ist, das Leben von sich aus zu gestalten. In meinen *Kernpunkten der sozialen Frage* habe ich versucht, zu zeigen, wie in einem solchen Geistesleben die Antriebe gefunden werden können, welche die Kapitalverwaltung auf einen gesunden sozialen Boden stellen. Fruchtbar können eine Kapitalmasse nur Personen oder Personengruppen verwalten, welchen die menschlichen Fähigkeiten eigen sind, diejenigen Leistungen im Dienste der menschlichen Gemeinschaft zu verrichten, für die das Kapital in Anspruch genommen wird. Nötig ist daher, dass eine solche Person oder Personengruppe eine Kapitalmasse nur so lange verwalten, als sie aus ihren Fähigkeiten heraus selbst es tun können. Ist dieses nicht mehr der Fall, dann soll die Kapitalmasse auf andere Personen übergehen, welche diese Fähigkeiten besitzen. Da nun bei freiem Geistesleben die Entwickelung der menschlichen Fähigkeiten restlos aus den Antrieben dieses Geisteslebens selbst entspringt, so wird die Kapitalverwaltung im Wirtschaftskreislauf zu einem Ergebnis der geistigen Kraftentfaltung. Und diese trägt in das Wirtschaftsleben alle diejenigen Interessen hinein, die auf ihrem Boden erspießen.

Ein unabhängiges Rechtsleben schafft Beziehungen zwischen den in einer sozialen Gemeinschaft lebenden Menschen, welche diese füreinander arbeiten lassen, auch wenn der Einzelne an der Herstellung seines Arbeitsproduktes das unmittelbare Interesse nicht haben kann. Dieses Interesse verwandelt sich in dasjenige, das er haben kann am Arbeiten für die Menschengemeinschaft, an deren Rechtsaufbau er beteiligt ist. Der Anteil an dem selbstständigen Rechtsleben kann neben den wirtschaftlichen und geistigen Interessen die Grundlage für einen besonderen Lebens- und Leistungsantrieb werden. Der Mensch kann den Blick von seinen Leistungen hinweg auf die Menschengemeinschaft richten, in der er lebendig drinnensteht mit allem, was aus seinem Menschentum fließt bloß dadurch, dass er ein mündig gewordener Mensch ist, ohne Rücksicht auf seine geistigen Fähigkeiten, und ohne dass der wirtschaftliche Platz, an dem er sich befindet, eine Wirkung auf dieses Verhältnis hat. Das Arbeitsprodukt wird seinen Wert auf die Arbeit ausstrahlen, wenn man die Art überschaut, wie es der Menschengemeinschaft dient, in die man so unmittelbar menschlich verwoben ist. Nichts anderes aber kann diese Verwobenheit so bewirken wie ein selbstständiges Rechtsleben, weil nur dieses ein Gebiet ist, auf dem jeder Mensch jedem Menschen mit dem gleichen ungeteilten Interesse begegnen kann. Jedes andere Gebiet muss, seiner Natur nach, Abtrennungen nach individuellen Fähigkeiten oder nach Arbeitsinhalten bewirken; dieses überbrückt alle Trennungen.

Für die Kapitalverwaltung wird aus der Selbstständigkeit des Geisteslebens heraus bewirkt, dass die Kapitalvermehrung nicht ein unmittelbarer Antrieb ist, sondern nur auftreten kann als naturgemäße Folge anderer Antriebe, die sich aus dem sachgemäßen Zusammenhange der menschlichen Fähigkeiten mit den Leistungsgebieten ergeben.

Nur aus solchen Gesichtspunkten, die nicht innerhalb der kapitalistischen Orientierung liegen, kann der soziale Organismus eine Struktur erhalten, in der menschliche Leistung und Gegenleistung einen befriedigenden Ausgleich finden. Und wie auf dem Gebiete der kapitalistischen Orientierung kann es auf anderen Gebieten ergehen, auf denen das moderne Leben den Menschen von dem naturgemäßen Zusammenhang mit den Lebensbedingungen abgebracht hat.

Durch die Verselbstständigung des Geistes- und des Rechtslebens werden künstliche Produktionsmittel und wird Grund und Boden sowie auch die menschliche Arbeitskraft des Warencharakters entkleidet. (Die Wege, auf denen dies geschieht, findet man genauer, als es hier geschehen kann, in meinem Buche *Die Kernpunkte der sozialen Frage* geschildert.) Im selbstständigen Rechts- und Geistesgebiet werden die Antriebe wurzeln, aus denen heraus Produktionsmittel, aus denen Grund und Boden ohne Kaufverhältnis übertragen werden und aus denen heraus menschliche Arbeit geleistet wird.

Damit aber werden die dem gegenwärtigen Zivilisationsleben angemessenen Formen des sozialen Zusammenwirkens von menschlichen Kräften geschaffen. Und nur aus solchen Formen kann die bestmögliche Befriedigung der menschlichen Bedürfnisse erstehen. In einer bloß kapitalistisch und lohnmäßig organisierten Gemeinschaft kann der Einzelne seine Fähigkeiten und Kräfte nur in dem Maße geltend machen, als sie im Kapitalerwerb ihren Gegenwert finden. Vertrauen, durch das einer seine Kräfte für die Leistungen des andern zur Verfügung stellt, wird sich da nur begründen auf die Aussicht, dass dieser andere in Bedingungen lebt, die einer kapitalistischen Denkungsart Vertrauen einflößen können. Im sozialen Leben ist Arbeiten im Vertrauen auf die Leistungen anderer Kreditgewährung. Die Kompliziertheit des modernen Lebens hat immer mehr dazu geführt, dass wie für ältere Kulturen ein Übergang stattfand von der Natural- zur Geldwirtschaft, so für jüngere ein solcher zu einem Arbeiten auf der Grundlage von Kreditgewährung. Wir stehen in einem Zeitalter, in dem das Leben notwendig macht, dass der eine mit den Mitteln arbeitet, die ihm ein anderer oder eine Gemeinschaft im Vertrauen auf seine Leistungsfähigkeit überantworten. Für das kapitalistische Wirken geht aber der menschlich befriedigende Zusammenhang mit den Lebensbedingungen durch die Kreditwirtschaft völlig verloren. Kreditgewährung mit der Aussicht auf entsprechend erscheinende Kapitalvermehrung und Arbeiten unter dem Gesichtspunkte, dass das in Anspruch genommene Vertrauen kapitalmäßig gerechtfertigt erscheint, werden die Antriebe des Kreditverkehrs. Das aber liefert Ergebnisse im sozialen Organismus, durch welche die Menschen unter die Macht lebensfremder Kapitalumlagerungen gebracht werden, die sie in dem Augenblicke als menschenunwürdig empfinden, in dem sie sich ihrer in vollem Maße bewusst werden.

Wird auf Grund und Boden Kredit gewährt, so kann im gesunden sozialen Leben dies nur von dem Gesichtspunkte aus geschehen, dass einem mit den notwendigen Fähigkeiten ausgestatteten Menschen oder einer Menschengruppe die Möglichkeit gegeben werde, einen Produktionsbetrieb zu entfalten, der aus allen in Betracht kommenden Kulturbedingungen heraus gerechtfertigt erscheint. Wird aus der rein kapitalistischen

Orientierung heraus Kredit auf Grund und Boden gewährt, so kann es geschehen, dass dieser seiner sonst wünschenswerten Bestimmung entzogen werden muss, damit er einen Warenwert erhalte, welcher der Kreditgewährung entspricht.

Ein gesundes Kreditgewähren setzt eine soziale Struktur voraus, durch welche die Lebensgüter eine Bewertung finden, die in ihrer Beziehung zur leiblichen und geistigen Bedürfnisbefriedigung der Menschen wurzelt. Ein selbstständiges Geistes- und Rechtsleben führt die Menschen zu einem lebensvollen Erkennen und Geltendmachen dieser Beziehung. Dadurch wird der Wirtschaftskreislauf so gestaltet, dass er die Beurteilung der Produktion in Abhängigkeit bringt von dem, was die Menschen bedürfen, und sie nicht beherrscht sein lässt von Mächten, bei denen die konkreten menschlichen Bedürfnisse in der abstrakten Kapital- und Lohnskala ausgelöscht erscheinen.

Das Wirtschaftsleben im dreigliedrigen sozialen Organismus kommt durch das Zusammenwirken der aus den Produktionserfordernissen und Konsumtionsinteressen sich bildenden Assoziationen zustande. Diese werden die Entscheidungen haben über die Kreditgewährung und Kreditentgegennahme. In den Verhandlungen solcher Assoziationen werden die Antriebe eine entscheidende Rolle spielen, die aus dem geistigen und dem Rechtsgebiet heraus in das Wirtschaftsleben hineinwirken. Die Notwendigkeit einer bloß kapitalistischen Orientierung ist für diese Assoziationen nicht vorhanden. Denn die eine Assoziation wird mit der andern im Wechselverkehr stehen. Dadurch werden die einseitigen Interessen des einen Produktionszweiges durch diejenigen des anderen geregelt.

Die Verantwortung für Kreditgewährung und Kreditentgegennahme wird den Assoziationen zufallen. Dadurch wird die Bedeutung der individuellen Fähigkeiten der Einzelpersönlichkeiten nicht beeinträchtigt, sondern erst zur vollen Geltung gebracht. Der Einzelne ist seiner Assoziation gegenüber verantwortlich für die bestmögliche Leistung; und die Assoziation ist anderen Assoziationen gegenüber verantwortlich für die zielgemäße Verwendung der Leistungen. In solcher Teilung der Verantwortlichkeit liegt die Gewähr dafür, dass die Produktionsbetätigung aus einander in ihrer Einseitigkeit korrigierenden Gesichtspunkten vor sich geht. Es wird nicht aus den Erwerbsantrieben der Einzelnen in das Gemeinschaftsleben hinein produziert, sondern aus den sachgemäß wirkenden Bedürfnissen der Gemeinschaft heraus. In dem Bedarf, den eine Assoziation feststellt, wird die Veranlassung zur Kreditgewährung für eine andere liegen können.

Wer nur an gewohnten Gedankengängen hängt, der wird sagen: Das sind «schöne» Gedanken; aber wie soll man aus dem gegenwärtigen Leben in ein solches hineinkommen, das auf dergleichen Ideen ruht? Es handelt sich darum, einzusehen, dass das hier Vorgeschlagene tatsächlich unmittelbar in die Wirklichkeit umgesetzt werden kann. Man hat nur nötig, den Anfang mit den gekennzeichneten Assoziationsbildungen zu machen. Dass dies ohne Weiteres möglich ist, sollte eigentlich niemand bezweifeln, der einigen gesunden Sinn für die Wirklichkeiten des Lebens hat. Solche Assoziationen, die auf der Grundlage der Dreigliederungsidee ruhen, sind doch wahrlich ebenso gut zu bilden wie Konsortien, Gesellschaften und so weiter im Sinne der alten Einrichtungen. Es ist aber auch jede Art von Wirtschaftsverkehr der neuen Assoziationen mit den alten Einrichtungen möglich. Man braucht durchaus nicht daran zu denken, dass das Alte zerstört und künstlich durch das Neue ersetzt werden müsse. Das Neue stellt sich neben das Alte hin. Jenes hat sich dann durch seine innere Kraft und Berechtigung zu bewähren; dieses bröckelt aus der sozialen Organisation heraus. Die Dreigliederungsidee ist nicht ein Programm für das Ganze des sozialen Organismus, das fordert, dass das ganze Alte aufhöre und alle Dinge neu «eingerichtet» werden. Diese Idee kann von der Bildung sozialer Einzeleinrichtungen ihren Ausgang nehmen. Die Umbildung eines Ganzen wird dann durch das sich verbreitende Leben der einzelnen sozialen Gebilde erfolgen. Weil diese Idee in einer solchen Richtung wirken kann, ist sie keine Utopie, sondern eine der Wirklichkeit angemessene Kraft.

Das Wesentliche ist, dass durch die Dreigliederungsidee sachgemäßes soziales Verständnis an die im sozialen Organismus vereinigten Menschen herangebracht wird. Durch die Antriebe, die aus dem selbstständigen Geistes- und Rechtsleben kommen, werden die wirtschaftlichen Gesichtspunkte in sachgemäßer Weise befruchtet. Der Einzelne wird in einem gewissen Sinne zu einem Mitarbeiter an den Leistungen der Gesamtheit. Durch seinen Anteil an dem freien Geistesleben, durch die auf dem Rechtsboden erzeugten Interessen, durch die Wechselbeziehungen der wirtschaftlichen Assoziationen wird diese Mitarbeiterschaft vermittelt.

Die Wirksamkeit des sozialen Organismus wird unter dem Einfluss der Dreigliederungsidee gewissermaßen umgestellt. Gegenwärtig muss der Mensch in der Kapitalvermehrung und in der Lohnhöhe die Kennzeichen sehen, durch die er sich in den sozialen Organismus entsprechend hineingestellt findet. Im dreigliedrigen sozialen Organismus werden die individuellen Fähigkeiten der Einzelmenschen im Zusammenklang mit den aus dem Rechtsboden stammenden menschlichen Beziehungen und der auf der Assoziationstätigkeit ruhenden wirtschaftlichen Produktion, der Zirkulation und Konsumtion die bestmögliche Fruchtbarkeit des Gemeinschaftsarbeitens ergeben. Und Kapitalvermehrung beziehungsweise Leistungsausgleich mit entsprechender Gegenleistung werden wie die Konsequenz der sozialen Betätigungen und Einrichtungen zutage treten.

Von dem Reformieren im Gebiete, in dem nur die sozialen Wirkungen spielen, hinweg will die Dreigliederungsidee die umwandelnde und aufbauende Tätigkeit auf das Gebiet der Ursachen lenken. Bei Annahme oder Ablehnung dieser Idee kommt in Frage, ob man den Willen aufbringt, bis zu diesem Gebiet der Ursachen sich hindurchzuarbeiten. Und dieser Wille muss von der Betrachtung der äußeren Einrichtungen hinweg zu den die Einrichtungen bewirkenden Menschen führen. Das Leben der neueren Zeit hat die Arbeitsteilung auf vielen Gebieten gebracht. Diese ist ein Erfordernis der äußeren Einrichtungen. Was durch die geteilten Arbeitsgebiete bewirkt wird, muss in den lebensvollen menschlichen Wechselverhältnissen seinen Ausgleich finden. Die Arbeitsteilung trennt die Menschen; die Kräfte, die ihnen kommen werden aus den selbstständig gewordenen drei Gliedern des sozialen Organismus, werden sie wieder zusammenschließen. Unser soziales Leben hat sein Gepräge davon, dass die Trennung der Menschen den Höhepunkt ihrer Entwickelung erreicht hat. Das muss durch Lebenserfahrung erkannt werden. Wer es erkennt, für den wird es zur notwendigen Zeitforderung, an das Betreten der Wege zu denken, die zum Zusammenschluss führen.

Solche konkrete Erscheinungen des Wirtschaftslebens wie der intensiver werdende Kreditverkehr beleuchten diese notwendige Zeitforderung. Je stärker die Hinneigung zur kapitalistischen Orientierung, je entwickelter die Geldwirtschaft, je tätiger der Unternehmungsgeist geworden sind, desto mehr entfaltet sich der Kreditverkehr. Der aber müsste für ein gesundes Denken das Bedürfnis hervorrufen, ihn mit einem wirklichen Verständnis der realen Gütererzeugung und des menschlichen Bedarfes nach bestimmten Gütern zu durchdringen. Er wird letzten Endes nur gesund wirken können, wenn der Kreditgewährer sich verantwortlich fühlt für dasjenige, was durch seine Kreditgewährung geschieht; und wenn der Kreditnehmer durch die wirtschaftlichen Zusammenhänge – durch die Assoziationen –, in denen er drinnensteht, dem Kreditgewährer Unterlagen für diese Verantwortlichkeit liefert. Es kann sich für eine gesunde Volkswirtschaft nicht bloß darum handeln, dass der Kredit den Unternehmungsgeist als solchen fördere, sondern darum, dass Einrichtungen vorhanden seien, durch die der Unternehmungsgeist sich in sozial günstiger Art auswirkt.

Theoretisch wird es kaum jemand bezweifeln wollen, dass eine Erhöhung des Verantwortlichkeitsgefühls in dem gegenwärtigen Wirtschaftsverkehr notwendig ist. Diese Erhöhung hängt aber davon ab, dass Assoziationen entstehen, durch deren Tätigkeit dem einzelnen Menschen wirklich vor Augen gestellt wird, was in der sozialen Gemeinschaft durch seine Handlungsweise geschieht.

Es wird von Persönlichkeiten, deren Lebensaufgabe mit der Bodenbewirtschaftung zusammenhängt und die daher Erfahrung auf diesem Gebiete haben, mit Recht behauptet, dass, wer Grund und Boden zu verwalten hat, diesen nicht wie eine beliebige Ware betrachten dürfe, und dass auch der Landkredit auf andere Art gewährt werden müsse als der Warenkredit. Aber es ist unmöglich, dass im gegenwärtigen Wirtschaftskreislauf solche Erkenntnisse eine praktische Bedeutung gewinnen, wenn nicht hinter dem Einzelnen die Assoziationen stehen, die aus den Beziehungen der einzelnen Wirtschaftsgebiete heraus der Bodenwirtschaft ein anderes Gepräge geben als einem anderen Produktionszweige.

Es ist durchaus begreiflich, dass manche Menschen zu solchen Ausführungen sagen: Wozu das alles, da doch schließlich der menschliche Bedarf der Herr aller Produktion ist und zum Beispiel niemand zur Kreditgewährung oder Kreditentgegennahme kommen kann, wenn nicht aus irgendeiner Ecke heraus ein Bedarf die Sache rechtfertigt. Man könnte sogar sagen: Schließlich ist doch alles, was da über soziale Einrichtungen erdacht wird, nichts weiter als ein bewusstes Gestalten dessen, was sicher auch automatisch «Angebot und Nachfrage» regeln. Wer aber genauer zusieht, dem wird durchsichtig werden, dass es bei den Auseinandersetzungen über die soziale Frage, die von der Idee der Dreigliederung des sozialen Organismus ausgehen, nicht darauf ankommt, an die Stelle des freien Verkehrs im Zeichen von Angebot und Nachfrage eine Zwangswirtschaft zu setzen, sondern darauf, die gegenseitigen Werte der Lebensgüter so zu gestalten, dass im Wesentlichen der Wert eines Menschenerzeugnisses dem Werte der anderen Güter entspricht, für welche der Erzeuger in der Zeit Bedarf hat, die er auf die Erzeugung verwendet. Ob man bei kapitalistischer Orientierung ein Gut erzeugen will, darüber mag die Nachfrage entscheiden; ob ein Gut erzeugt werden kann zu einem Preise, der seinem Werte im gekennzeichneten Sinne entspricht, darüber kann nicht die Nachfrage allein entscheiden. Diese Entscheidung kann nur durch Einrichtungen bewirkt werden, durch die aus dem ganzen sozialen Organismus heraus die Bewertung der einzelnen Lebensgüter zustande kommt. Wer bezweifeln will, dass solche Einrichtungen erstrebenswert seien, der hat kein Auge dafür, dass bei dem bloßen Walten von Angebot und Nachfrage menschliche Bedürfnisse verkümmern, deren Befriedigung die Zivilisation eines sozialen Organismus erhöht; und ihm fehlt der Sinn für ein Streben, das die Befriedigung solcher Bedürfnisse in die Antriebe des sozialen Organismus einfügen will. In dem Schaffen des Ausgleichs zwischen den menschlichen Bedürfnissen und dem Werte der menschlichen Leistungen sieht das Streben nach der Dreigliederung des sozialen Organismus seinen Inhalt.

«Die *Preisfrage* ist überhaupt zuletzt diejenige Frage, auf die die wichtigsten volkswirtschaftlichen Auseinandersetzungen hinauslaufen müssen; denn im Preis gipfelt alles, was in der Volkswirtschaft eigentlich an Impulsen, an Kräften tätig ist.»

Nationalökonomischer Kurs

Zweiter Vortrag, Dornach, 25. Juli 1922

Es werden die ersten Begriffe, Anschauungen, die wir zu entwickeln haben gerade auf volkswirtschaftlichem Gebiete, etwas kompliziert sein müssen, und das aus einem ganz sachlichen Grunde. Sie müssen sich vorstellen, dass die Volkswirtschaft, auch wenn wir sie als Weltwirtschaft auffassen, in einer fortwährenden Bewegung ist, dass, ich möchte sagen, wie das Blut durch den Menschen, so die Güter als Waren auf allen möglichen Wegen durch den ganzen volkswirtschaftlichen Körper hindurchfließen. Dabei haben wir dann als die wichtigsten Dinge innerhalb dieses volkswirtschaftlichen Prozesses aufzufassen dasjenige, was sich abspielt zwischen Kauf und Verkauf. Wenigstens muss das für die heutige Volkswirtschaft gelten. Was auch immer sonst vorliegen mag – und wir werden ja die verschiedensten Impulse, die im volkswirtschaftlichen Körper enthalten sind, zu besprechen haben –, was aber auch immer vorliegen mag: Die Volkswirtschaft als solche kommt an den Menschen heran, wenn er irgend etwas zu verkaufen oder zu kaufen hat. Was sich zwischen Käufer und Verkäufer abspielt, ist das, wonach schließlich alles instinktive Denken über die Volkswirtschaft jedes naiven Menschen abzielt, gipfelt, und worauf im Grunde genommen alles ankommt.

Nun, nehmen Sie nur einmal dasjenige, was da sich geltend macht, wenn innerhalb der volkswirtschaftlichen Zirkulation Kauf und Verkauf in Betracht kommen. Das, worauf es dem Menschen ankommt, das ist der Preis irgendeiner Ware, irgendeines Gutes. Die *Preisfrage* ist überhaupt zuletzt diejenige Frage, auf die die wichtigsten volkswirtschaftlichen Auseinandersetzungen hinauslaufen müssen; denn im Preis gipfelt alles, was in der Volkswirtschaft eigentlich an Impulsen, an Kräften tätig ist. Wir werden also gewissermaßen zuerst das Preisproblem ins Auge zu fassen haben; aber das Preisproblem ist kein außerordentlich einfaches. Sie brauchen ja nur an den einfachsten Fall zu denken: Wir haben an einem Orte, A, irgendeine Ware, die hat an diesem Orte A einen bestimmten Preis; sie wird dort nicht gekauft, sie wird weitergefahren. Es muss angestrebt werden, dass dann zu dem Preis hinzukommt dasjenige, was notwendig war, an Frachtgut zu bezahlen bis zum zweiten Orte, B. Der Preis ändert sich während der Zirkulation. Das ist der einfachste, ich möchte sagen der platteste Fall. Aber es gibt ja natürlich viel kompliziertere Fälle.

Nehmen Sie an, sagen wir, ein Haus in einer größeren Stadt kostet zu irgendeiner Zeit so und so viel. Nach fünfzehn Jahren kostet dasselbe Haus vielleicht sechs- oder achtmal so viel. Und dabei brauchen wir gar nicht, indem wir von dieser Preiserhöhung sprechen, daran zu denken, dass etwa die Hauptsache in der Geldentwertung liege. Das wollen wir gar nicht annehmen. Die Preiserhöhung kann einfach darin liegen, dass mittlerweile viele andere Häuser ringsherum gebaut worden sind, in der Nähe andere Gebäude liegen, die den Wert des Hauses besonders erhöhen. Es kann durchaus in zehn, fünfzehn anderen Umständen liegen, dass dieses Haus im Preis erhöht worden ist. Wir sind niemals eigentlich in der Lage, im einzelnen Falle etwas Generelles zu sagen, etwa zu sagen: Bei Häusern oder bei Eisenwaren oder bei Getreide liegt vor die Möglichkeit, für irgendeinen Ort eindeutig aus irgendwelchen Bedingungen heraus den Preis zu bestimmen. – Wir können zunächst eigentlich nicht einmal viel mehr sagen als: Wir müssen beobachten, wie der Preis schwankt mit dem Ort, mit der Zeit. – Und wir können einzelne von den

Bedingungen vielleicht verfolgen, durch die an einem konkreten Orte der Preis sich gerade herausstellt in der Weise, wie er ist. Aber eine allgemeine Definition, wie der Preis sich irgendwie zusammensetzt, die kann es nicht geben, die ist eigentlich unmöglich. Daher muss es immer wieder und wiederum überraschen, dass wir in gebräuchlichen nationalökonomischen Werken so über den Preis gesprochen finden, als ob man den Preis definieren könne. Man kann ihn nicht definieren; denn der Preis ist überall ein konkreter, und mit jeder Definition hat man gerade bei volkswirtschaftlichen Dingen eigentlich etwas gegeben, das nicht einmal annähernd irgendwie an die Sache herankommt.

Ich habe zum Beispiel einmal den Fall erlebt: In einer Gegend sind die Grundstücke recht billig. Eine Gesellschaft hat in ihrer Mitte einen ziemlich berühmten Mann. Diese Gesellschaft kauft sich nun sämtlich die billigen Grundstücke und veranlasst dann den berühmten Mann, in dieser Gegend sich ein Haus zu bauen. Dann werden die Grundstücke ausgeboten. Sie sind um wesentlich teureres Geld auszubieten, als sie gekauft worden sind, bloß dadurch, dass man den berühmten Mann veranlasst hat, sich dort ein Haus hinzubauen.

Das sind Dinge, die Ihnen zeigen, von welchen unbestimmten Bedingungen der Preis einer Sache im volkswirtschaftlichen Prozess abhängt. Sie können nun natürlich sagen: Ja, aber solche Dinge muss man steuern. – Bodenreformer und ähnliche Leute stemmen sich gegen solche Dinge, wollen in einer gewissen Weise eine Art gerechten Preises für die Dinge feststellen durch allerlei Maßregeln. Das kann man; aber volkswirtschaftlich gedacht, wird dadurch der Preis nicht geändert. Man kann zum Beispiel, sagen wir, wenn so etwas geschieht und dann die Grundstücke teurer verkauft werden, man kann den Leuten das Geld wiederum in Form einer hohen Grundsteuer abnehmen. Dann steckt der Staat dasjenige, was abfällt, ein. Die Wirklichkeit hat man aber damit doch nicht ergriffen. In Wirklichkeit ist die Sache dennoch teurer geworden. Sie können also Gegenmaßregeln ergreifen, die kaschieren aber nur die Sache. Der Preis ist doch derjenige, der er geworden wäre ohne diese Maßregeln. Man macht nur eine Umlagerung; und volkswirtschaftlich gedacht ist das nicht, wenn man dann sagt, die Grundstücke sind nach zehn Jahren nicht teurer geworden, wenn man durch Maßregeln die Sache kaschiert hat. Es handelt sich darum, dass Volkswirtschaft mit beiden Beinen eben in der Wirklichkeit stehen muss, und man in der Volkswirtschaft immer nur sprechen kann von den Verhältnissen, die gerade in einem Zeitalter und gerade dort sind, wo man spricht. Dass die Dinge anders sein können, das wird sich natürlich dann für den ergeben, der den Fortschritt der Menschheit will; aber zunächst müssen die Dinge in ihrer augenblicklichen Wirklichkeit betrachtet werden. Daraus ersehen Sie, wie unmöglich es eigentlich ist, heranzugehen an so etwas, wie an den allerwichtigsten Begriff in der Volkswirtschaft: Den Preis, und diesen Preis mit einem scharf konturierten Begriff erfassen zu wollen. So kann man nicht in der Volkswirtschaftslehre zu etwas kommen. Es müssen eben durchaus andere Wege eingeschlagen werden. Der volkswirtschaftliche Prozess selbst muss betrachtet werden.

Trotzdem ist das Preisproblem das allerwichtigste, und wir müssen auf dieses Preisproblem hinsteuern, müssen also den volkswirtschaftlichen Prozess ins Auge fassen und versuchen, gewissermaßen zu erhaschen den Punkt, wo irgendwo oder irgendwann der Preis sich aus den volkswirtschaftlichen Untergründen heraus für irgendeine Sache ergibt.

Wenn Sie nun die gebräuchlichen Volkswirtschaftslehren verfolgen, so finden Sie gewöhnlich dort drei Faktoren verzeichnet, durch deren Ineinanderwirken die gesamte Volkswirtschaft sich abspielen soll. Sie finden verzeichnet: Die Natur, die menschliche Arbeit und das Kapital. Gewiss, man kann zunächst sagen: Wenn man den Volkswirtschaftsprozess verfolgt, so findet man im Verlaufe desselben dasjenige, was von der Natur stammt, dasjenige, was durch menschliche Arbeit erreicht, und dasjenige, was unternommen wird oder geordnet wird durch das Kapital. Aber wenn man so, ich möchte sagen, einfach nebeneinander betrachtet Natur, Arbeit und Kapital, so wird man nicht lebendig den volkswirtschaftlichen Prozess erfassen. Man wird gerade durch eine solche Betrachtung zu den mannigfaltigsten Einseitigkeiten geführt werden. Und das zeigt ja die Geschichte der Volkswirtschaftslehre. Während die einen meinen, aller Wert liege in der Natur und eigentlich käme kein besonderer Wert zu dem Stoffe der Naturobjekte hinzu durch die menschliche Arbeit, sind andere der Ansicht, dass eigentlich aller volkswirtschaftliche Wert aufgedrückt wird irgendeinem Gut, einer Ware, durch die, wie man wohl auch sagt, hineinkristallisierte Arbeit. Wiederum, in dem Augenblick, wo Sie Kapital und Arbeit nebeneinanderstellen, werden Sie auf der einen Seite finden, dass die Leute sagen, eigentlich ist es das Kapital, welches die Arbeit einzig und allein möglich macht, und der Arbeitslohn werde gezahlt aus der Kapitalmasse. Auf der anderen Seite wird gesagt: Nein, alles dasjenige, was Werte produziert, das ist die Arbeit, und das, was das Kapital erringt, ist nur der aus dem Arbeitsergebnis abgezogene Mehrwert.

Die Sache ist so: Betrachtet man von dem einen Gesichtspunkt die Dinge, so hat der eine recht; betrachtet man sie von dem anderen Gesichtspunkt, so hat der andere recht. Es kommt einem eine solche Betrachtung der Realität gegenüber eigentlich wirklich vor wie manche Buchhaltung: Setzt man den Posten da hin, kommt das heraus; setzt man ihn dort hin, kommt das heraus und so weiter. Man kann ganz gut mit sehr starken Scheingründen von Mehrwert sprechen, der eigentlich dem Arbeitslohn abgezogen ist und den sich der Kapitalist aneignet. Man kann mit ebenso guten Gründen davon sprechen, dass eigentlich im volkswirtschaftlichen Zusammenhange dem Kapitalisten alles gebührt und er nur aus dem, was er zum Arbeitslohn verwenden kann, eben seine Arbeiter bezahlt. Für beides gibt es sehr gute und auch sehr schlechte Gründe. Alle diese Betrachtungen können nämlich eigentlich durchaus nicht an die volkswirtschaftliche Wirklichkeit herankommen. Diese Betrachtungen sind gut als Grundlagen für Agitationen, aber sie sind durchaus nicht etwas irgendwie in der ernsten Volkswirtschaftslehre in Betracht Kommendes. Andere Grundlagen müssen zuerst da sein, wenn man überhaupt mit einem gewissen Recht von einer Fortentwickelung des volkswirtschaftlichen Organismus sprechen will. Nun, natürlich, bis zu einem gewissen Grade sind alle solche Aufstellungen schon berechtigt; und wenn Adam Smith[1] zum Beispiel in der Arbeit, die verwendet ist auf die Dinge, den eigentlich wertbildenden Urfaktor sieht, so kann man eben auch dafür außerordentlich gute Gründe vorbringen. Solch ein Mann wie Adam Smith hat schon nicht unsinnig gedacht; aber dasjenige, was auch da zugrunde liegt, ist, dass man immer meint, man könne irgend etwas, was stillsteht, erfassen und dann eine Definition geben, während im volkswirtschaftlichen Prozess alles fortwährend in Bewegung ist. Es ist verhältnismäßig einfach, über Naturerscheinungen Begriffe aufzustellen, selbst über die kompliziertesten, gegenüber denjenigen Anschauungen, die man braucht für eine Volkswirtschaftslehre. Unendlich viel komplizierter, labiler, variabler sind die Erscheinungen in der Volkswirtschaft als die in der Natur, viel fluktuierender, viel weniger zu erfassen mit irgendwelchen bestimmten Begriffen.

Man muss eben eine ganz andere *Methode* einschlagen. Diese Methode wird Ihnen nur schwierig sein in den allerersten Stunden; Sie werden aber sehen, dass sich daraus ergeben wird, was man einer wirklichen Volkswirtschaftslehre zugrunde legen kann. Man kann sagen: In diesen volkswirtschaftlichen Prozess, den man ins Auge zu fassen hat, laufen ein Natur, menschliche Arbeit und – also zunächst, wenn man auf das rein Äußere der Volkswirtschaft hinsieht – Kapital. Zunächst!

Nun aber, wenn wir gleich auf das Mittlere schauen, auf die *menschliche Arbeit*, versuchen wir uns eine Anschauung zu bilden dadurch, dass wir einmal heruntergehen – ich habe schon gestern solche Andeutungen gemacht – ins Feld des Tierischen und uns statt der Volkswirtschaft die Spatzenwirtschaft, die Schwalbenwirtschaft ansehen. Ja, da ist die Natur die Grundlage für die Wirtschaft. Der Spatz muss auch eine Art von Arbeit verrichten. Er muss mindestens herumhüpfen und dorthin hüpfen, wo er sein Körnlein findet, und er hat manchmal gar sehr viel zu hüpfen im Tag, bis er sein Körnlein findet. Die Schwalbe, die ihr Nest baut, muss auch eine Art Arbeit verrichten. Sie hat auch damit sehr viel zu tun. Dennoch, im volkswirtschaftlichen Sinn können wir das nicht Arbeit nennen. Wir kommen nicht weiter mit volkswirtschaftlichen Anschauungen, wenn wir das Arbeit nennen; denn, sehen wir genauer zu, so müssen wir sagen: Der Spatz, die Schwalbe sind eigentlich genau so organisiert, dass sie die Dinge, die sie gewissermaßen, um ihr Futter zu finden, ausführen müssen, dass sie gerade diese ausführen. Sie würden gar nicht gesund sein können, wenn sie sich nicht in dieser Weise bewegen könnten. Es ist eine Fortsetzung ihrer Organisation, die zu ihnen gehört, wie sie Beine haben oder Flügel haben. So dass wir in diesem Fall eigentlich durchaus von dem, was man hier eine Scheinarbeit nennen könnte, absehen können, wenn wir volkswirtschaftliche Begriffe aufbauen wollen. Wo die Natur unmittelbar genommen wird und das einzelne Wesen, bloß um sich oder die Allernächsten zu befriedigen, die entsprechenden Scheinarbeiten ausführt, da müssen wir diese Scheinarbeiten eigentlich dann abziehen, wenn wir bestimmen wollen dasjenige, was im volkswirtschaftlichen Sinne Wert ist, ein Wert ist. Und darum handelt es sich zunächst, dass wir uns nähern einer Anschauung über den volkswirtschaftlichen Wert.

Wenn wir also in der Tierwirtschaft Umschau halten, so können wir nur sagen: Diese ist so, dass wertbildend für sie lediglich die Natur selber ist. Wertbildend ist für die Tierwirtschaft lediglich die Natur selber. Nun aber, in dem Augenblick, wo wir zum Menschen, das heißt zur Volkswirtschaft heraufkommen, haben wir allerdings von der Naturseite her den Ausgangspunkt des Naturwertes; aber in dem Augenblick, wo Menschen nicht bloß für sich oder ihre Allernächsten sorgen, sondern füreinander sorgen, kommt nun allerdings sofort dasjenige in Betracht, was menschliche Arbeit ist. Auch dasjenige, was der Mensch nun tun muss in dem Augenblick, wo er nicht bloß die Naturprodukte für sich verwendet, sondern wo er mit andern Menschen in irgendwelcher Beziehung steht und austauscht mit ihnen Güter, wird dasjenige, was er tut, der Natur gegenüber zur Arbeit. Und wir haben hier die eine Seite des Wertes in der Volkswirtschaft. Diese eine Seite entsteht dadurch, dass auf Naturprodukte menschliche Arbeit verwendet wird, und wir in der volkswirtschaftlichen Zirkulation Naturprodukte umgeändert durch menschliche Arbeit vor uns haben. Da entsteht eigentlich erst ein wirklicher volkswirtschaftlicher Wert. Solange das Naturprodukt an seiner Fundstelle ist, unberührt, solange hat es keinen anderen Wert als denjenigen, den es auch zum Beispiel für das Tier hat. In dem Augenblick, wo Sie den ersten Schritt machen, das Naturprodukt hineinzufügen in den volkswirtschaftlichen Zirkulationsprozess, beginnt durch das umgeänderte Naturprodukt der volkswirtschaftliche Wert. In diesem Falle können wir diesen volkswirtschaftlichen Wert dadurch charakterisieren, dass wir den Satz aussprechen: Volkswirtschaftlicher Wert von dieser einen Seite ist Naturprodukt, umgewandelt durch menschliche Arbeit. – Ob diese menschliche Arbeit darinnen besteht, dass wir graben, dass wir hacken oder, dass wir das Naturprodukt von einem Ort zum anderen bringen, das tut nichts zur Sache. Wenn wir zunächst die Wertbestimmung im Allgemeinen haben wollen, so müssen wir sagen: Wertbildend ist die menschliche Arbeit, die ein Naturprodukt so verändert, dass es in den volkswirtschaftlichen Zirkulationsprozess übergehen kann.

Wenn Sie das ins Auge fassen, dann werden Sie gleich haben das ganz Fluktuierende des Wertes eines in der Volkswirtschaft zirkulierenden Gutes. Denn die Arbeit ist ja etwas fortwährend Vorhandenes, die verwendet wird auf das volkswirtschaftliche Gut. So dass Sie eigentlich gar nicht sagen können, was Wert ist, sondern nur sagen können: Der Wert erscheint an einer bestimmten Stelle in einer bestimmten Zeit, indem menschliche Arbeit ein Naturprodukt umwandelt. – Da erscheint der Wert. Wir können und wollen den Wert zunächst gar nicht definieren, sondern wollen nur hindeuten auf die Stelle, wo der Wert erscheint. Das möchte ich Ihnen schematisch darstellen, möchte es Ihnen so schematisch darstellen, dass ich Ihnen sage: Wir haben gewissermaßen im Hintergrunde die Natur (siehe Zeichnung, links); und wir haben an die Natur herankommend die menschliche Arbeit; und dasjenige, was gleichsam durch

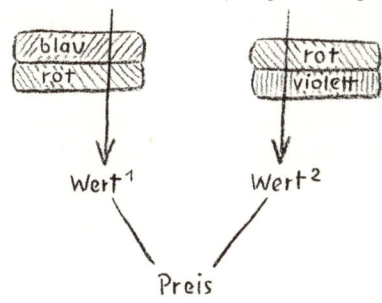

Zeichnung

das Ineinanderwirken von Natur und menschlicher Arbeit erscheint, was da sichtbar wird, das ist von der einen Seite her der Wert. Es ist durchaus kein falsches Bild, wenn Sie sich zum Beispiel sagen: Sie schauen sich eine schwarze Fläche, irgend etwas Schwarzes an durch irgend etwas Helles – Sie sehen es blau. Aber je nachdem das Helle dick oder dünn ist, ist es verschieden blau. Je nachdem Sie es verschieben, ist es verschieden dicht. Es ist fluktuierend. So ist der Wert in der Volkswirtschaft, der eigentlich nichts anderes ist als die *Erscheinung der Natur durch die menschliche Arbeit* hindurch, überall fluktuierend.

Wir gewinnen mit diesen Dingen zunächst nicht viel anderes als einige abstrakte Hinweise; aber diese werden uns in den nächsten Tagen orientierend sein, um die konkreten Dinge aufzusuchen. Nun, Sie sind es ja gewohnt, man fängt doch in allen Wissenschaften an mit demjenigen, was zunächst das Allereinfachste ist. Sehen Sie, Arbeit an sich hat eben gar keine Bestimmung im volkswirtschaftlichen Zusammenhang. Denn, ob ein Mensch Holz hackt oder sich auf ein Rad stellt, es gibt solche, weil er dick ist und immer von der einen Stufe zu der anderen steigt – sie geht hinunter – und er sich dadurch dünner macht: er kann dasselbe Quantum Arbeit leisten wie der, der Holz hackt. Arbeit so betrachtet, wie sie zum Beispiel Marx[2] betrachtet, dass er sagt, man solle als Äquivalent suchen dasjenige, was aufgebraucht wird durch die Arbeit am menschlichen Organismus, das ist ein kolossaler Unsinn; denn aufgebraucht wird dasselbe, wenn der Mensch da auf dem Rad hinauftanzt, wie wenn er Holz hackt. Es kommt nicht darauf an im volkswirtschaftlichen Sinn, was am Menschen geschieht. Wir haben ja gesehen, dass die Volkswirtschaft an Unvolkswirtschaftliches angrenzt. Rein volkswirtschaftlich betrachtet, hat es keine Berechtigung, irgendwie darauf hinzuweisen, dass die Arbeit – wenigstens zunächst, um den Begriff der Arbeit volkswirtschaftlich hinzustellen – den

Menschen abnützt. Es hat in einem mittelbaren Sinn Bedeutung, weil man wiederum für die Bedürfnisse des Menschen sorgen muss. Wie Marx die Betrachtungen angestellt hat, hat man es zu tun mit einem kolossalen Unsinn.

Nun, was ist da notwendig, um die Arbeit im volkswirtschaftlichen Prozess zu erfassen? Da ist notwendig, dass man ganz vom Menschen zunächst absieht und hinsieht, wie sich in den volkswirtschaftlichen Prozess die Arbeit hineinstellt. Die Arbeit an einem solchen Rad stellt sich gar nicht herein, die bleibt ganz am Menschen haften; das Holzhacken stellt sich hinein in den volkswirtschaftlichen Prozess. Ganz allein darauf kommt es an wie sich die Arbeit in den volkswirtschaftlichen Prozess hineinstellt. Und hier handelt es sich eigentlich für alles, was in Betracht kommt, darum, dass die Natur überall verändert wird durch die menschliche Arbeit. Und nur insofern, als die Natur verändert wird durch die menschliche Arbeit, erzeugen wir volkswirtschaftliche Werte nach dieser einen Seite. Wenn wir zum Beispiel, sagen wir, es zu unserer leiblichen Gesundheit richtig finden, an der Natur zu arbeiten und dazwischen drinnen immer einmal ein bisschen herumzutanzen oder Eurythmie zu treiben, so kann das von einem anderen Standpunkte aus beurteilt werden; aber dasjenige, was wir dazwischen tun, darf nicht als volkswirtschaftliche Arbeit bezeichnet werden und nicht für irgendwie volkswirtschaftlich wertbildend angesehen werden. Von anderer Seite aus kann es wertbildend sein; aber wir müssen uns erst die reinlichen Begriffe bilden von den volkswirtschaftlichen Werten als solchen.

Nun gibt es aber noch eine ganz andere Möglichkeit, dass ein volkswirtschaftlicher Wert entsteht. Das ist diese, dass wir auf die Arbeit als solche hinsehen und nun die Arbeit zunächst als etwas Gegebenes nehmen. Dann ist ja, wie Sie eben jetzt gesehen haben, diese Arbeit zunächst etwas volkswirtschaftlich ganz

Neutrales, Irrelevantes. Sie wird aber in jedem Fall volkswirtschaftlich werterzeugend, wenn wir diese Arbeit durch den Geist, die Intelligenz des Menschen dirigieren – ich muss da etwas anders sprechen als vorhin. Sie könnten selbst in den extremsten Fällen denken, dass etwas, was sonst gar nicht Arbeit ist, durch den Geist des Menschen in Arbeit umgewandelt wird. Wenn es einem einfällt, wenn einer jenes Rad benützt, es in sein Zimmer stellt und magerer werden will, so ist da kein volkswirtschaftlicher Wert vorhanden. Wenn aber einer ein Seil herumzieht um das Rad, und dieses Seil irgendwie eingreift, um eine Maschine zu treiben, so haben Sie durch den Geist dasjenige, was gar keine Arbeit ist, verwertet. Der Nebeneffekt ist der, dass der schon magerer wird; aber das, was hier eigentlich das Maßgebende ist, ist, dass die Arbeit durch den Geist, durch die Intelligenz, durch die Überlegung, vielleicht auch durch die Spekulation in eine gewisse Richtung gebracht wird, dass die Arbeiten in gewisse Wechselwirkungen gebracht werden und so weiter. So dass wir sagen können: Hier haben wir die zweite Seite des Wertbildenden in der Volkswirtschaft. Da, wo die Arbeit im Hintergrunde steht und der Geist vorne die Arbeit dirigiert, da scheint uns *die Arbeit* durch den Geist hindurch und erzeugt wiederum volkswirtschaftlichen Wert.

Wir werden schon sehen, dass diese beiden Seiten durchaus überall vorhanden sind. Wenn ich das Schema hier so gezeichnet habe (siehe Zeichnung, links), dass gerade der volkswirtschaftliche Wert erscheint, wenn wir durch die Arbeit hindurch die Natur erscheinend haben, so müsste ich das, was ich jetzt auseinandergesetzt habe, so zeichnen, dass wir da hinten die Arbeit haben und da vorne zunächst dasjenige, was geistig ist, was der Arbeit eine gewisse Modifikation gibt (siehe Zeichnung, rechts).

Das sind im Wesentlichen die zwei Pole des volkswirtschaftlichen Prozesses. Sie finden keine anderen Arten, wie volkswirtschaftliche Werte erzeugt werden: Entweder wird die Natur durch die Arbeit modifiziert oder es wird die Arbeit durch den Geist modifiziert, wobei der Geist im Äußeren vielfach in den Kapitalformationen sich darlebt, so dass in Bezug auf die Volkswirtschaft der Geist in der Konfiguration der Kapitalien gesucht werden muss. Wenigstens sein äußerer Ausdruck ist da. Doch das wird sich uns ergeben, wenn wir das Kapital als solches und dann das Kapital als Geldmittel betrachten.

So sehen Sie ja, dass wir nicht sprechen können davon, dass eine Definition des volkswirtschaftlichen Wertes sich ergeben kann. Denn wiederum bedenken Sie nur, wovon das alles abhängt, von wie viel dummen und gescheiten Leuten es abhängt, dass irgendwo vom Geiste die Arbeit modifiziert wird. Da sind lauter fluktuierende Bedingungen vorhanden. Aber dafür gilt das, was anschauungsgemäß ist, immer: Dass auf diesen zwei polarischen Gegensätzen die wertbildenden Momente im volkswirtschaftlichen Prozess zu suchen sind.

Nun, wenn das der Fall ist, dann liegt das vor: Wenn wir irgendwo drinnenstehen im volkswirtschaftlichen Prozess, und der volkswirtschaftliche Prozess, ich möchte sagen, irgendwo beim Kauf und Verkauf sich abspielt, so haben wir im Kauf und Verkauf im Wesentlichen Wertaustausch, Austausch von Werten. Sie finden keinen anderen Austausch als den von Werten. Eigentlich ist es falsch, wenn man von Güteraustausch spricht. Im volkswirtschaftlichen Prozess ist das Gut, ob es nun modifiziertes Naturprodukt ist oder modifizierte Arbeit, ein Wert. Was getauscht wird, sind Werte. Darauf kommt es an. So dass Sie sich also sagen müssen: Wenn irgendwo sich Kauf und Verkauf abspielen, so werden Werte ausgetauscht. – Und dasjenige, was nun herauskommt im volkswirtschaftlichen Prozess, wenn Wert und Wert gewissermaßen aufeinanderprallen, um sich auszutauschen, das ist der Preis. Sie finden den Preis erscheinen niemals anders, als dass Wert an Wert stößt im volkswirtschaftlichen Prozess. Daher kann man auch über den Preis gar nicht nachdenken, wenn man etwa an den Austausch von bloßen Gütern denkt. Wenn Sie einen Apfel um, ja, ich weiß nicht, sagen wir fünf Pfennige kaufen, dann können Sie ja sagen, Sie tauschen ein Gut aus gegen ein anderes Gut, den Apfel gegen fünf Pfennige. Auf diese Weise kommen Sie aber nie zu einer volkswirtschaftlichen Betrachtung. Denn der Apfel ist irgendwo gepflückt, ist dann befördert worden, es ist vielleicht um ihn herum noch manches andere geschehen. Das ist die Arbeit, die ihn modifiziert hat. Sie haben es nicht zu tun mit dem Apfel, sondern mit dem von Menschenarbeit veränderten Naturprodukt, das einen Wert darstellt. Und man muss immer ausgehen vom Wert in der Volkswirtschaft. Ebenso haben Sie es bei den fünf Pfennigen mit einem Wert und nicht mit einem Gut zu tun; denn diese fünf Pfennige sind doch wohl nur das Zeichen dafür, dass vorhanden ist in dem Menschen, der sich den Apfel kaufen muss, ein anderer Wert, den er eintauscht dafür.

Also, worauf es mir ankommt, ist das: Dass wir heute zu der Einsicht kommen, dass es falsch ist, in der Volkswirtschaft von Gütern zu sprechen, dass wir sprechen müssen, als von dem Elementaren, von Werten, und dass es falsch ist, den Preis anders erfassen zu wollen, auf eine andere Art, als dass man das Spiel der Werte ins Auge fasst. *Wert gegen Wert gibt den Preis.* Wenn schon der Wert etwas Fluktuierendes ist, das man nicht definieren kann, dann ist ja, wenn Sie Wert gegen Wert austauschen, gewissermaßen dasjenige, was im Austausch entsteht als Preis, das ist etwas Fluktuierendes im Quadrat.

Aus all diesen Dingen kann Ihnen aber folgen, dass es also ganz vergeblich ist, irgendwie erfassen zu wollen Werte und Preise, um in der Volkswirtschaft auf festem Boden zu stehen und etwa gar in einen volkswirtschaftlichen Prozess eingreifen zu wollen.

Dasjenige, was da in Betracht kommt, muss etwas ganz anderes sein. Das muss dahinterliegen und es liegt ja auch dahinter. Das zeigt eine sehr einfache Betrachtung.

Denken Sie sich nur einmal: Die Natur erscheint uns durch menschliche Arbeit. Wenn wir, sagen wir, Eisen an einem Ort gewinnen unter außerordentlich schwierigen Verhältnissen, so ist das, was als Wert herauskommt, durch menschliche Arbeit modifiziertes Naturobjekt. Wenn an einer anderen Stelle Eisen unter leichteren Verhältnissen produziert werden soll, so ist die Sache diese, dass eventuell ein ganz anderer Wert sich ergibt. Sie sehen also, dass man nicht am Wert die Sache erfassen soll, sondern hinter dem Wert sie erfassen muss. Man muss zu dem zurückgehen, was den Wert bildet, und muss da allmählich vielleicht auf die konstanteren Verhältnisse kommen, auf die man dann einen unmittelbaren Einfluss haben kann. Denn in dem Augenblick, wo Sie den Wert in die volkswirtschaftliche Zirkulation gebracht haben, da müssen Sie ihn im Sinne des volkswirtschaftlichen Organismus fluktuieren lassen. Geradesowenig wie Sie, wenn Sie auf die feinere Zusammensetzung des Blutkörperchens sehen, das anders ist im Kopf und anders im Herz und anders in der Leber, wie Sie da in der Hand haben zu sagen: Es ist darum zu tun, für das Blut eine Definition zu finden – darum kann es einem nicht zu tun sein, es kann einem nur darum zu tun sein, welches die günstigeren Nahrungsmittel sind in diesem oder jenem Falle; ebenso kann es sich niemals darum handeln, über den Wert und Preis herumzureden, sondern nur darum, dass man zu den ersten Faktoren geht, zu demjenigen, was dann, wenn es richtig formiert wird, eben den entsprechenden Preis herausbringt, der dann schon von selber so wird.

Es ist ganz unmöglich, mit der volkswirtschaftlichen Betrachtung stehenzubleiben im Gebiet von Wert- oder Preisdefinitionen, sondern man muss überall zurückgehen zu demjenigen, was die Ausgangspunkte sind, also gewissermaßen zu demjenigen, woraus der volkswirtschaftliche Prozess seine Nahrung auf der einen Seite zieht und wodurch er auf der anderen Seite reguliert wird: also zu der *Natur* auf der einen Seite, zu dem *Geist* auf der anderen.

Das ist die Schwierigkeit gewesen bei allen volkswirtschaftlichen Theorien der neueren Zeit, dass man zunächst immer das fassen wollte, was fluktuierend ist. Dadurch ergaben sich für denjenigen, der die Sache durchschaut, im Grunde genommen fast gar keine falschen Definitionen, sondern lauter richtige. Man muss schon wirklich sehr danebenhauen, wenn man sagt: Die Arbeit entspricht dem, was wiederum ersetzt werden muss im menschlichen Organismus, sie ist aufgebrauchter Stoff. – Da muss man schon sehr danebenhauen und die gewöhnlichsten Dinge nicht sehen. Aber es handelt sich darum, dass auch wirklich recht kluge Leute durchaus gestrauchelt sind beim Ausbilden ihrer volkswirtschaftlichen Theorie daran, dass sie die Dinge, die im Fluss sind, in Ruhe haben beobachten wollen. Das kann man den Naturdingen gegenüber tun, muss es oftmals tun; aber da genügt es, in ganz anderer Weise das Ruhende zu beobachten. Wenn wir die Bewegung betrachten, so sind wir nur dazu gekommen in der Naturbetrachtung, sie aus kleinen Ruhen zusammengesetzt zu betrachten, die dann fortspringen. Indem wir integrieren, betrachten wir auch die Bewegung als etwas, was sich aus Ruhen zusammensetzt.

Nach dem Muster solcher Erkenntnis kann man nicht den volkswirtschaftlichen Prozess betrachten. So dass man sagen muss: Dasjenige, worauf es ankommt, ist, zunächst anzufassen die Volkswirtschaftslehre bei der Art und Weise, wie auf der einen Seite erscheint der Wert, indem die Natur durch die Arbeit verwandelt wird, die Natur durch die Arbeit gesehen wird, auf der anderen Seite, wie der Wert erscheint, indem die Arbeit durch den Geist gesehen wird. Und diese beiden Entstehungen der Werte sind durchaus polarisch verschieden, so wie im Spektrum der eine Pol, der helle Pol, der gelbe Pol, von dem blauen, violetten Pol verschieden ist. So dass Sie schon das Bild festhalten können: So wie auf der einen Seite die warmen Farben erscheinen im Spektrum, so erscheint auf der einen Seite der Naturwert, der sich mehr in der Rentenbildung zeigen wird, wenn wir Natur durch Arbeit verwandelt wahrnehmen; auf der anderen Seite erscheint uns mehr der Wert, der sich in Kapital umsetzt, wenn wir die Arbeit durch den Geist verändert erblicken. Dann kann allerdings der Preis entstehen, indem Werte des einen Poles mit Werten des anderen Poles zusammenstoßen, oder indem Werte innerhalb eines Poles miteinander einander in Wechselwirkung treten. Aber jedes Mal, wenn Preisbildung überhaupt in Betracht kommt, dann ist es so, dass Wert mit Wert in Wechselwirkung tritt. Das heißt, wir müssen ganz absehen von alledem, was sonst da ist, von dem Stoffe selber, von alledem müssen wir absehen und müssen zunächst sehen, wie Werte gebildet werden auf der einen Seite und wie Werte gebildet werden auf der anderen Seite. Dann werden wir zu dem Problem des Preises vordringen können.

«Die Methode in der Volkswirtschaft ist eben eine höchst unbequeme Methode, weil sie in Wirklichkeit darauf hinausläuft, dass man die Begriffe aus unendlich vielen Faktoren zusammensetzen muss. Sie müssen auf volkswirtschaftliche Imaginationen hinarbeiten! Mit denen erst können Sie vorwärtskommen. Wenn Sie sie haben und sie an etwas herankommen, dann modifizieren sie sich von selber, während es mit dem festen Begriff nicht leicht ist, ihn zu modifizieren.»

«Das kommt auch aus der Ursache heraus, weil man in der Volkswirtschaft auf Grundlage der Vergangenheit fortwährend in die Zukunft hinein arbeiten muss. Und da kommen einem, indem man in die Zukunft hineinarbeitet, die menschlichen Individualitäten mit ihren Fähigkeiten hinein, so dass man im Grunde genommen in der Volkswirtschaft nichts anderes tun kann, als auf dem Quivive stehen. Soll man ins Praktische eingreifen, so muss man bereit sein, seine Begriffe fortwährend zu modifizieren.»

«Wie Goethe beim Begriff der Urpflanze: Er hat natürlich ein Schema hingezeichnet, hat aber ein fortwährend sich Veränderndes gemeint. Volkswirtschaftliche Begriffe müssen im Leben fortwährend Metamorphosen unterworfen werden.»

«Wenn ein Engel heute auf die Welt herunterkäme, so müsste er entweder bloß im Traum erscheinen, dann würde er nichts ändern; sobald er aber den Leuten nur im Wachen erscheint, würde er schon in das Wirtschaftsleben eingreifen. Er kann gar nicht anders.»

Nationalökonomisches Seminar

Erste Seminarbesprechung, Dornach Juli 1922

Frage: Die *Kernpunkte*[1] erscheinen zwar «logisch in sich geschlossen», aber es ist das Kriterium «wirklichkeitsgemäß oder nicht» in den *Kernpunkten* nicht zu finden.

Rudolf Steiner: Es wäre gerade gut, wenn die Freunde sich über diesen Punkt noch etwas deutlicher aussprechen würden. Sie müssen bedenken, dass die Volkswirtschaftslehre als solche eigentlich ein sehr junges Denken ist, kaum einige Jahrhunderte alt, und dass auf dem Gebiete des volkswirtschaftlichen Lebens sich eigentlich bis zu den großen Utopisten alles mehr oder weniger instinktiv abgespielt hat. Dennoch waren diese instinktiven Impulse, die man hatte, etwas, was in die Wirklichkeit übergegangen ist.

Um ein genaueres Verständnis zu gewinnen, bedenken Sie nur das Folgende. Heute sagen die Leute vielfach: Was wir über das Wirtschaftliche denken können, geht eigentlich aus den wirtschaftlichen Klassengegensätzen hervor, aber auch aus der wirtschaftlichen Arbeitsweise und so weiter. Ich will nicht einmal auf das Allerextremste sehen, wie Marx und seine Anhänger das vertreten. Sondern sogar schon stark ins Bürgerliche spielende Volkswirtschaftslehrer reden davon, dass eigentlich alles aus den ökonomischen Grundlagen wie mit automatischer Notwendigkeit hervorgeht. Dennoch, wenn dann die Leute die einzelnen konkreten Dinge besprechen, so ist es so, dass die konkreten Einrichtungen, die in Aktion getreten sind, um das heutige Wirtschaftsleben hervorzubringen, nichts anderes sind als Ergebnisse des mittelalterlichen Denkens selbst, gewiss im Zusammenhang mit den verschiedenen Realitäten. Aber bedenken Sie nur, was der römische Eigentumsbegriff, also eine rein juristische Kategorie, für eine Gestaltung hervorgerufen hat und was da wieder entstanden ist an Wirtschaftlichem durch diesen Begriff. Man sieht, dass diese Dinge nicht wissenschaftlich behandelt worden sind, dass aber die juristischen, aber auch als juristische schon wirtschaftlich gedachten Kategorien gestaltend gewirkt haben. Nun sind die Merkantilisten und so weiter gekommen, die nun keine schöpferischen Menschen waren, die theoretische Menschen waren. Man kann zum Beispiel sagen, die Ratgeber des Kaisers Justinian,[2] die den Kodex des Corpus Juris geschaffen haben, waren viel schöpferischere Menschen als die späteren Volkswirtschaftslehrer. Diese Leute haben tatsächlich nicht bloß in unserem heutigen Sinn einen Justinianischen Kodex geschaffen, sondern im weiteren Fortgang der mittelalterlichen Entwickelung sehen wir die gegensätzlichen Impulse gerade auf Grundlage dessen sich entwickeln, was in dieser Justinianischen Gesetzgebung festgelegt worden ist.

Und so sind wir in die neue Zeit heraufgekommen zu Menschen, die in ihrem Denken volkswirtschaftlich nicht mehr schöpferisch sind, sondern nur betrachtend. Diese Betrachtung setzt eigentlich so recht ein bei Ricardo.[3] Nehmen Sie zum Beispiel das Gesetz vom sinkenden Bodenertrag. Das ist so recht ein Gesetz, das eben richtig ist, aber absolut nicht wirklichkeitsgemäß. Denn die Praxis wird fortwährend zeigen, dass zwar, wenn man alle die Faktoren in Betracht zieht, die Ricardo in Betracht gezogen hat, richtig das folgt, was er das Gesetz vom sinkenden Bodenertrag genannt hat, aber in dem Augenblick, wo auf der anderen Seite technisch intensivere Bewirtschaftung auftritt, wird diesem Gesetz ein Strich durch die Rechnung gemacht. Es bewahrheitet sich nicht in der Wirklichkeit.

Nehmen Sie etwas anderes, etwas, was trivialer ist. Nehmen Sie das «eherne Lohngesetz» von Lassalle.[4] Ich muss gestehen, ich empfinde es als einen gewissen wissenschaftlichen Leichtsinn, dass man immer noch verzeichnet findet, dieses Gesetz sei «überwunden», denn die Dinge bewahrheiten sich nicht. Die Sache ist nämlich so: Es kann aus der Denkweise des Lassalle heraus und aus der Anschauung, dass Arbeit bezahlt werden kann, nichts Richtigeres erfolgen als dieses eherne Lohngesetz. Es ist so logisch streng, dass man sagen kann: Absolut richtig ist, wenn man so denkt, wie Lassalle denken musste, dass niemand ein Interesse hat, dem Arbeiter mehr Lohn zu geben, als dass gerade noch der Lebensunterhalt des Arbeiters möglich ist. Er wird ihm nicht mehr geben, selbstverständlich. Gibt er ihm aber weniger, so wird der Arbeiter verkümmern, und das muss derjenige, der den Lohn bezahlt, büßen. Es ist im Grunde genommen gar nicht auszukommen, ohne theoretisch das eherne Lohngesetz zuzugeben. Schon innerhalb des Proletariats selber sagen die Leute: Das eherne Lohngesetz ist falsch, denn es ist nicht richtig, dass sich in den letzten Jahrzehnten der Lohn eben auf einem gewissen Minimum, das zugleich sein Maximum wäre, erhalten hat. Ja, aber warum ist das eherne Lohngesetz von Lassalle falsch? Hätten die Verhältnisse fortgedauert, unter denen er es aufgestellt hat – ich will also sagen, die Verhältnisse von 1860 bis 1870 –, hätte man weiter gewirtschaftet unter der rein liberalistischen Anschauung, so wäre das eherne Lohngesetz mit absoluter Richtigkeit in die Wirklichkeit hineingekommen. Man hat es nicht getan, man hat eine Umkehr vollzogen von der liberalistischen Wirtschaft und bessert heute fortwährend das eherne Lohngesetz aus, indem man Staatsgesetze macht, welche eine Korrektur der Wirklichkeit bewirken, die aus dem Gesetz hervorgegangen wäre.

Also Sie sehen, ein Gesetz kann richtig sein und doch nicht

wirklichkeitsgemäß. Ich kenne keinen Menschen, der ein größerer Denker war als Lassalle. Er war nur sehr einseitig. Er war schon ein sehr konsequenter Denker.

Wenn man einem Naturgesetz gegenübersteht, dann konstatiert man es. Wenn man einem sozialen Gesetz gegenübersteht, dann kann man es auch konstatieren, aber es ist nur als eine bestimmte Strömung gültig, und man kann es korrigieren. Insofern unsere Wirtschaft rein auf freier Konkurrenz beruht – und vieles ist noch da, das nur auf freier Konkurrenz beruht –, ist das eherne Lohngesetz gültig. Aber weil es unter diesen Voraussetzungen gültig wäre, muss man die Korrekturen mit der Sozialgesetzgebung, mit einer bestimmten Arbeitszeit und so weiter geben. Lassen Sie den Unternehmern vollständig freie Hand, so gilt das eherne Lohngesetz. Daher kann es in der Volkswirtschaft nicht die rein deduktive Methode geben. Die induktive hilft erst recht nichts. Sie hat Lujo Brentano befolgt.[5] Wir können nur die wirtschaftlichen Tatsachen beobachten – sagt sie – und steigen dann allmählich zu dem Gesetze auf. – Ja, da kommen wir überhaupt zu keinem schöpferischen Denken. Das ist die sogenannte neuere Nationalökonomie, die sich die wissenschaftliche nennt. Die will eigentlich bloß induktiv sein. Aber mit ihr kommen Sie nicht vorwärts.

In der Volkswirtschaft brauchen Sie durchaus eine charakterisierende Methode, die die Begriffe dadurch zu gewinnen sucht, dass man von verschiedenen Ausgangspunkten kommt, sie zusammenhält, sie in Begriffen gipfeln lässt. Dadurch bekommt man einen bestimmten Begriff. Der wird wahrscheinlich, da man niemals den vollen Umfang der Tatsachen überschauen kann, sondern nur eine gewisse Summe von Erfahrungen hat, in gewissem Sinne einseitig sein. Jetzt gehen Sie mit dem Begriff noch einmal durch die Erscheinungen durch und versuchen ihn zu verifizieren. Da werden Sie sehen, dass das eigentlich ein

Modifizieren ist. So kommen Sie, indem Sie charakterisieren, zu einem Begriff, den Sie verifizierend modifizieren, und Sie bekommen dann eine volkswirtschaftliche Anschauung. Nach Anschauungen müssen Sie hinarbeiten.

Eine solche Anschauung möchte ich jetzt in den Vorträgen des Nationalökonomischen Kurses herausarbeiten, indem ich Ihnen zeige, was alles immer eingreift in die Preisbildung. Die Methode in der Volkswirtschaft ist eben eine höchst unbequeme Methode, weil sie in Wirklichkeit darauf hinausläuft, dass man die Begriffe aus unendlich vielen Faktoren zusammensetzen muss. Sie müssen auf volkswirtschaftliche Imaginationen hinarbeiten! Mit denen erst können Sie vorwärtskommen. Wenn Sie sie haben und sie an etwas herankommen, dann modifizieren sie sich von selber, während es mit dem festen Begriff nicht leicht ist, ihn zu modifizieren.

Sie kennen das sogenannte Greshamsche Gesetz:[6] Gutes Geld wird von schlechtem weggejagt. Wenn irgendwo schlechtes, unterwertiges Geld, unterwertig geprägtes Geld kursiert, so sticht es das Geld mit gutem Feingehalt aus, und das wandert dann in andere Länder. Auch dieses Gesetz ist ein induktives Gesetz, es ist ein reines Erfahrungsgesetz. Dieses Gesetz ist aber wiederum so, dass man auch sagen muss: Es hat nur so lange Gültigkeit, so lange man nicht in der Lage ist, dem Gelde seine Bedeutung zu sichern. In dem Augenblick, wo Sie durch Unternehmungsgeist in die Lage kämen, dem guten Geld sein Recht zu sichern, würde es modifiziert werden. Es würde nicht ganz aussterben. Es gibt kein volkswirtschaftliches Gesetz, das nicht bis zu einem gewissen Punkt gültig ist; aber sie werden alle modifiziert. Darum brauchen wir die charakterisierende Methode. In der Naturwissenschaft haben wir die induktive Methode, die höchstens bis zu Deduktionen kommt. Aber die Deduktionen haben im Allgemeinen in der Naturwissenschaft viel weniger Bedeutung, als man denkt. Da hat eigentlich nur die Induktion Bedeutung.

Dann haben Sie die reinen Deduktionen, die etwa in der Jurisprudenz sind. Will man da induktiv vorgehen, so bringt man etwas in die Jurisprudenz hinein, was sie vernichtet. Wenn man die psychologische Methode in die Jurisprudenz hineinbringt, so löst man die Jurisprudenz auf. Da muss man jeden Menschen für unschuldig erklären. Es können vielleicht diese Methoden in die Wirklichkeit eingeführt werden, dann werden sie aber zur Untergrabung der juristischen Auffassung führen, die da ist. Also es mag schon berechtigt sein, aber Jurisprudenz ist es dann nicht mehr.

So können Sie in der Volkswirtschaft mit Deduktion und Induktion nicht zurechtkommen. Sie könnten mit der Deduktion nur zurechtkommen, wenn es möglich wäre, allgemeine Maßregeln zu geben, zu denen die Wirklichkeit selbst die Fälle herausschälen würde. Ich will nur diejenigen erwähnen, die rein deduktiv vorgehen wollen, allerdings mit einer Hauptinduktion, die sie an die Spitze stellen. Oppenheimer[7] stellt zum Beispiel eine Hauptinduktion der Geschichte mit seinen Siedlungsgenossenschaften an die Spitze und deduziert davon eine ganze soziale Ordnung. Nun, vor vielen Jahren war es, da war Oppenheimer auch schon der Siedlungsmann und sagte: Jetzt habe ich das Kapital gekriegt, jetzt werden wir die moderne Kulturkolonie begründen! – Ich erwiderte ihm: Herr Doktor, wir wollen darüber reden, wenn sie zugrunde gegangen ist. – Sie musste zugrunde gehen, weil es unmöglich ist, innerhalb der allgemeinen Wirtschaft ein kleines Gebiet zu begründen, das seine Vorzüge durch etwas anderes genießen würde, so dass es ein Parasit innerhalb des ganzen volkswirtschaftlichen Körpers wäre. Immer sind solche Unternehmungen Parasiten. Bis sie genug von den anderen gefressen haben, bleiben sie – aber dann gehen sie zugrunde.

Also, in der Volkswirtschaft können Sie nur, indem Sie mit dem Denken einrücken in die Erscheinungen, charakterisieren.

Das kommt auch aus der Ursache heraus, weil man in der Volkswirtschaft auf Grundlage der Vergangenheit fortwährend in die Zukunft hinein arbeiten muss. Und da kommen einem, indem man in die Zukunft hineinarbeitet, die menschlichen Individualitäten mit ihren Fähigkeiten hinein, so dass man im Grunde genommen in der Volkswirtschaft nichts anderes tun kann, als auf dem Quivive stehen. Soll man ins Praktische eingreifen, so muss man bereit sein, seine Begriffe fortwährend zu modifizieren. Man hat es nicht mit Substanz zu tun, die man plastisch bilden kann, sondern mit lebendigen Menschen. Und das ist das, was die Volkswirtschaftslehre zu einer Wissenschaft besonderer Art macht, weil sie durchdrungen sein muss von der Wirklichkeit.

Theoretisch werden Sie das leicht einsehen können. Sie werden sagen: Es ist dann höchst unbequem, in der Volkswirtschaftswissenschaft zu arbeiten. Aber auch das möchte ich gar nicht so gelten lassen. Sie können unter Umständen, solange Sie noch auf dem Standpunkt stehen, dass Sie zum Beispiel Dissertationen schreiben wollen, sehr viel gewinnen, wenn Sie über irgendein Gebiet die einschlägige Literatur der letzten Zeit verfolgen und wenn Sie die einzelnen Ansichten vergleichen. Gerade in der Volkswirtschaftslehre gibt es die unglaublichsten Definitionen. Also versuchen Sie nur einmal nach den verschiedenen volkswirtschaftlichen Handbüchern oder auch größeren Abhandlungen die Definitionen von Kapital zusammenzustellen! Versuchen Sie sie – acht, zehn – hintereinander zu stellen! Mir fällt gerade jetzt eine ein: «Kapital ist die Summe der produzierten Produktionsmittel.» Ich muss sagen, ich verstehe nicht, was das Adjektiv dabei will. Das Gegenteil: unproduzierte Produktionsmittel – man könnte sich ja auch darunter etwas denken, zum Beispiel die Natur, also den Boden, und das wird der Betreffende auch meinen. Dann aber ist er natürlich außerstande, irgendwie zu rechtfertigen, wie nun doch der Boden sich kapitalisieren kann. Er kapitalisiert sich doch. Also es ist eigentlich nicht herauszukommen, und das beruht darauf, dass man solche Begriffe hat, die muss man aufsuchen und muss eben versuchen, sie dann irgendwie etwas reicher zu machen. Die Sachen sind alle zu eng.

Wenn Sie meinen, das Wirklichkeitsgemäße werde Ihnen schwer bei diesen Betrachtungen, so möchte ich sagen: Das Wirklichkeitsgemäße könnte eigentlich gerade leicht werden! Sie sagen: Die *Kernpunkte* sind logisch in sich geschlossen. Das sind sie gar nicht, weder die *Kernpunkte* noch die anderen Sachen! Wobei ich betone, dass ich nicht rein volkswirtschaftlich sein wollte, sondern sozial und volkswirtschaftlich. Dadurch ist natürlich der ganze Stil und die Haltung dieser Schriften bedingt, so dass sie nicht durchaus rein volkswirtschaftlich bewertet werden können. Das können höchstens einzelne Aufsätze in den Dreigliederungsschriften. Aber logisch in sich geschlossen finde ich sie schon gar nicht, weil ich doch, vorsichtig genug, nur Richtlinien angegeben habe und Exempel oder eigentlich nur Illustrationen. Ich wollte ein Bewusstsein dafür hervorrufen, was dadurch erreicht wird, dass jemand ein Produktionsmittel nur so lange verwaltet, als er dabeisein kann; dann muss es übergehen auf den, der es selbst wieder verwalten kann. Ich kann mir gut denken, dass das, was dadurch erreicht werden soll, auf einem anderen Wege erreicht werden könnte. Ich wollte bloß Richtlinien angeben. Ich wollte zeigen, dass man einen Ausweg findet, wenn man diese Dreigliederung sachgemäß durchführt, wenn man tatsächlich das Geistesleben als solches befreit, wenn man das Rechtsleben auf demokratische Basis stellt, und wenn man das Wirtschaftsleben auf das Sachliche und Fachliche stellt, was in den Assoziationen vertreten werden kann. Und ich habe die Überzeugung, dass dann im Wirtschaftlichen schon das Richtige geschieht.

Ich sage, die Menschen werden das Richtige finden, die in der Assoziation darin sind. Ich möchte mit Menschen rechnen, und das ist das Wirklichkeitsgemäße. Eine Abhandlung über den «Begriff der Arbeit» würde so veranlagt werden müssen, dass Sie den Begriff der Arbeit nun wirklich finden im volkswirtschaftlichen Sinn. Dieser Begriff muss von allem befreit werden, was an der Arbeit nicht werteschaffend ist, und zwar nicht volkswirtschaftliche Werte schaffend ist. Das muss man zunächst also ausscheiden. Dadurch kommt man natürlich nur zu einer Charakteristik. Und diese charakterisierende Methode ist es, worauf es ankommt. Man muss das natürlich einmal methodologisch sagen.

Frage: Inwiefern ist Inspiration für volkswirtschaftliche Erkenntnis notwendig?[8]

Rudolf Steiner: Das ist so gemeint, dass diese Inspiration, wenn man die Sache ernsthaft nimmt, eigentlich nicht so außerordentlich schwierig ist. Es handelt sich nicht darum, übersinnliche Tatsachen zu finden, sondern die Inspiration wirksam zu machen auf volkswirtschaftlichem Felde, so dass sie nicht besonders schwierig werden kann.

Die Art, wie man die Arbeit zu begrenzen hat, würde bedingen, dass ich davon ausgehe, zu zeigen: Der Mensch kann Arbeit verrichten, ohne dass sie volkswirtschaftlichen Wert hat. Das ist eine Binsenwahrheit. Mit dem Reden kann sich einer furchtbar anstrengen, und es kommt dabei doch kein eigentlicher volkswirtschaftlicher Wert heraus. Dann würde ich zeigen, wodurch die Arbeit, auch wenn sie anfängt, eine volkswirtschaftliche Bedeutung zu haben, ihrem Werte nach modifiziert wird. Nehmen wir an, einer ist Holzhacker und verrichtet eine Arbeit, die tatsächlich werteschaffend ist, und einer ist Baumwollagent, hat also mit dem Holzhacken nichts zu tun, wird aber gerade unter seiner Arbeit nervös, so dass er jeden Sommer vierzehn Tage im Gebirge Holz hackt. Da wird die Sache komplizierter, denn an sich wird dieser Agent das gehackte Holz durchaus auch verwerten können, er wird etwas dafür einnehmen. Aber was er einnimmt, dürfen Sie dennoch nicht so bewerten, wie Sie die Arbeit des Holzhackers bewerten. Sie müssen unter Umständen annehmen, dass der Mann, wenn er nicht im Sommer die vierzehn Tage Holz hackt, im Winter weit weniger arbeiten kann als Agent. Da müssen Sie, von dieser Arbeit ausgehend, auch die Förderung bei ihm in Betracht ziehen. Der volkswirtschaftliche Wert des vom Baumwollagenten gehackten Holzes ist ganz gleich dem Wert des vom Holzhacker gehackten Holzes; aber der volkswirtschaftliche Effekt seiner Arbeit, der zurückfällt auf seine Tätigkeit, ist nun ein wesentlich anderer. Wenn beim Agenten das Holzhacken darin seinen Wert hat, dass es auf seine Agententätigkeit zurückwirkt, dann muss ich untersuchen, ob es auch stimmt, wo einer sich auf ein Tretrad stellt[9] und von einer Stufe zur anderen steigt und sich dadurch dünner macht. Das ist für ihn eine Anstrengung, für die Volkswirtschaft ist aber kein Effekt da. Es stimmt, aber ich muss hier unterscheiden, ob der Betreffende ein Rentier oder ein Unternehmer ist. Letzterer wird tüchtiger als volkswirtschaftliche Werte Schaffender.

Man muss allmählich charakterisierend die Sache herausarbeiten und dann, wenn man da immer weiter und weiter geht, bekommt man eben einen direkten Wert der Arbeit und einen indirekten, einen rückstrahlenden Wert der Arbeit. Auf diese Weise kommen Sie zu einer Charakteristik des Arbeitsbegriffes. Damit können Sie wieder zurückgehen zum gewöhnlichen Holzhacker und vergleichen, was das Holzhacken des Baumwollagenten im wirtschaftlichen Prozess bedeutet neben dem des Berufsholzhackers. Man kann sich so immer von der einen Stufe zur anderen weitertreiben lassen und muss überall nachschauen, wie die Sache wirkt. Das nenne ich wirklichkeitsgemäß. Sie müssen zeigen, wie sich die Arbeit in den verschiedensten Lebensgebieten auslebt. Wie Goethe beim Begriff der Urpflanze: Er hat natürlich ein Schema hingezeichnet, hat aber ein fortwährend sich Veränderndes gemeint. Volkswirtschaftliche Begriffe müssen im Leben fortwährend Metamorphosen unterworfen werden. Das ist es, was ich meine.

Sie werden natürlich nicht viel Glück mit solchen Begriffen haben. Die Dozenten lassen das heute nicht gelten, die wollen eine Definition haben. Aber ich habe nicht gefunden, dass der Arbeitsbegriff in den Volkswirtschaftslehren scharf erfasst worden wäre. Man soll charakterisieren, nicht fortwährend negativ reden. Ich habe in volkswirtschaftlichen Auseinandersetzungen zum Beispiel gefunden, die Arbeit könne aus dem Grunde nicht maßgebend für den Preis sein, weil sie bei den einzelnen Personen entsprechend ihrer persönlichen Kraft verschieden ist. Negative Instanzen finden Sie schon verzeichnet. Aber das Positive fehlt, dass man dazu vorrückt, die Arbeit doch so zu charakterisieren, dass sie eigentlich ihren ursprünglichen substantiellen Charakter verliert und ihren Wert bekommt aus anderen Positionen, in die sie hineingestellt wird. Wenn man so anfängt zu charakterisieren, dann verliert sich die Substanz; zuletzt bekommt man etwas, was ganz und gar in der volkswirtschaftlichen Struktur darinnen spielt.

Arbeit ist das volkswirtschaftliche Element, welches ursprünglich aus wirklicher menschlicher Anstrengung hervorgeht, das aber in den volkswirtschaftlichen Prozess überfließt und dadurch nach den verschiedensten Richtungen hin den verschiedensten volkswirtschaftlichen Wert bekommt. Man sollte von den Prozessen sprechen, die zur Bewertung der Arbeit nach den verschiedensten Richtungen hinführen.

Die Inspiration beruht darauf, dass man darauf kommt, wie man von dem einen zum anderen vorrücken muss. Es kommt ein bisschen auf den Spiritus an, dass man gerade die richtigen Beispiele findet.

Frage: Ist nicht doch ein Oberbegriff notwendig? Auch bei der charakterisierenden Methode ist doch Gewicht zu legen auf die Ursachen, durch die es zu den beobachteten Wirkungen gekommen ist?

Rudolf Steiner: Was die Sache mit den Wirkungen betrifft, so bin ich damit einverstanden, dass man zu den Ursachen zurückkommen muss. Aber wie es schon auf gewissen Naturgebieten ist, dass man die Ursachen ja nicht anders findet, als dass man von den Wirkungen ausgeht, so ist es in höherem Grade auf volkswirtschaftlichem Gebiete der Fall, dass einem die Erkenntnis der Ursachen nichts hilft, wenn man sie nicht an den Wirkungen gewonnen hat. Zum Beispiel die ungeheuren Wirkungen der Kriegswirtschaft, die sind da. Würde man sie nicht kennen als Wirkungen, so würde man die Ursache dabei gar nicht bewerten. Es handelt sich also darum, dass man sich einen gewissen Sinn für die Qualität der Wirkungen aneignet, um zu den Ursachen aufsteigen zu können. Gewiss, man wird im Praktischen gerade zu den Ursachen aufsteigen müssen. Darauf beruht aber, was die Volkswirtschaftslehre für das Praktische will. Man lernt die Wirkungen werten, und indem man die Abwege der Wirkungen sieht, kommt man dazu, die Ursachen kennenzulernen und dann die Ursachen zu verbessern. Man hat nicht viel davon, dass man nur die Ursachen kennenlernt. Man muss zu den Ursachen so kommen, dass man sagen kann: Ich kenne sie dadurch, dass ich von den Wirkungen ausgehe. – Eine Erkenntnis von so ungeheurer Tragweite, wie es das Sprachzentrum in der linken Gehirnhälfte ist, ist lediglich aus den Wirkungen her erkannt: Sprache verloren – linke Gehirnhälfte gelähmt. Sie erkennen zuerst die Wirkung. Dann werden Sie dazu geführt, überhaupt erst die Sache zu untersuchen. So ist diese rekurrierende Methode notwendig.

Frage: Ich kann nicht alles unter wirtschaftlichen Gesichtspunkten ansehen, was mit Kunst und Religion oder auch Sport zu tun hat. Davon kann man Teile unter wirtschaftlichem Gesichtspunkt betrachten, aber das Ganze doch nicht?

Rudolf Steiner: Ich fahre durch eine Gegend und finde in dieser Gegend außerordentlich kunstvolle Bauten – ich schildere damit natürlich eine Utopie. Das ist nicht nur künstlerische Anschauung. Diese kunstvollen Bauten sind nur auf Grundlage einer ganz bestimmten Wirtschaftslage möglich. Wenn ich durch eine Gegend fahre, wo sehr viele Kunstbauten sind, werde ich sofort ein Bild davon haben, wie da gewirtschaftet wird. Wenn ich dagegen durch eine Gegend fahre, wo selbst sogenannte schöne Bauten geschmacklos sind, so werde ich davon Vorstellungen über die Wirtschaftslage der betreffenden Gegend bekommen. Und wenn ich sogar nur Utilitätsbauten finde, werde ich Vorstellungen über die Wirtschaftslage der betreffenden Gegend bekommen. Wo ich Kunstbauten finde, kann ich darauf schließen, dass da höhere Löhne bezahlt werden als da, wo ich keine Kunstbauten finde. – So kann ich mir nicht vorstellen, dass irgend etwas nicht als wirtschaftlich betrachtet werden kann. Alles bis in die höchsten Gebiete hinauf muss wirtschaftlich betrachtet werden. Wenn ein Engel heute auf die Welt herunterkäme, so müsste er entweder bloß im Traum erscheinen, dann würde er nichts ändern; sobald er aber den Leuten nur im Wachen erscheint, würde er schon in das Wirtschaftsleben eingreifen. Er kann gar nicht anders.

Einwand: Ich gebe zu, dass man es unter wirtschaftlichem Gesichtspunkt betrachten kann – aber nur kann! Man kann es aber doch auch von anderen Gesichtspunkten aus betrachten.

Rudolf Steiner: Sie kommen in einen Zirkel hinein. Das ganze, was man sagen kann, ist dieses: Dass man nötig hat, für die Betrachtung zunächst den wirtschaftlichen Gesichtspunkt zugrunde zu legen. Das hat nur einen heuristischen Wert, einen Wert des Forschens, des Untersuchens. Aber wenn Sie erschöpfend eine wirklichkeitsgemäße Volkswirtschaftslehre finden wollen, werden Sie nicht darum herumkommen, die wirtschaftlichen Effekte von allen Seiten her zu charakterisieren. Sie müssen charakterisieren, was es für einen Einfluss auf das Wirtschaftsleben eines Gebietes hat, ob es hundert ausgezeichnete Maler hat oder nur zehn. Es lässt sich sonst kaum denken, dass das Wirtschaftsleben umfasst werden kann. Ich hätte sonst nicht so stark insistiert auf diesem Herausheben. Gerade dadurch, dass man eben heraushebt, kommt man immer zu Definitionen, die auf irgendeinem Gebiete doch im Grunde genommen nicht gelten, oder die man ungemein pressen muss. Es ist tatsächlich unmöglich, das Einkommen zu definieren, das ein Mensch haben sollte, indem man etwa darauf aufmerksam macht, dass er Anspruch hat auf dasjenige, «was er selber produziert». Es gibt sogar diese Definition: Jemand hat Anspruch auf das, was er selber produziert.[10] Es scheint ganz nett zu sein, wenn man eine solche Definition macht. Auf einem gewissen Felde ist es richtig. Der Kloakenräumer könnte aber nicht viel damit anfangen. Es handelt sich darum, dass man bei der Volkswirtschaft nicht etwas herausheben sollte aus der Summe der Erscheinungen, sondern durch die ganze Summe durchgehen sollte. Man muss sich bewusst sein: Ich beginne volkswirtschaftlich zu denken, weil ich da denen helfen kann, die es nicht können. Aber man muss sich auch bewusst sein, dass das volkswirtschaftliche Denken gerade den Anspruch erheben muss, ziemlich total zu sein, ein Denken sehr umfassender Art zu sein. Juristisch ist viel leichter zu denken. Die meisten Volkswirtschafter denken stark juristisch.

Frage: Über das «Normale» in der Volkswirtschaft gehen die Meinungen so weit auseinander, dass man überhaupt nicht weiß, was normal ist?

Rudolf Steiner: Ich lege keinen Wert darauf, mit diesen Auffassungen von «normal» und «abnorm» zu konkurrieren. Es gibt das Sprichwort: Es gibt nur eine Gesundheit und unzählige Krankheiten. – Ich erkenne das nicht an. Jeder Mensch ist auf seine eigene Art gesund. Leute kommen und sagen: Da ist ein Herzkranker, der hat diesen und jenen kleinen Fehler, den soll man kurieren. – Ich habe oft gesagt: Lassen Sie dem Menschen seinen kleinen Fehler. – Es brachte mir ein Arzt einen Kranken, der hatte das Nasenbein so unglückselig verletzt, dass er nun einen Nasengang verengt hat und so wenig Luft bekommt. Der Arzt sagte: Das muss operiert werden, das ist eine furchtbar leichte Operation. – Ich sagte: Lassen Sie die Operation! Der hat eine Lunge, die so konstruiert ist, dass er nicht mehr Luft bekommen darf; es ist ein Glück für ihn, dass er einen verengten Nasengang hat. So kann er noch zehn Jahre leben. Wenn er eine normale Nase hätte, dann würde er ganz gewiss in drei Jahren tot sein. – Ich lege also keinen großen Wert auf «normal» und «nicht normal». Nur das Trivialste verstehe ich darunter. Ich sage sehr häufig: ein normaler Bürger, eine normale Bürgerin. Da wird man schon verstehen, was ich meine.

Es wird nach dem Wert der Statistik gefragt.

Rudolf Steiner: Es ist richtig, dass die Statistik sehr viel helfen kann. Aber die statistische Methode wird heute äußerlich angewendet. Es stellt einer eine Statistik auf über die Zunahme des Häuserwertes auf einem gewissen Gebiet und dann über diejenige eines anderen Gebietes, und stellt sie nebeneinander. Das ist aber nicht gut. Sicher wird es erst, wenn man die Vorgänge als solche untersucht. Dann weiß man, wie man eine solche Zahl zu bewerten hat. Denn es kann irgendeinmal eine Zahlenreihe einfach dadurch etwas Besonderes darstellen, dass ein außerordentliches Ereignis in die Reihe sich eingefügt hat ...

Frage: Tritt beim Zusammentragen von Zahlen auch Inspiration ein?

Rudolf Steiner: Inspiration tritt da auch insofern ein, als Sie, wenn Sie eine Reihe haben, eine zweite Reihe, eine dritte, dann herausbekommen – jetzt wiederum durch den Spiritus –, welche Tatsachen, wenn Sie sie qualitativ betrachten, in der ersten Reihe modifiziert werden durch entsprechende Tatsachen, sagen wir in der dritten Reihe. Dadurch heben sich vielleicht gewisse Zahlenwerte auf. In der geschichtlichen Methode nenne ich das die symptomatologische Betrachtung.[11] Man muss die Möglichkeit haben, die Sachen zu werten und eventuell die sich widersprechenden Dinge richtig gegeneinander abzuwägen.

Gerade die Volkswirtschaftslehre wird zuweilen in einer überaus unobjektiven Weise betrieben. Man hat das Gefühl, dass die Statistik so gehandhabt wird, dass zum Beispiel die Bilanzgestaltung bei den Finanzministern der verschiedenen Länder unter parteipolitischen Gesichtspunkten so oder so getroffen wird. Da wo einer eine bestimmte Parteirichtung belegen will, wird tatsächlich das Zahlenmaterial verwendet, das ebenso gut eine andere belegen kann. Es nützt nichts anderes, als in der Seele unbefangen zu sein. Da kommt wirklich etwas Elementarisches, Ursprüngliches in Betracht. Bei aller Wissenschaft, die es mit dem Menschlichen zu tun hat – ja schon wenn Sie eine Wissenschaft aufführen wollen, die dazu führt, dass Sie Tiere behandeln lernen, zähmen lernen –, da müssen sich Ihre Begriffe modifikabel erweisen. Und das erst recht in der Volkswirtschaft. Da tritt die Inspiration ein. Die muss man schon haben. Nehmen Sie mir das nicht übel, wenn ich das trocken ausspreche.

Ich bin überzeugt davon, es würden viel mehr der heute Studierenden diese Inspiration haben – denn sie ist nicht so etwas schrecklich in nebulosen mystischen Höhen Schwebendes –, wenn man sie nicht eigentlich in der Schule grundsätzlich ausgetrieben bekäme, schon im Gymnasium und in der Realschule. – Wir haben heute die Aufgabe, wenn wir an der Universität sind, uns zurückzuerinnern an das, was uns im Gymnasium ausgetrieben worden ist, um in einen lebendigen Betrieb der Wissenschaft hineinzukommen. Sie wird heute furchtbar tot betrieben. Mir ist in einem fremden Lande passiert, dass ich mit einer Anzahl volkswirtschaftlicher Dozenten gesprochen habe. Die sagten: Wenn wir unsere Fachkollegen in Deutschland besuchen wollen, so sagen diese: Ja, kommen Sie, aber nur ja nicht in meine Vorlesung, besuchen Sie mich zu Hause! – Man braucht heute wirklich einen unbefangenen Einblick in diese Dinge ... Diese Volkswirtschaftslehre ist besonders in letzter Zeit heruntergekommen. Es hängt wirklich alles damit zusammen, dass die Menschen dieses Schöpferische des Geistigen verloren haben. Heute muss schon der Mensch wirklich mit der Nase darauf gestoßen werden, wenn er eine Tatsache glauben soll.

Man kann jetzt in den Zeitungen Artikel über die geistige Blockade in Deutschland lesen. Selbstverständlich, die hat sich seit langer Zeit gebildet. Wenn wir heute die Zeitschrift *Das Goetheanum* nach Deutschland liefern wollen, so müssen wir beim Selbstkostenpreis ein Exemplar zu achtzehn Mark liefern! Denken Sie an die technischen, medizinischen Fachzeitschriften! Sie sind unmöglich zu beziehen. Denken Sie an die Kulturfolgen! Das ist auch eine volkswirtschaftliche Frage. Deutschland hat eine geistige Blockade ... Der Entzug dieser Zeitschriften ist direkt dasjenige, was zur Verdummung in Deutschland führen müsste ... In Deutschland hat es wirtschaftlichen Charakter, in Russland hat das schon Staatscharakter angenommen, da können Sie nichts mehr lesen, was nicht von der Sowjetregierung selber verkauft wird. Die Menschen werden zum reinsten Abklatsch des Sowjetsystems. Höchstens können Sie da oder dort ein Buch einschwindeln.

Frage: Ist es nicht nützlich, bei der Beobachtung der volkswirtschaftlichen Wirkungen nicht in erster Linie von der Statistik auszugehen, sondern von der Beobachtung der Tatsachen, die vorliegen?

Rudolf Steiner: Man braucht diese Betrachtungsweise, auch wenn man die Statistik zu Rate zieht. Durch die Statistik ist man nur in der Lage, die Dinge zahlenmäßig zu belegen. Es ist klar, wenn man jetzt nach Wien kommt, dann braucht man nur durch die Straßen zu gehen und die Erfahrungen zu sammeln. Sie brauchen nur zu betrachten, in welchen Wohnungen Ihre Bekannten vor zehn Jahren gelebt haben und in welchen sie jetzt leben. Und so Stück für Stück. Solche Beobachtungen können Sie von der furchtbarsten Art machen. Sie können sich überzeugen, dass eine ganze Mittelschichte ausgelöscht ist, die im Grunde genommen nur noch lebt – ja, weil sie noch nicht gestorben ist. Sie lebt ökonomisch nicht, denn wenn man sieht, wovon sie lebt, so ist es furchtbar. Davon wird man ausgehen, aber es wird einem noch immer die Zahl zum Beleg außerordentlich wichtig sein können.

Man muss einen gewissen «Riecher» haben; denn wenn man die Sachen zahlenmäßig belegen kann, so führen einen die Zahlen wiederum ein Stückchen weiter. Zum Beispiel die Entwertung der Krone in Österreich: Es ist ja lächerlich, wie wenig die Krone heute bedeutet, aber es kann nicht irgendein Wert heruntergehen, ohne dass von anderem etwas weggenommen wird. Wenn Sie nun gerade die Opfer der Valuta aufsuchen, so sind diese bei denjenigen zu finden, deren Renten und ähnlichen Bezüge herunterbewertet worden sind. Hier kann man mit der Rechnung nachgehen, und das Merkwürdige ist, dass die Rechnung heute schon nicht mehr für Österreich, geschweige denn für Russland stimmen könnte. Österreich müsste das Recht haben, da alles schon erschöpft ist, die Krone noch weiter abzuwerten, und es erklärt dennoch nicht den Staatsbankerott. Das ist natürlich nur zu erreichen, durch die auf irgendeine Weise hervorgerufene Blockade. In dem Augenblick, wo Sie diese Blockade aufheben, müssen die Leute ganz andere Maßregeln ergreifen ...

Frage: Kann der Staat, solange Vermögen da ist, dieses Vermögen durch die Geldvermehrung an sich reißen?

Rudolf Steiner: Gewiss kann der Staat durch die Geldvermehrung existieren, aber wenn dieser Punkt erreicht ist, dass die Rente aufgebraucht ist, wenn sie nicht künstlich erhalten wird, könnte er eigentlich wirtschaftlich nicht mehr bestehen, auch wenn er weitere Banknoten fabriziert, denn die weitere Banknotenfabrikation müsste dahin führen, dass jede Verdoppelung zu einer Steigerung ins Unendliche führen würde. Der Staat muss sich immer mehr und mehr abschließen.

Frage: Lebt der Staat nicht vom volkswirtschaftlichen Kapital selbst, das in den Unternehmungen drinnensteckt?

Rudolf Steiner: Ja, aber von dem, was darin Rente ist.

Frage: Ja, ich meine, er saugt das Kapital heraus. Das Kapital vermindert sich?

Rudolf Steiner: Insofern das Kapital Rentencharakter trägt.¹² Denn wenn der Staat es aufsaugt, dann trägt es diesen Charakter. Der Staat kann gewiss leben, kann aber nicht mehr wirtschaften. Das ist keine Wirtschaft mehr. Er kann bloß leben von dem, was schon erwirtschaftet ist; er zehrt nur noch vom Alten. Man lebt tot die Rente. In Österreich müsste der Punkt längst erreicht sein, wo die Rente tot ist. In Deutschland ist es noch lange nicht so weit. Ganz sicher könnte es in Österreich auch nicht weitergehen, wenn nicht gewisse Zwangsgesetze da wären, zum Beispiel in Bezug auf die Miete. Da zahlen sie eigentlich nichts – ich glaube etwa fünfundzwanzig Centimes für eine Dreizimmerwohnung. Nur dadurch lassen sich die Dinge halten, dass man gewisse Dinge umsonst hat. In Deutschland ist es auch so, dass man für seine Wohnung vielleicht nur ein Zehntel zahlt. Durch solche Dinge lassen sich in einer gewissen Gesellschaftsklasse, die überhaupt bis zu dem Punkt bezahlen kann, die Sachen halten. In Österreich ist es mit einer gewissen Gesellschaftsklasse so weit heruntergekommen, dass sie auch nicht mehr die fünfundzwanzig Centimes bezahlen kann. Leute, die ein Einkommen, sagen wir, von dreitausend Kronen hatten, konnten unter Umständen davon leben; heute ist das etwas über einen englischen Schilling. Nicht wahr, da kann man nicht leben!

Heute sind die wirtschaftlichen Erscheinungen tatsächlich so furchtbar, dass die Leute schon aufmerksam darauf werden könnten, dass man nun eigentlich die wirtschaftlichen Gesetze studieren sollte, und zwar so, dass es praktisch etwas hülfe. Dieser Versuch ist 1919 gescheitert; damals ist aber die Valutamisere noch nicht auf der Höhe gewesen wie heute.

Wir könnten die Frage behandeln: Was heißt volkswirtschaftliches Denken? – Dann: Wie kommt man zu einem Begriff der Arbeit im volkswirtschaftlichen Sinn? – Und dann wäre es gut, wenn jemand die Begriffe, die ich schon gebraucht habe, ganz frei in seinem Sinn auch weiter behandeln würde. Es würde auch gut sein, wenn jemand versuchte, den Begriff von Unternehmerkapital herauszuarbeiten: Was reines Unternehmerkapital ist. Man muss, wenn man Unternehmerkapital seinem Begriff nach charakterisieren will, es genau kontrastieren mit dem bloßen Rentenkapital.

Anmerkungen

Einleitung des Herausgebers

1 *Geist ist niemals ohne Materie, Materie niemals ohne Geist*: Vgl. Rudolf Steiner, Motto, 24. September 1919. Aus: *Wahrspruchworte*, GA 40, Dornach 1998.
2 Vgl. Herbert Witzenmann, *Sozialorganik – Ideen zu einer Neugestaltung der Wirtschaft*. Krefeld 1998.

Geisteswissenschaft und soziale Frage

Textgrundlagen: Für die erste Einzelausgabe dieses Aufsatzes Dornach 1941 wurden gemäß einer generellen Angabe Rudolf Steiners die Wörter «Theosophie» und «theosophisch» durch die Ausdrücke «Geisteswissenschaft» und «geisteswissenschaftlich» ersetzt. Für den Abdruck vorliegender Ausgabe und innerhalb der Gesamtausgabe wurde diese Textgestalt beibehalten. Zu den in diesem Aufsatz behandelten Problemen siehe das Heft der *Beiträge zur Rudolf Steiner Gesamtausgabe*, Nr. 88, Dornach Johanni 1985 mit dem Thema: Die soziale Frage. Vor 66 Jahren: Dreigliederungszeit.

1 Alfred Kolb, *Als Arbeiter in Amerika*, Berlin 1905, S. 31.
2 Das Zitat konnte nicht nachgewiesen werden.
3 Helena Petrovna Blavatsky (1831-1891) war eine Schriftstellerin deutschrussischer Herkunft, die vor allem als Mitgründerin der Theosophischen Gesellschaft (1875) und Autorin von *The Secret Doctrine* (1888, deutsch *Die Geheimlehre*) bekannt wurde. Die Geheimlehre beschäftigt sich mit der Entstehung der Welt und der Menschheit. Darin setzt sich Blavatsky mit den

bestehenden Anschauungen von Wissenschaft, Religion und Philosophie auseinander.

4 Vgl. Robert Owen, *A New View of Society, or Essay on the Principle of the Formation of the Human Character and the Application of the Principle to Practice*, London, 1812/13.

5 Vgl. *Der Wahrheitspfad. Dhammapadam*. Ein buddhistisches Denkmal, aus dem Pali übersetzt von Karl Eugen Neumann, München 1921, XVII. Das Zorn-Kapitel, S. 55-57.

6 Das Zitat konnte nicht nachgewiesen werden.

7 Gemeint ist vermutlich die Beibehaltung der Sklaverei in Platons Beschreibung des Idealstaates in seinem Werk *Politeia* (*Der Staat*).

8 Der Aufsatz trug nach diesem letzten Satz den Vermerk «Wird fortgesetzt», es erschien jedoch keine Fortsetzung.

Die Kardinalfrage des Wirtschaftslebens

1 An der von dem Sozialdemokraten Wilhelm Liebknecht (1826-1900) begründeten Arbeiterbildungsschule in Berlin (ab 1902 auch in Spandau) lehrte Rudolf Steiner Geschichte, Redekunst und Naturwissenschaften. Vgl. auch Rudolf Steiner, *Mein Lebensgang*, GA 28, Kap. XXVIII; Rudolf Steiner, *Briefe II 1890-1925*, GA 39; Mücke, Johanna/ Rudolph, Alwin: *Erinnerungen an Rudolf Steiner und seine Wirksamkeit an der Arbeiterbildungsschule in Berlin 1899-1904*, Basel 1979; *Beiträge zur Rudolf Steiner Gesamtausgabe*, Heft Nr. 36, Dornach, Jahreswende 1971/72, S. 21 u. 22.

2 Vgl. Rudolf Steiner, *Über Philosophie, Geschichte und Literatur*, GA 51. Dieser Band enthält eine Reihe von Referaten und Vorträgen, die Rudolf Steiner an der Arbeiterbildungsschule gehalten hat.

3 Wörtlich heißt es in seiner Rede vom 9. Mai 1884: «Geben Sie dem Arbeiter das Recht auf Arbeit, so lange er gesund ist, geben Sie ihm Arbeit, so lange er gesund ist, sichern Sie ihm Pflege, wenn er krank ist, sichern Sie ihm Versorgung, wenn er alt ist, – wenn Sie das tun, und die

Opfer nicht scheuen und nicht über Staatssozialismus schreien, sobald jemand das Wort «Altersversorgung» ausspricht, wenn der Staat etwas mehr christliche Fürsorge für den Arbeiter zeigt, dann glaube ich, dass die Herren vom Wydener Programm ihre Lockpfeife vergebens blasen werden ...».
Aus: *Die Reden des Reichskanzlers Fürsten von Bismarck im Deutschen Reichstage 1884–1885*, Kritische Ausgabe besorgt von Horst Kohl, Stuttgart 1894.

4 *Gedanken und Erinnerungen von Otto Fürst von Bismarck*, Stuttgart und Berlin 1915, I. Band, 1. Kapitel, S. 19. Dort heißt es wörtlich: «Als normales Produkt unsres staatlichen Unterrichts verließ ich Ostern 1832 die Schule als Pantheist, und wenn nicht als Republikaner, doch mit der Überzeugung, dass die Republik die vernünftigste Staatsform sei ...».

5 Gemeint ist hier vermutlich die vom Convent am 24. Juni 1793 verabschiedete *Erklärung der Rechte des Menschen und des Bürgers*, die auf Initiative Robespierres von Hérault-Séchelles und anderen verfasst worden war. Sie ist auch als «jakobinische Verfassung» bekannt. Das Recht auf Arbeit bzw. auf Unterhalt bei Arbeitsunfähigkeit hatte in die *Erklärung der Menschenrechte* von 1789 noch keinen Eingang gefunden, wurde nun aber in Art. 21 aufgenommen, jedoch erscheint es in der dritten, endgültigen Verfassung von 1795 dann doch nicht mehr.

6 Das Preußische Landrecht enthielt die Kodifikation fast des gesamten preußischen Rechts und wurde bereits im Jahre 1794 (und nicht wie in früheren Ausgaben dieses Vortrages gedruckt: 1796) eingeführt.

7 Vgl. Rudolf Steiner, *Neugestaltung des sozialen Organismus* (14 öffentliche Vorträge 1919), GA 330/331.

8 Wörtlich heißt es in dem Vortrag von Marx *Lohn, Preis und Profit* vom 26. Juni 1865: «Wir haben gesehen, dass die Menge der in einer Ware kristallisierten notwendigen Arbeit ihren Wert bildet.» Vgl. auch Karl Marx: *Das Kapital*, Bd. I, hrsg. v. Karl Kautsky, Stuttgart 1920, S. 4 ff.

9 Siehe Platons Schrift *Politeia* (*Der Staat*).

10 Die Freie Waldorfschule in Stuttgart wurde im Jahre 1919 von Emil Molt begründet, unter der pädagogischen Leitung Rudolf Steiners, der auch die an ihr wirkenden Lehrkräfte berief und ihnen die vorbereitenden seminaristischen

Kurse erteilte. Die Schule wurde zum Muster zahlreicher weiterer Schulgründungen in vielen Ländern.

Die gegenwärtige Wirtschaftskrisis und die Gesundung des Wirtschaftslebens durch die Dreigliederung des sozialen Organismus

Textgrundlagen: Der Vortrag wurde von der Stenographin Helene Finckh mitstenographiert und in Klartext übertragen. An einigen Stellen weist er Lücken auf, die durch [Lücke] gekennzeichnet sind.

1 Am 13. März 1920 wurde in Stuttgart, inspiriert vom Dreigliederungsgedanken, das Unternehmen «Der Kommende Tag. Aktiengesellschaft zur Förderung wirtschaftlicher und geistiger Werte» gegründet. Vorsitzender des Aufsichtsrates war bis 1923 Rudolf Steiner. Das Unternehmen, dem laut Geschäftsbericht von 1921 die Absicht zugrunde lag, «einen Keim zu einem neuen, auf assoziativer Grundlage sich entwickelnden Wirtschaftsleben zu bilden», musste infolge der allgemeinen Wirtschaftskrise (Inflation) liquidiert werden. In der Schweiz wurde auf derselben ideellen Grundlage am 16. Juni 1920 die «Futurum AG, Ökonomische Gesellschaft zur internationalen Förderung wirtschaftlicher und geistiger Werte» gegründet. Bis März 1922 war Rudolf Steiner Präsident des Verwaltungsrates. Infolge der Wirtschaftskrise musste auch dieses Unternehmen 1924 liquidiert werden. Rudolf Steiner, *Die Konstitution der Allgemeinen Anthroposophischen Gesellschaft und der Freien Hochschule für Geisteswissenschaft*, GA 260a, Dornach 1966, S. 441/2, 472-474, 515 ff., 573 ff., 719 f. Siehe auch: Emil Leinhas, *Die Idee des Kommenden Tages*, Stuttgart 1921, und Hans Kühn, *Dreigliederungszeit. Rudolf Steiners Kampf für die Gesellschaftsordnung der Zukunft*, Dornach 1978, S. 101 ff.

2 Die Freihandelsbewegung vertrat den unbeschränkten zwischenstaatlichen Güteraustausch und richtete sich gegen Außenhandelsbeschränkungen wie Schutzzölle, Ein- und Ausfuhrbeschränkungen. Theoretisch entwickelt wurde die Freihandelslehre von den englischen Klassikern der Nationalökonomie, vor allem von David Ricardo. In Deutschland wurde der Freihandel durch

den «Freihandelsverein» (1858) und den «Deutschen Handelstag» (1861) gefordert. Im Zolltarif von 1879 siegte endgültig der Schutzzollgedanke.

3 Siehe Anmerkung 1 zum Vortrag *Die Kardinalfrage des Wirtschaftslebens.*

4 John Maynard Keynes (1883–1946), englischer Nationalökonom, Professor an der Universität Cambridge. Während des Krieges trat er in das englische Schatzamt ein. Er hat in dieser Eigenschaft an den mit der Finanzierung des Krieges verknüpften Fragen an einflussreicher Stelle mitgearbeitet und schließlich als britischer Finanzvertreter und als Vertreter des englischen Schatzkanzlers beim Obersten Wirtschaftsrat an der Pariser Konferenz teilgenommen. Am 7. Juni 1919 legte er seine Ämter nieder, nachdem er erkannt hatte, dass wesentliche Änderungen der Friedensbedingungen nicht zu erreichen sein würden. Siehe hierzu auch seine Schrift *Die wirtschaftlichen Folgen des Friedensvertrages*, deutsch von M. J. Bonn und C. Brinkmann, München und Leipzig 1920.

5 Gemeint ist Karl von Clausewitz (1780–1831), preußischer General und Militärschriftsteller. Das von Rudolf Steiner angeführte Zitat ist aus der Schrift *Vom Kriege. Erstes Buch: Über die Natur des Krieges*, Berlin 1832, S. 16. Wörtlich heißt es dort: «Der Krieg ist eine bloße Fortsetzung der Politik mit anderen Mitteln.»

6 Vermutlich handelt es sich um den englischen Finanztheoretiker Hartley Withers, aus dessen Schrift *The meaning of money* (deutsch: *Geld und Kredit in England* Jena 1911) Rudolf Steiner öfters zitiert.

7 Vgl. Rudolf Steiner, *Allgemeine Menschenkunde als Grundlage der Pädagogik*, GA 293, Dornach 1960 und *Erziehungskunst. Methodisch Didaktisches*, GA 294, Stuttgart 1919.

8 Vgl. Rudolf Steiner, *Nationalökonomischer Kurs*, GA 340, besonders 5., 6., 10. und 12. Vortrag.

9 Vgl. Rudolf Steiner, *Die Kernpunkte der sozialen Frage*, GA 23, Kap. III, *Kapitalismus und soziale Ideen.*

10 Die Formulierung der Dreigliederung in Nährstand, Wehrstand und Lehrstand stammt eigentlich von Erasmus Alberus (1500–1553), der damit das von Platon in der *Politeia* (dem *Staat*) Gesagte über die Stände zusammenfasst: Im

Phönizischen Mythos habe Gott den Herrschenden (Weisen) bei der Geburt Gold, ihren Beihelfern, den Wächtern Silber und schließlich den Bauern und Handwerkern Eisen und Erz beigemischt. – *Politeia*, III. Buch, 414, Stephanus-Nummerierung.

11 Das berühmte Wiener Café Griensteidl (Ecke Herren- und Schaufergasse) wurde im Jahre 1847 eröffnet und 1897 geschlossen. Hier hat Rudolf Steiner – nach einer persönlichen Äußerung – seine *Grundlinien einer Erkenntnistheorie der Goetheschen Weltanschauung*, GA 2, geschrieben. Siehe auch: Rudolf Steiner, *Aus dem mitteleuropäischen Geistesleben*, GA 65, Dornach 1962, S. 330.

12 Karl Kraus (1874–1936) veröffentlichte nach dem Abriss des berühmten Café Griensteidl im Januarheft 1897 der *Wiener Rundschau* unter dem Titel «Die demolierte Literatur» eine Satire auf das damalige literarische Jung-Wien; noch im gleichen Jahr erschien der Artikel als Broschüre.

13 Rudolf Steiner zitiert hier die erste Zeile des Gedichtes «Eins wie's andere». Aus: 4. Band der *Sophienausgabe*, Weimar 1891, S. 150.

14 Gustav Theodor Fechner (1801–1887), Naturwissenschafter und Philosoph. Unter dem Namen Dr. Mises verfasste er mehrere satirische Schriften, u.a. den *Beweis, dass der Mond aus Jodine bestehe*, Leipzig 1832.

15 In der Stuttgarter Wochenschrift *Dreigliederung des sozialen Organismus*, herausgegeben vom «Bund für Dreigliederung des sozialen Organismus». Sie erschien zunächst in drei Jahrgängen von Juli 1919 bis Juni 1922 unter der Schriftleitung von Ernst Uehli. Ab Juli 1922 erschien sie unter dem Namen *Anthroposophie, Wochenschrift für freies Geistesleben, früher Dreigliederung des sozialen Organismus*. Im April 1923 übernahm die Schriftleitung Jürgen von Grone, im Juli 1923 Dr. Kurt Piper. Ab August 1923 zeichnete der Vorstand der Anthroposophischen Gesellschaft in Deutschland als Herausgeber. Im Jahre 1924 erfolgte erneut eine Namensänderung. Die Zeitschrift hieß nun *Anthroposophie und Das Goetheanum – Wochenschrift für freies Geistesleben*. Im Juli 1924 wurde nochmals eine Namensänderung vorgenommen in *Anthroposophie. Wochenschrift für freies Geistesleben*. Im Oktober 1931 wird die Zeitschrift vereinigt mit der Zeitschrift *Die Drei* und erscheint nun als Monatsschrift unter dem Titel *Anthroposophie. Monatsschrift für Freies Geistesleben*.

Sämtliche in der Wochenschrift *Dreigliederung des sozialen Organismus* von Rudolf Steiner veröffentlichten Aufsätze sind enthalten in dem Band *Aufsätze über die Dreigliederung des sozialen Organismus und zur Zeitlage 1915-1921*, GA 24, Dornach 1960.

Der Mensch in der sozialen Ordnung: Individualität und Gemeinschaft

1   Vgl. Rudolf Steiner, *Die Philosophie der Freiheit*. Grundzüge einer modernen Weltanschauung – Seelische Beobachtungsresultate nach naturwissenschaftlicher Methode. GA 4, Dornach 1995 (1894).
2   Vgl. Rudolf Steiner, *Die Philosophie der Freiheit*, Kapitel IX *Die Idee der Freiheit* und Kapitel XII *Die moralische Phantasie*.
3   Vgl. Rudolf Steiner, *Theosophie und soziale Frage*, erschienen in der Zeitschrift *Lucifer-Gnosis* Oktober 1905; in diesem Band abgedruckt unter dem Titel *Geisteswissenschaft und soziale Frage*, S. 21-58.
4   Professorin für Erziehung am University College Cardiff/Wales, die Initiatorin des Kurses in Oxford und Präsidentin des Komitees.
5   George Adams-Kaufmann (1894-1963). Mathematiker und Physiker. Dank seiner Sprachbegabung vermochte er auf Grund seiner Notizen in freier Rede, die Vorträge Rudolf Steiners unmittelbar wiederzugeben.

Dreigliederung und soziales Vertrauen

1   Hartley Withers, Verfasser von *The meaning of money*, deutsch *Geld und Kredit in England*, Jena 1911.

Nationalökonomischer Kurs

1   Adam Smith (1723-1790), britischer Philosoph und Volkswirtschafter. Man nennt

ihn den Begründer der «klassischen Nationalökonomie». Er hat als erster die individualistischen und liberalen Wirtschaftstheorien des 18. Jahrhunderts geschlossen zur Darstellung gebracht. Hauptwerk: *An Inquiry into the Nature and Causes of the Wealth of Nations* (1776), 4 Bde., deutsch von Stirner 1846/47.

2 Vgl. hier *Das Kapital*, Bd. 1, 3. Abschn., 5. Kap.: Arbeitsprozess und Verwertungsprozess.

Nationalökonomisches Seminar, Erste Seminarbesprechung 31.07.1922

Textgrundlagen: Die Ausführungen Rudolf Steiners sowie die Fragen und Voten der Teilnehmer wurden von Georg Klenk, München, mitstenographiert und in Klartext übertragen. Dieser ist an manchen Stellen lückenhaft. Offensichtliche Lücken sind im Text durch Punkte gekennzeichnet.

1 Rudolf Steiner, *Die Kernpunkte der sozialen Frage in den Lebensnotwendigkeiten der Gegenwart und Zukunft* (1919), GA 23.

2 Justinian (527-565), Kaiser von Ostrom. Schloss die Philosophenschule von Athen 529 und ließ durch eine Reihe hervorragender Juristen das Römische Recht kodifizieren, 533/34.

3 David Ricardo (1772-1823), britischer Ökonom und ein führender Vertreter der Klassischen Nationalökonomie. Er entwickelte die Theorie der komparativen Kostenvorteile, ein Kernstück der Außenhandelstheorie, und begründete damit das ricardianische Außenhandelsmodell. Nach Ricardo lohnt sich Außenhandel für alle Volkswirtschaften, auch für jene, die gegenüber anderen Staaten bei allen Gütern Kostennachteile haben. Weil jedes Land den größtmöglichen Güterertrag erzielt, wenn es die Produkte mit den geringeren Arbeitskosten selbst herstellt und die übrigen Güter im Austausch bezieht, wobei schon die relativen Kostenvorteile die internationale Arbeitsteilung und ihre weitere Spezialisierung gewährleisten.

4 Ferdinand Lassalle (1825-1864), der Begründer der deutschen Sozialdemokratie. Er vertrat einen genossenschaftlichen und vor allem an preußisch-nationalstaatlichen Interessen orientierten Sozialismus.

5 Lujo Brentano (1844-1931) war Wissenschaftler und Sozialreformer. Er galt als so genannter Kathedersozialist – also Reformist.

6 Der Großkaufmann Sir Thomas Gresham (1519-1579) errichtete 1566 auf seine Kosten die Londoner Börse. Der Königin Elisabeth (1558-1602) schrieb er: «Eure Majestät wollen geruhen, zu vernehmen, dass der erste Anlass für das Sinken des Wechselkurses sich ereignete, als des Königs Majestät, Euer hochseliger Vater [Heinrich VIII.], den Feingehalt seiner Münze von 6 auf 3 Unzen herabsetzte. Daraufhin fiel der Wechselkurs von 26 s 8 d auf 13 s 4 d. Das – war der Anlass, dass all Euer Feingold aus Eurem Königreich geführt wurde.» Sein Zeitgenosse Macleod, ebenfalls ein hervorragender Kaufmann, erfasste den Tatbestand, dass die Herausbringung einer geringeren Münze das Verschwinden der guten zur Folge hat: «Daher können wir diesen Vorgang mit Recht das *Greshamsche Gesetz* nennen.» Die damalige Geldverfassung war eine reine Metallwährung. Kürzlich trat in der Schweiz wieder einmal das Greshamsche Gesetz in Funktion, als die silbernen Zweifrankenstücke aus dem Verkehr verschwanden, da der Wert ihres Gehalts an Silber über dem Nominalwert von zwei Franken lag.

7 Franz Oppenheimer (1864-1943) war Arzt, Soziologe, Nationalökonom und Zionist.

8 Vgl. Rudolf Steiner, *Geisteswissenschaftliche Behandlung sozialer und pädagogischer Fragen*, GA 192, 14. Vortrag.

9 Vgl. Rudolf Steiner, *Nationalökonomischer Kurs*, GA 340, 2. Vortrag, S. 31 oder S. 220 in diesem Band. Die Arbeit könne aus dem Grunde nicht maßgebend für den Preis sein: Diese Auffassung entspringt der Grenznutzenschule, die auch nach ihren Hauptvertretern, Böhm-Bawerk, Wieser u.a. die österreichische Schule der Nationalökonomie genannt wird. Sie erklärt alle ökonomischen Prozesse aus der Psychologie des Nutzens nach dem Ausgleichsgesetz des Grenznutzens, so dass nicht die objektiven Verhältnisse der Arbeitsbetätigungen, sondern die Nutzenschätzungen der Ergebnisse der Arbeit für die Befriedigung der Bedürfnisse die Grundlage für die Preise bilden.

10 Derartiges wird vom Gesichtspunkt des antisozialen Selbstversorgerstand-

punktes aus behauptet. Dieser egoistische Anspruch ignoriert das aller Wirtschaft zugrundeliegende gesellschaftliche Prinzip der Arbeitsteilung.

11 Grundlegend für eine solche Betrachtungsweise sind die Vorträge *Geschichtliche Symptomatologie*, GA 185.

12 Die Bereicherung des Staates durch Geldentwertung trägt Rentencharakter. Um dies zu verstehen, muss man davon ausgehen, dass eine Rente für den Empfänger ein arbeitsloses Einkommen ist und für den Zahler derselben ein Opfer, ein Geschenk. Auf die Gesamtvolkswirtschaft übertragen, ergibt sich im Falle der Geldentwertung, dass der Staat die Beamten mit einem staatlich geschaffenen Geld bezahlt, seine Schulden mit eben diesem Geld zurückbezahlt usw. Insofern bezieht der Staat durch den Trick der Geldentwertung eine Rente. Sie wird unfreiwillig gezahlt und steht außerhalb der Legitimität, im Gegensatz zu den Steuern, die man als legitim an den Staat gezahlte Renten bezeichnen kann.

Literaturverzeichnis

Hardorp, Benediktus: *Arbeit und Kapital als schöpferische Kräfte*, Karlsruhe 2008.

Rehn, Götz E.: Die Befreiung der Führung, in: *Sammelband zur Führung* (Arbeitstitel), Hrsg.: Götz Werner und Peter Dellbrügger, Karlsruhe 2011, i.E.

Rehn, Götz E.: *Wirtschaft(en) mit Sinn*, Bickenbach 2011.

Rehn, Götz E.: *Wirtschaft neu denken*, Antrittsvorlesung an der Alanus Hochschule, Alfter 2007.

Steiner, Rudolf: *Die Krisis der Gegenwart und der Weg zu gesundem Denken*. GA Bibl-Nr. 335, Dornach 2005.

Steiner, Rudolf: *Die Philosophie der Freiheit*. Grundzüge einer modernen Weltanschauung – Seelische Beobachtungsresultate nach naturwissenschaftlicher Methode. GA Bibl.-Nr. 4, Dornach 1995 (1894).

Steiner, Rudolf: *Neugestaltung des sozialen Organismus,* GA Bibl.-Nr. 330, Dornach 1984.

Steiner, Rudolf: *Schöpfen aus dem Nichts: Wahrheit, Schönheit, Güte*. Drei Vorträge. Stuttgart 2006.

Witzenmann, Herbert: *Der Gerechte Preis – Eine Grundfrage des sozialen Lebens.* Herausgegeben von der Herbert Witzenmann Stiftung, Dornach 1993.

Witzenmann, Herbert: *Geldordnung – Als Bewusstseinsfrage*. Herausgegeben von der Herbert Witzenmann Stiftung, Krefeld 1995.

Witzenmann, Herbert: *Sozialorganik – Ideen zu einer Neugestaltung der Wirtschaft*. Herausgegeben von der Herbert Witzenmann Stiftung, Krefeld 1998.

Quellennachweis

Geisteswissenschaft und Soziale Frage. 3 Aufsätze, 1905/06. Aus: *Lucifer-Gnosis. Grundlegende Aufsätze zur Anthroposophie und Berichte aus der Zeitschrift «Luzifer» und «Lucifer-Gnosis» 1903-1908*. GA Bibl.-Nr. 34, Dornach 1960.

Sozialer Geist und sozialistischer Aberglaube, Oktober 1919. Aus: *Aufsätze über die Dreigliederung des sozialen Organismus und zur Zeitlage 1915-1921*. GA Bibl.-Nr. 24, Dornach 1960.

Die Kernpunkte der sozialen Frage. Vorrede und Einleitung zum 41. bis. 80. Tausend, 1920. Aus: *Die Kernpunkte der Sozialen Frage in den Lebensnotwendigkeiten der Gegenwart und Zukunft*. GA Bibl.-Nr. 23, Dornach 1976.

Die Kardinalfrage des Wirtschaftsleben, 30. November 1921. Aus: *Die Wirklichkeit der höheren Welten*. 8 öffentliche Vorträge, Kristiania (Oslo) 1921. GA Bibl.-Nr. 79, Dornach 1988 (1962).

Die gegenwärtige Wirtschaftskrisis und Gesundung des Wirtschaftslebens durch die Dreigliederung des sozialen Organismus, Basel, 26. April 1920. Aus: *Vom Einheitsstaat zum dreigliedrigen sozialen Organismus*. 11 öffentliche Vorträge, Basel, Zürich und Dornach 1920. GA Bibl.-Nr. 334, Dornach 1983.

Der Mensch in der sozialen Ordnung: Individualität und Gemeinschaft, Oxford, 29. August 1922. Aus: *Die geistig-seelischen Grundkräfte der Erziehungskunst. Spirituelle Werte in Erziehung und sozialem Leben*. GA Bibl.-Nr. 305, Dornach 1956.

Arbeitsfähigkeit, Arbeitswille und Dreigliederung des sozialen Organismus,

August 1919. Aus: *Aufsätze über die Dreigliederung des sozialen Organismus und zur Zeitlage 1915-1921*. GA Bibl.-Nr. 24, Dornach 1960.

Wirtschaftlicher Profit und Zeitgeist, Dezember 1919. Aus: *Aufsätze über die Dreigliederung des sozialen Organismus und zur Zeitlage 1915-1921*. GA Bibl.-Nr. 24, Dornach 1960.

Dreigliederung und soziales Vertrauen (Kapital und Kredit). Januar 1919. Aus: *Aufsätze über die Dreigliederung des sozialen Organismus und zur Zeitlage 1915-1921*. GA Bibl.-Nr. 24, Dornach 1960.

Nationalökonomischer Kurs, 2. Vortrag, 25. Juli 1922. Aus: *Nationalökonomischer Kurs*. Aufgaben einer neuen Wirtschaftswissenschaft I. 14 Vorträge, Dornach 1922. GA Bibl.-Nr. 340, Dornach 1979.

Nationalökonomisches Seminar. Erste Seminarbesprechung, 31. Juli 1922. Aus: *Nationalökonomisches Seminar*. Aufgaben einer neuen Wirtschaftswissenschaft II. 6 Besprechungen, Dornach 1922. GA Bibl.-Nr. 341, Dornach 1973.

Über den Herausgeber

Prof. Dr. Götz E. Rehn, geboren am 2. März 1950 in Freiburg im Breisgau, besuchte die Waldorfschulen in Freiburg und Bochum und studierte anschließend Volkswirtschaftslehre an der Albert-Ludwig-Universität in Freiburg. Dem Diplom folgte 1979 die Promotion. 1984 gründete Rehn die Alnatura Produktions- und Handels GmbH, deren geschäftsführender Alleingesellschafter er bis heute ist. 2007 wurde Rehn zum Honorarprofessor am Fachbereich Wirtschaft der Alanus Hochschule in Alfter bei Bonn berufen. Dort leitet er das von ihm gegründete Institut für Sozialorganik.

Rudolf Steiner
Wege der Übung
Themen aus dem Gesamtwerk 1
Zwölf Vorträge, ausgewählt
und herausgegeben von
Stefan Leber
319 Seiten, kartoniert

«Der Keim zu übersinnlicher Schauung ist heute eigentlich viel verbreiteter, als man denkt – aber er muss entwickelt werden. Dass er entwickelt werden muss, das lehrt uns wahrhaftig auch der Ernst der Zeit in Bezug auf die äußeren Erlebnisse.»
Rudolf Steiner

Die in diesem Band zusammengefassten Vorträge Rudolf Steiners handeln von den Methoden der Bewusstseinserweiterung durch seelische Schulung beziehungsweise Übung. Dabei wird auch sichtbar, dass sich das geisteswissenschaftlich-anthroposophische Verständnis des Übungsweges tiefgreifend von anderen, in langen Traditionen gründenden Weisheitslehren unterscheidet.

Verlag Freies Geistesleben
Wissenschaft und Lebenskunst

Rudolf Steiner
Erde und Naturreiche
Themen aus dem Gesamtwerk 5
Zehn Vorträge, ausgewählt
und herausgegeben von
Hans Heinze
270 Seiten, kartoniert

«Wenn Sie im Frühling oder Herbst einen Schwalbenschwarm sehen, der in seinem Hinfliegen zugleich den Luftkörper in Schwingungen bringt, einen bewegten Luftstrom hervorruft, so bedeutet dieser bewegte Luftstrom, der aber dann bei jedem Vogel vorhanden ist, für die Sylphen etwas Hörbares. Weltenmusik ertönt daraus den Sylphen.»
Rudolf Steiner

Rudolf Steiner schildert in seinen anschaulichen Vorträgen eine Fülle übersinnlicher Zusammenhänge, die nicht nur die Lebensgrundlage des Menschen und seiner Entwicklung, sondern ebenfalls seiner gemeinsamen geistigen Herkunft und Zukunft mit der Erde erleuchten.

Verlag Freies Geistesleben
Wissenschaft und Lebenskunst

Rudolf Steiner
Naturgrundlagen der Ernährung
Themen aus dem Gesamtwerk 6
Neun Vorträge, ausgewählt
und herausgegeben von
Kurt Theodor Willmann
198 Seiten, kartoniert

«Wir bauen uns eigentlich gar nicht aus dem Stoff der Erde auf. Was wir essen, essen wir bloß, damit wir eine Anregung haben. In Wirklichkeit bauen wir uns aus dem auf, was oben ist.» *Rudolf Steiner*

Voraussetzung für die Ernährung des Menschen sind die Substanzen, die der Mensch dem Lebensbereich der Erde entnimmt und zubereitet. Wie die Substanzen der Erde für die Nahrung des Menschen verwandelt werden und welche Prozesse bei der Nahrungsverarbeitung stattfinden, schildert Rudolf Steiner in neun ausgewählten Vorträgen.

Verlag Freies Geistesleben
Wissenschaft und Lebenskunst

Rudolf Steiner
Ernährung und Bewusstsein
Themen aus dem Gesamtwerk 7
Acht Vorträge, ausgewählt
und herausgegeben von
Kurt Th. Willmann
220 Seiten, kartoniert

« ... der Mensch kann dadurch, dass er sich mit der Erkenntnis des geistigen Lebens durchdringt, danach trachten, dass er frei und unabhängig sei, so dass ihn dasjenige, was er isst, nicht hindert, dasjenige zu sein und zu werden, was ein Mensch werden kann.» *Rudolf Steiner*

Wie hängt unser Bewusstsein mit unserer Ernährung zusammen? Wie findet Ernährung statt und welche Wirkungen haben einzelne Lebensmittel auf unsere geistige Entwicklung? Rudolf Steiner schildert die vielfältigen physiologischen und psychologischen Zusammenhänge unserer Ernährung.

Verlag Freies Geistesleben
Wissenschaft und Lebenskunst

Rudolf Steiner
Der neue Reinkarnationsgedanke
Themen aus dem Gesamtwerk 9
Sieben Vorträge, ausgewählt
und herausgegeben von
Jörg Ewertowski
211 Seiten, kartoniert

«Der Mensch ist eine Doppelnatur, aber außer dem, dass er eine Doppelnatur ist, trägt er Vergangenheit und Zukunft auch schon in seiner äußeren Gestaltung an sich. Die Reinkarnation ist mit Händen zu greifen an unserem Haupte, denn was wir am Haupte geformt finden, es ist das Ergebnis des vorhergehenden Lebens.»
Rudolf Steiner

Die Erforschung wiederholter Erdenleben des Menschen und deren gesetzmäßiger Zusammenhänge nehmen im Leben und Werk Rudolf Steiners eine besondere Stellung ein. Die von Jörg Ewertowski ausgewählten Vorträge zeichnen die Entwicklung eines grundlegend neuen Reinkarnationsgedankens nach.

Verlag Freies Geistesleben
Wissenschaft und Lebenskunst

Rudolf Steiner
Gesundheit und Krankheit
Themen aus dem Gesamtwerk 10
Acht Vorträge, ausgewählt
und herausgegeben von
Otto Wolff
226 Seiten, kartoniert

«Man lernt heilen aus einer wirklichen, aus künstlerischer Anschauung der Welt erwachsenden Kunst.» *Rudolf Steiner*

Warum erkrankt ein Mensch und wie kann er geheilt werden? Welche Bedeutung hat eine Krankheit, die zum Tode führt, für die weitere Entwicklung eines Menschen? – Rudolf Steiners Grundzüge einer anthroposophisch erweiterten Medizin zeigen, welche Bedeutung eine differenzierte Betrachtung des ganzen Menschen für die Entwicklung der Heilkunst hat.

Verlag Freies Geistesleben
Wissenschaft und Lebenskunst

Walter Kugler
Rudolf Steiner
Wie manche ihn sehen
und andere wahrnehmen.
Mit zahlreichen Fotos
und Zeugnissen
128 Seiten, kartoniert

«Ich habe Spinoza, Kant, Hegel usw. gelesen, Philosophen, von denen man sich an einem Vormittag einen Begriff bilden kann, aber was hat man später davon? Nur Ansichten, nur Gedanken. Steiner jedoch ist etwas anderes. Er fordert, dass man nicht nur denken, sondern erleben und handeln soll. Er gibt exakte Übungen und Methoden an, damit man kontrollieren kann, ob das, was er sagt, wahr sei. Es ist ein Pragmatismus, dem ich nicht widerstehen kann.» *Saul Bellow*

Als bodenloser Idealist, Anarchist, Nietzscheaner, Haeckelianer, Darwinist, Antichrist, Sozialist, Phantast, Ignorant, Freimaurer, Jesuit, Verräter am Deutschtum, Jude, Okkultist, Schwarzmagier, Rassist, Faschist, Antisemit ist Rudolf Steiner verschrien worden. Jede Zeit bringt ihre Etikette und Hetzschriften hervor.

Verlag Freies Geistesleben
Wissenschaft und Lebenskunst